KB203766

통일을 앞당겨 주소서

통일을 앞당겨 주소서

기획 | 극동방송
지은이 | 송종환, 신창민, 김문수, 신동춘, 선우숙, 채원암, 손윤탁, 정성진,
      하충엽, 최용준, 백광욱, 이희문, 박성배, 송인호, 강석진
펴낸이 | 원성삼
책임편집 | 김지혜, 이보영
펴낸곳 | 예영커뮤니케이션
초판 1쇄 발행 | 2016년 3월 4일
등록일 | 1992년 3월 1일 제2-1349호
주소 | 136-825 서울시 성북구 성북로6가길 31
전화 | (02)766-8931
팩스 | (02)766-8934
홈페이지 | www.jeyoung.com
ISBN 978-89-8350-937-6 (03230)

값 15,000원

이 도서의 국립중앙도서관 출판예정도서목록(CIP)은 서지정보유통지원시스템 홈페
이지(http://seoji.nl.go.kr)와 국가자료공동목록시스템(http://www.nl.go.kr/kolisnet)에서
이용하실 수 있습니다.(CIP제어번호: CIP2016005187)

모든 인간은 하나님의 형상을 닮은 존엄한 존재입니다. 전 세계의 모든 사람
들은 인종, 민족, 피부색, 문화, 언어에 관계없이 존귀합니다. 예영커뮤니케이
션은 이러한 정신에 근거해 모든 인간이 존귀한 삶을 사는 데 필요한 지식과 문화를 예
수 그리스도의 사랑으로 보급함으로써 우리가 속한 사회에 기여하고자 합니다.

극동방송 기획

통일을
앞당겨 주소서

통일을 앞당겨 주소서!

2014년 1월 6일 박근혜 대통령께서 신년 기자회견에서 "통일은 대박"이라고 발표하면서 점진적으로 통일 기반 구축을 위해 노력하겠다고 발표하였습니다. 이에 크게 고무된 한국의 정계를 비롯한 각 분야에서는 "통일 대박론"이 백화제방百花齊放의 시대를 맞이하게 되었습니다. 물론 그 이전부터 통일에 대한 많은 연구가 있었고 선각자처럼 통일에 대해 희망적인 통일론을 오래전부터 제시한 연구 단체들도 있었습니다.

그러나 박근혜 대통령의 "통일은 대박이다."라는 말 한마디가 통일에 대한 비관적인 기존의 인식을 단번에 불식시키면서 통일에 대한 긍정적인 메시지가 각계에서 발표되었고, 통일에 대한 희망적인 분위기를 조성하는 데 도화선이 되었습니다.

통일에 대한 염원과 비전을 가지고 과거 공산권 북방과 북한을 겨냥하여 50여 년을 방송해 온 극동방송에서도 이에 큰 힘을 받게 되었습니다. 극동방송에서는 2015년 1월 1일부터 "통일을 앞당겨 주소서"라는 방송국 표어를 정하고 전국 11개 극동방송에서는 이에 대한 방송 프로그램을 만들어서 한국 교회에 통일의 비전을 제시하며, 북한 동포들에게도 통일에 대한 새로운 각성과 희망을 품게 하였습니다.

한반도 최북단에 영동권과 북한 복음화를 위해 세워진 강원도 속초의 "영동 극동방송"에서도 통일과 북한의 복음화를 주제로 한 〈통일을 앞당겨 주소서〉라는 프로그램을 안재영 방송팀장께서 기획하였습니다. 안 팀장님은 2015년 신년 방송 프로그램을 새롭게 편성하면서 3월에 통일 관련 프로그램의 진행을 맡아 달라고 저에게 제의를 하였습니다. 그러나 나로서는 선뜻 그 제의를 받아들일 수 없었습니다. 그동안 극동방송과는 20여 년 가까이 북한선교 사역으로 관계가 있었고, 북한선교에 대한 인터뷰나 방송에는 여러 차례 출현한 바 있었지만, 방송을 진행해 본 경험이 전무하였던 나로서는 내 자신이 적임자가 아니라는 이유로 몇 차례 고사하였습니다.

그러나 기도하는 가운데 하나님께서 나에게 새로운 방송사역을 통해 북한 동포들에게도 통일과 북한의 복음화에 대한 새로운 미션을 "영동 극동방송"을 통해 주신 것이라는 확신을 갖게 되었고, 안 팀장님에게 그 프로그램을 맡아서 진행해 보겠다고 하였습니다.

이처럼 방송 진행이 결정된 후, "영동 극동방송"과 "제주 극동방송"과 "포항 극동방송"에서도 이 통일 프로그램를 방송으로 확정하였습니다. 특히 제주 극동방송에서는 가청권이 미치는 북한과 중국, 러시아 연해주, 몽고, 일본 북해도에까지 특별 방송이 송출되므로 북한 동포와 북방에 흩어져 있는 우리 동포들도 이 〈통일을 앞당겨 주소서〉 프로그램을 청취할 수 있다는 데에 크나큰 의미가 있었습니다.

나로서는 이 통일 관련 방송이 북한 동포들과 특별히 핍박 가운데 고통받고 있는 북한 지하 성도들에게는 너무도 복된 소식이 되고, 그들도 우리와 함께 통일의 대열에 함께 할 수 있게 된 것이 너무도 감사한 것이었습니다. 왜냐하면 통일은 우리만의 반쪽 통일이 아닌 남과 북이 함께 어우르며 북한 동포들도 통일에 대한 바른 이해와 관심과 역사 의식을 갖게 해 줄 수 있는 기회가 되기 때문이었습니다.

그런데 막상 막중한 통일이라는 프로그램을 어떻게 6개월 동안 약 25회를 걸쳐서 진행해 나아가야 할지 막막하였습니다. 내 자신이 북한선교는 20여 년 이상을 해서 많은 경험과 자료를 가지고 있었으나, 통일에 대한 지식은 미천하였고 그에 대한 구체적인 자료도 가지고 있지 못하였습니다. 그런데 이 프로가 통일 관련 전문 인사들과 인터뷰를 하는 것인데 국내에 통일 관련 기관이나 인사들과는 거의 아는 바가 없었기에 아무리 손을 꼽아 보아도 4-5명 이상으로는 인터뷰 대상이 잡히지 않았습니다. 이러한 인터뷰 대상자의 인선과 섭외 문제로 어려움을 겪고 있을 때 결정적으로 도움을 준 "한우리미션벨리"의 박성배 박사님이 나서서 인터뷰 대상자들을 섭외하는 일을 해 주기로 함으로 그 문제는 해결하게 되었고, 방송 진행도 함께 하기로 하였습니다.

통일이라는 주제는 매우 심도 있는 내용이어야 하기에 여기에 합당한 전문 지식과 통일 내용의 다양성도 필요로 했습니다. 이러한 통일에 대한 전문 교육은 "통일 대박론"을 일찍이 외친 전 중앙대학교 경제학 교수인 신창민 박사님으로부터 "통일 대박론2개월에 걸쳐서 경제적인 측면에서 강의를 들었다."의 강의를 들은 것이 나에게는 큰 힘이 되었습니다. 통일론에 대해서 다양하게 각 분야를 골고루 다루기 위해서는 그 분야의 내용을 진행자가 어느 정도 사전에 알고 있어야

심도 있는 인터뷰 내용이 갖추어 질 수 있었기에 정치, 경제, 교통과 물류, 외교, 문화, 선교, 인권, 역사 등 다양한 강의 내용이나 전문 서적과 자료 등을 사전에 수집하여 내 자신이 충분히 숙지해야 했습니다. 나로서는 상당한 부담을 가지고 공부를 하게 되었습니다. 인터뷰 대본의 질의문을 만들기 위해 저자들의 책을 섭렵하고, 핵심적인 질문을 뽑아내어 대본을 작성하였습니다. 한정된 시간에 그 내용을 청취자들이 이해하고 공감할 수 있도록 각별한 신경을 써서 작성하여 사전에 충분히 서로가 소통될 수 있도록 사전 작업도 하였습니다. 이번에 이 방송 프로그램을 진행하면서 통일에 대한 전방위적인 다양한 정보와 지식을 얻게 된 것이 나에게는 많은 유익이 되었습니다. 결국 통일론은 종합적이며, 균형적이어야 한다는 점도 새롭게 알게 되었습니다.

이 방송 프로그램에 2015년 4월부터 10월까지 열세 분께서 인터뷰에 응해 주셨습니다. 송종환 대사, 신창민 교수, 김문수 전 경기도지사, 신동춘 박사, 선우숙 교수, 채원암 외교연구위원, 손윤탁 목사, 정성진 목사, 하충엽 교수, 최용준 교수, 백광욱 목사, 이희문 목사, 박성배 박사와 특별 기고를 해 주신 한동대학교 송인호 교수님께 감사를 드립니다. 이분들은 하나님께서 통일을 대비해서 준비해 놓으신 믿음의 사람들로서 통일이라는 큰 민족적, 시대적 큰 과업에 귀한 인재들이라 확신합니다.

방송이 종료된 후에 일회적으로 방송되었기에 아쉬움이 있던 차에 박성배 박사께서 방송 인터뷰 내용을 책으로 출간하자는 제안을 하여 심사숙고 끝에 영동 극동방송 권태철 지사장님께 책 출간의 취지를 공지하고 책으로 제작하기로 결정하였습니다. 매우 감사한 점은 인터뷰에 응해 주셨던 패널들께서 정성스럽게 원고를 다듬고 보완해 준 것입니다. 인터뷰 시간은 30분으로 한정되어 있었기에 내용에 따라 충분히 설명하지 못한 부분들을 재 원고화하여 보다 더 그 내용을 충실하게 보완할 수 있었습니다.

〈통일을 앞당겨 주소서〉의 메시지를 책으로 출간함에 따라 보다 더 많은 사람들이 통일과 북한의 복음화에 구체적으로 공감하고, 그 비전을 함께 보편적으로 공유할 수 있게 되었음을 다행으로 여깁니다. 또 이 책으로 인해 통일운동의 확산과 한국 교회가 보다 더 심층화 된 통일과 북한선교의 비전을 더욱 구체화하는 계기가 되기를 간절히 소망합니다.

2014년 1월 6일, 박근혜 대통령께서 "통일 대박론"을 공론화함으로 인해 여러 통일 유관 부서와 대학과 각계의 연구기관에서 통일 관련 책들이 봇물 터지듯 출간되었습니다. 마치 통일 감격 시대로 진입한 그런 분위기가 조성되면서 책, 세미나와 방송, 신문, 잡지에도 각계각층의 전문가들이 통일론을 쏟아 내었습니다. 또한 오랫동안 민족의 통일과 북한의 복음화를 위해 준비해 온 교회들도 많은 관심과 비전을 제시하면서 통일론이 저변화, 대중화되게 되었습니다. 이는 매우 바람직한 "통일 바람"이라고 생각됩니다.

이번에 출간하게 된 이 책의 내용은 누구나가 이해하고 공감할 수 있는 보편적 통일론과 기독교 입장에서 품고 있는 북한의 복음화라는 교회 입장에서 선교적 비전을 제시하고 있습니다. 본 책의 콘텐츠의 특징은 한 분야에 관련하여 한 주제를 가지고 한 사람의 서술한 내용이 아니라, 다양한 분야에 다양한 전문가들이 그 전문성을 가지고 그 내용을 저술함으로써 독자들로 하여금 다양하고도 전문성 있는 분야의 내용을 보편성 있게 이해하고 공감할 수 있도록 편집되었다는 점입니다.

아울러 이 책의 출간 시점이 "극동방송 창사 60주년"에 맞추어졌다는 점이 매우 의미 있게 다가옵니다. 원래 이 책의 출판계획은 2015년 연말을 목표로 준비하였으나 원고를 취합하고 편집하는 데 예상보다 기일이 많이 지체되었습니다. 근래에 들어 한반도의 정세가 급변하며 요동치고 있지만 하나님께서는 대한민국을 향한 통일을 하나님의 방법으로 진행하시고 있으며 불원간에 통일은 반드시 올 것이라는 점입니다.

무엇보다도 이번에 책이 어려운 여건 속에서도 나올 수 있도록 물심양면으로 지원해 주시고, 격려해 주신 파키스탄 주재 송종환 대사님과 전체 원고를 마무리 하는 데에 큰 도움을 준 서울대 의과대학에 재학 중이며 북한의 의료선교의 비전을 가지고 있는 김세준 형제님께 심심한 감사의 마음을 표합니다.

2016년 2월 22일
〈통일을 앞당겨 주소서〉 진행자_강석진

통일 준비를 위한 지침서

지난 60년 동안 북한을 비롯한 북방 지역에 복음을 전해 온 극동방송은 어떻게 하면 우리 민족이 평화적으로, 또 복음으로 통일을 이룰 것인가 늘 관심을 갖고 사역하고 있습니다. 이런 속에서 지난해에는 "통일을 앞당겨 주소서"라는 사역 표어 아래 각종 프로그램들을 제작하고, 캠페인을 전개해 한국 교회와 방송가족들로부터 큰 호응을 얻었습니다.

그중에 하나가 영동 극동방송에서 제작된 대담 프로그램 〈통일을 앞당겨 주소서〉이며, 각 분야의 통일 전문가들이 출연해서 막연한 통일이 아닌 실제적으로 통일을 준비하는 일의 중요성과 방법을 다루었습니다. 특별히 그 소중한 내용들이 한 권의 책으로 출간하게 된 것을 기쁘고, 뜻 깊게 생각합니다.

이 책이 통일을 위해 기도하고 준비하는 모든 사람들에게 널리 읽혀지고 실제적인 도움이 되길 진심으로 바라며, 무엇보다도 하나님께서 통일을 앞당겨 주시길 간절히 소원합니다.

극동방송 이사장, 수원중앙침례교회 원로목사_ 김 정 환

발간을 축하합니다

극동방송 〈통일을 앞당겨 주소서〉 대담 프로그램에 출연했던 인사들의 실제 인터뷰 내용을 바탕으로 한 것으로 공동 저자의 한 사람으로서 이 책의 출간을 함께 축하를 드립니다.

북한의 계속되는 핵무기 개발과 이에 대한 국제사회의 강화되는 제재 및 이에 따른 김정은 체제의 불안정, 아울러 우리 국민의 통일에 대한 관심이 고조되고 있는 상황에서, 각계각층 통일 멘토들의 귀중한 인터뷰를 한 권의 책에 담아 독자 여러분들에게 보여 드리는 것은 매우 소중하고 가치 있는 일입니다.

이 책을 준비하는 과정에서 자유 통일을 앞당기고자 뜻을 함께하는 분들이 "자유 통일국민연합"을 창립하게 되었고, 하나 된 마음으로 열심히 움직이고 있습니다. 참여해 주시고 성원해 주신다면 우리의 헌법 이념인 자유민주주의와 시장경제에 의한 통일의 대역사가 앞당겨 성취될 것으로 믿습니다. 이 모임의 취지가 〈통일을 앞당겨 주소서〉의 취지와 대동소이하다고 생각하며, 통일의 비전을 제시하고 있으므로 창립선언문을 아래에 실었습니다.

1948년에 탄생한 대한민국은 짧은 기간 동안에 산업화와 민주화를 이룩한 세계사에서 기적을 만들어 낸 유일무이한 국가라고 할 수 있다. 이러한 성공을 바탕으로 대한민국에 대한 애국심과 헌법 가치를 수호하려는 대다수 국민들의 여망으로 통일은 앞당겨질 것이고, 이 과정에서 많은 분들의 참여와 통합 그리고 헌신 봉사가 요구되고 있다.

대한민국은 단군의 개국 이래 유구한 역사와 찬란한 문화 전통을 이어 오고 있으며, 수많은 외침에도 역사와 문화를 보존하고, 한민족의 정체성을 지켜왔다. 그러나 근세 이후 서세동점의 시대에 일제에 의해 식민지가 되는 비운을 맞이하여 해방 이후에도 국제정치의 희생으로 분단되는 불행을 겪고 있다.

1948년 유엔이 합법적으로 승인한 정부로서 대한민국이 탄생하여 역사의 정통성을 계승하고 있으며, 분단된 북쪽에는 북한 공산정권이 들어선 이후 남과 북은 갈등과 대립을 계속하고 있다.

대한민국은 이러한 민족사적인 불행의 시대에도 수없는 난관을 극복하며 산업화와 경제발전을 이룩하여 한강의 기적을 이루어 냈으며 세계인들의 존경과 배움의 대상이 되었다. 또한 산업화와 함께 민주주의도 시련 끝에 제도적 기틀을 갖추게 됨으로써 세계 경제 10위권의 선진국으로 자리매김한 위대한 여정을 밟아 왔다. 대한민국은 역사에서 보편적으로 가치를 인정받고 가장 우수한 제도인 자유민주주의와 시장경제를 헌법의 이념으로 하여 발전을 거듭해 왔으나, 북한 정권은 해방 이후 소련과 중국의 지원을 받아 남침을 함으로써 민족사에 씻을 수 없는 동족상잔의 비극을 만들어 냈으며 김일성, 김정일, 김정은으로 이어지는 삼 대에 걸친 세습의 철권 독재통치로 북한 주민을 탄압하며 굶주리게 하고 있다.

한반도의 분단으로 비롯된 불행한 일들은 너무나 많으며, 이산가족, 남북 간 이질화의 심화, 대립과 갈등, 비정상화의 정상화, 군비 확장은 물론이며 수많은 사람들이 전쟁과 이산의 트라우마에서 살고 있다.

대한민국 내에서 우리 조국 대한민국의 성취를 폄하하고 북한의 비정상적인 적화통일 노선에 동조하고 있는 종북, 친북 세력은 대한민국의 통합과 발전을 방해하고 자유 통일을 가로막고 있다.

이제 민족사의 단절을 극복하고 고통과 상처를 치유할 수 있기 위하여 자유민주주의에 입각한 통일을 이룩해야 할 시기가 도래하고 있다. 우리는 공산독재하의 북한 주민을 고통과 시련으로부터 자유케하며 지난날 조국의 독립을 위한 구국 정신을 계승받아 통일된 조국을 위해 신성한 역사의 사명을 부여받았다.

이러한 시대적 상황 하에서 통일에 대한 비전을 가지고 "자유 통일국민연합"이 출범되었다. 우리는 대한민국의 모든 애국시민과 시민사회단체·교회·정당 및 국제사회와 연대하여 이 위대한 통일과업을 수행할 결의를 표명한다. 그리하여 분단과 대립을 청산하고 새로운 자유 통일국가 시대를 여는데 밀알의 역할을 수행할 것이다. 통일된 우리 조국은 천부의 자유와 공동번영과 평화와 개방의 기치를 걸고 모든 국민이 인간답고 행복한 삶을 영위함으로써 세계의 중심 국가로 발돋움할 것이며, 가장 모범적인 통일복지 국가로 발전할 것이다.

우리는 앞으로 이 위대한 여정에서 대한민국의 부족한 점을 치유하며 세계가 부러워하는 통일국가를 만들기 위한 모든 노력을 다할 것이다.

다시 한 번 이 한권의 책이 나오기까지 많은 기도와 물심양면으로 지원과 격려를 아끼지 않으신 여러분들께 심심한 감사의 말씀을 드립니다.

자유 통일국민연합 대표_신동춘

차례

송종환

프로필
- 서울대 외교학과 학사, 석사
- 미국 터프츠대 Flectcher 국제법·외교대학원 석사
- 한양대 정외과 박사
- 남북적십자회담 및 남측조절위원회 회의 수행원
- 청와대 정무1비서실 외무부·통일원 담당 행정관
- 주 유엔대표부 정무공사, 주미대사관 정무공사
- 국가안전기획부 해외정보실장
- 충북대 정외과, 명지대 북한학과 초빙교수
- 현재 주파키스탄 대사, 지구촌교회 장로

저서
- 『북한 협상형태의 이해』 (2002, 오름)
- 『남북회담: 7·4에서 6·15까지』 (공저, 2004, 극동문제연구소)
- 『북한 어디로 가나』 (공저, 2011, 선한약속)
- 『가까이 다가온 자유민주주의 통일과 과제들』 (2013, 2014, 오름) 외 다수

가까이 다가온
자유민주주의 통일

대담 : 송종환 대사
진행 : 강석진, 박성배
방송일 : 2015년 6월 27일, 7월 4일

가까이 다가온 자유민주주의 통일 1

강석진 안녕하셨습니까? 〈통일을 앞당겨 주소서〉 진행을 맡은 강석진 목사입니다. 함께 진행하실 한우리미션벨리의 대표이신 박성배 박사님께서 나와 주셨습니다.

오늘은 파키스탄에 주재하고 계신 송종환 대사님을 모시고 남북통일과 북한 선교 전략에 대해 이야기를 함께 나누도록 하겠습니다.

송 대사님께서는 40여 년 이상을 남북한 관계와 통일을 위해 정부기관에서 또 대학과 연구기관과 외교분야에서 다양한 활동을 하셨고 또 연구하시면서 많은 경륜을 쌓아 오셨습니다. 공무 차 잠시 한국에 오셨는데, 바쁘신 데도 귀한 발걸음으로 저희 극동방송의 통일 프로그램에 참여해 주셨습니다. 감사드립니다.

먼저 극동방송의 애청자분들과 북녘에서 이 방송을 듣고 계신 북한 동포들에게 인사 말씀 부탁드리겠습니다.

송종환 극동방송 가족들과 북한 동포 여러분 안녕하십니까? 이렇게 방송으로 인사드립니다. 항상 건강하시고 복 많이 받으시기 바랍니다.

1

강석진 송 대사님께서는 언제부터 남북 관계의 일을 해 오셨나요? 상당히 오래 전부터 일해 오신 걸로 알고 있습니다. 어떤 계기로 남북 문제에 참여해 오시게 되었는지와 그 당시의 정황과 일화도 함께 들려주셨으면 합니다.

송종환 오늘 저는 오랫동안 북한과 통일 문제를 연구한 개인의 입장에서 말씀드리겠습니다. 지금부터 43년 전인 1972년부터 남북한 관계에 종사하게 되었습니다. 그때 해군사관학교 교수부에서 군복무를 한 후 공직에 몸담은지 얼마되지 않은 28세였습니다. 그동안 남북한 간에 두 번의 정상회담과 여러 번의 총리회담 등 많은 대화를 하였으나 남북한 관계 개선에 가장 중요한 군사적 긴장 완화가 조금도 나아진 게 없어서 안타깝습니다.

회고해 보면 1971년 8월부터 판문점에서 개최되었던 남북한 이산가족 문제 해결을 위한 남북한 적십자회담의 예비회담에 수행원으로 참가한 것이 남북한 관계 업무에 종사하고 연구하게 된 출발점이 되었습니다. 1972년 1월 초부터 남북적십자 예비회담 수행원으로 그리고 8월부터 개최하게 된 서울과 평양의 남북적십자 본회담 수행원으로 참가했습니다.

남북적십자사 간의 회담이 진전되지 않고 교착되자 남북한 당국이 나서서 적십자회담의 진전을 돕고 통일 문제를 협의하는 남북조절위원회 회의와 간사 회의가 판문점과 서울, 평양에서 1972년과 1973년에 개최되었는데 이 모든 회의에도 실무 수행원으로 참가하여 우리 측 대표들을 보좌하였습니다.

제가 남북 대화 업무에 종사하게 된 계기는 당시 남북적십자 예비회담 대변인을 맡고 있었던 서울대학교 외교학과 선배인 정주년

대표의 추천으로 회담 운영을 총괄하던 정홍진 대표 밑에서 일하게 되면서부터였습니다. 정주년 대표와 정홍진 대표는 나중에 오랫동안 모시는 직장 상사가 되셨고, 1998년까지 26년 간의 저의 첫 번째 공직 생활의 멘토이자 영원한 후원자가 되셨습니다. 제가 해외에 근무하는 동안 간간이 연락을 해 왔던 정홍진 대표님이 2015년 10월에 타계하셔서 사람의 도리를 못하여 송구하기만 합니다.

1972년과 1973년, 남북적십자 본회담과 남북조절위원회 회의 참석차 두 차례 평양에 갔었는데 그때 북한은 자유롭게 보이지 않았으나 경제적으로 우리보다 낫게 보였습니다. 남북조절위원회 회의는 대동강 변에 있는 모란봉 초대소에서 개최되었는데, 과거 영명사라는 절터에 새로 지은 건물로써 시설이 아주 좋고 침실의 천정이 우리보다 높았던 것이 특히 기억납니다. 모란봉초대소로 들어가는 입구에 부벽루와 산마루에 을밀대가 있었는데 부벽루에 탁구대를 갖다 두어서 거기서 탁구를 치기도 하였습니다.

북한 측은 30세도 되지 않은 제가 대표단에 포함되고 또 나름대로 중요한 일이 있으면 우리 측 대표와 연락을 하고 자유롭게 활동하는 것을 보고 박정희 대통령과 어떻게 되느냐고 묻기도 하였습니다. 수령의 가까운 인척을 중용하는 북한 사람들이 저를 '박 대통령 친척으로 생각하는구나.' 하고 혼자서 실소하기도 하였습니다.

2

박성배 송 대사님께서 『가까이 다가온 자유민주주의 통일과 과제들』라는 최근의 저서에서 "통일의 날갯짓"이라는 표현을 하셨는데, 어떤 의미인지 자세히 설명해 주셨으면 합니다. 매우 신선한 표현인 것 같습니다.

송종환 "통일의 날갯짓"이라는 표현은 제가 쓴 말이 아니고 제 책의 권두언을 써 주신 민주평화통일자문회의 현경대 수석부의장께서 하신 말씀입니다. 저는 1970년대 초에 시작된 남북적십자 회담과 남북조절위원회 회의가 1973년 8월, 북한 측에 의하여 일방적으로 중단된 이후에도 중단된 대화를 정상화하기 위한 남북조절위원회 부위원장 회의에 우리 측 장기영 부위원장을 보좌하기 위하여 계속 참가하였습니다. 그 부위원장 회의도 1976년 8월 18일, 판문점 공동경비구역 안에서 북한 경비병 30여 명이 미루나무 전지 작업을 하던 미군 장교를 도끼로 살해한 사건 이후에 중단되었습니다.

회담과 직통전화 등 남북 관계의 모든 연락 업무가 중단되자 저는 1977년부터 유혁인 수석비서관이 책임을 맡고 있는 청와대 정무 1비서실로 옮겨 외무부와 통일원 업무를 맡는 행정관으로 오래 근무하였습니다. 그 후 1982년부터 1984년까지 미국 보스턴 소재 터프츠대 플레처 국제법·외교대학원에서 석사 학위를 한 후, 서울로 돌아와 실무과장, 국장직에 있다가 1989년부터 1997년까지 주유엔 대표부와 주 워싱턴 대사관의 정무공사로 연이어 근무하였습니다.

1998년 2월 김대중 대통령 취임 이후, 저는 정부를 떠나서 15년간 대학교수로 강의를 하면서 남북한 관계와 북한의 협상행태에 대한 저술도 하고 세미나 발표와 언론 기고와 강연을 열심히 많이 하였습니다.

현 수석부의장께서는 브라질의 아마존강 유역 나비 한 마리의 날갯짓이 미국 대륙 텍사스 주에 거대한 토네이도를 형성할 수 있다는 미국 기상학자 에드워드 로렌츠 E. Lorentz 의 기상이론 "나비효과"

를 소개하면서 제가 이제까지 해 온 일들이 "자유민주주의 통일"이라는 한반도의 거대한 토네이도를 예고하는 "날갯짓"이라고 분에 넘치는 평가를 해 주셨습니다.

이런 평가에 부응하기 위해서 저는 한반도 통일 문제 논의의 불모지라고 할 수 있는 파키스탄에 가서도 대학 특강과 세미나를 통하여 늦어도 2030년까지는 자유민주주의에 입각한 통일이 이루어지고, 이 경우 한반도는 물론 전 세계에 주는 유익이 클 것이라는 "통일의 날갯짓"을 멈추지 않고 있습니다. 저의 "통일의 날갯짓"이 히말라야 산맥을 넘어 한반도는 물론 국제사회에도 계속 퍼져 나갔으면 좋겠습니다.

3

강석진 1977년, 박정희 대통령 비서실 정무1수석비서관실의 외무부·통일원 담당 행정관이 되어서 본격적인 통일 관련 업무를 해 오셨는데, 1970년대 대화 시절 남북한 간의 주요 쟁점들은 무엇이었는지 비교해서 설명해 주셨으면 합니다.

송종환 우선 적십자회담부터 말씀드리겠습니다. 1971년 8월 20일 이후, 판문점에서 시작된 파견원 접촉, 예비회담과 서울과 평양에서 개최된 본회담에 이르는 전 과정에 우리 측은 남북으로 흩어진 이산가족의 아픔을 해결하는 인도적 문제 해결에 주력하였습니다. 많은 우여곡절이 있었지만 남북 양측이 조금씩 양보하여 20차례의 예비회담과 13회의 실무회의를 거쳐 본회담 의제로 5개 항목의 의제를 합의했습니다.

첫째는 남북으로 흩어진 가족들과 친척들의 주소와 생사를 알아내며 알리는 문제, 둘째는 남북으로 흩어진 가족들과 친척들 사이의 자유로운 방문과 자유로운 상봉을 실현하는 문제, 셋째는 남북으로 흩어진 가족들과 친척들 사이의 자유로운 서신 거래를 실시하는 문제, 넷째는 남북으로 흩어진 가족들의 자유의지에 의한 재결합 문제, 다섯째는 기타 인도적으로 해결할 문제였습니다.

1년 가까이 진행된 남북적십자 예비회담에서 북한 측은 남북 이산가족, 친척들의 '자유 왕래'와 '친우'를 의제에 포함시킬 것을 주장하여 각기 2항과 5항에 반영하였습니다. 남북적십자 본회담이 평양과 서울에서 개최되자 북한 측은 회담에 임하는 본색을 드러내기 시작했습니다. 북측은 의제 제1항 이산가족, 친척의 주소와 생사 확인의 실질적 토의를 위해서는 그에 앞서 남한의 법률적, 사회적 조건 환경이 먼저 개선되어야 한다면서 반공정책 중지를 요구하였습니다. 아울러 이산가족 해결문제를 설명할 북한 측 요원들을 우리 사회의 리, 동에 1명씩 파견하는 제의를 하였습니다.

남북한 간의 이산가족, 친척 문제 해결에 친우를 포함시키고 해당자들이 자유 왕래를 하면서 상대방을 찾고 반공정책 중지를 요구하면서 리, 동 단위로 북한 요원 1명씩 파견하겠다고 한 북한 측의 저의는 설명이 필요하지 않겠습니다. 북한 측은 우리 측이 제시한 이산가족 찾기를 위한 국제관행으로써 확립된 생사 및 주소 확인이나 서신 거래 절차에는 아예 관심도 없었습니다.

1971년 하반기부터 있었던 비공개 접촉에서의 협의를 통해 합의된 「7·4 남북공동성명」이 1972년 7월 4일 발표된 이후, 1973년 6월까지 판문점에서 각기 3회 개최된 남북조절위원회 공동위원장회의와 서울·평양 남북조절위원회 회의에서 북한 측은 반공 포기 및 공산주의 용납, 주한미군 철수, 한국군 증강 및 군사훈련 중지 등을 요구하면서 그들이 주장하는 "남조선혁명"에 유리한 여건을 조성하려는 불순한 정치적 의도를 분명히 하였습니다.

4

박성배 송 대사님께서는 오랫동안 통일에 대한 연구와 실무를 해 오셨는데, 북한은 대외적으로는 "자주통일"이니 "민주통일"과 "평화통일"을 주장해 왔지만 지금까지 북한의 대내외적 행보는 전혀 다르다는 것을 보여 주었습니다. 지금까지 남북 문제를 다루어 오시면서 저들의 숨겨진 통일전략은 무엇이며 우리가 바로 이해해야 할 것이 무엇인지 상세히 말씀해 주시기 바랍니다.

송종환 우리나라 정치 지도자들은 물론 국민들이 반드시 알아야 할 중요한 질문을 해 주었습니다. 일반적으로 북한이 쓰는 "자주", "민주", "통일"은 듣기에 그럴 듯합니다. 북한의 대남전략에 정통하지 않은 일반 국민들은 어느 누구도 이러한 말들에 반감을 가지지 않을 수도 있습니다.

그렇게 된 것은 북한이 자주 반복하여 주장해 왔기에 우리에게 익숙해진 것도 있겠지만 말 자체가 주는 의미가 우리 상식에 나쁘지 않기 때문입니다. 그러나 북한이 쓰는 이 말은 분단 이후 한 번도 바꾸지 않은 대남공산화 통일전략으로써 1970년대 이후부터 지금까지 우리와의 대화에서 숨김없이 지속적으로 전개되었습니다.

북한은 대남공산화 통일전략에 의거하여 우리와의 대화 안팎에서 "자주2000년 「6·15 남북공동선언」 이후에는 "우리 민족끼리"로 포장"를 주한미군 철수로, "민주"를 공산당 활동의 자유화를 위한 국가보안법 철폐로, "통일"은 북한식 연방제 통일로 해석하고 우리가 거기에 동의하라고 요구합니다.

우리가 인식하고 있는 개념의 "자주"는 우리 민족 당사자 간에 해결한다는 것이고 "민주"는 주권을 가진 국민들의 참여입니다. 그리고 "통일"을 민족 통일로 해석하는 것과는 너무도 크게 차이가 납니다. 북한의 대남전략의 요지는 "남조선"에서 주한미군을 철수시키고 공산당 활동을 막는 국가보안법을 철폐하면 "남조선"에서 공산정권이 집권을 하는 "남조선혁명"이 이루어지게 되고 그렇게 공산화된 공산정권과 대화를 하여 북한식 연방제로 통일하자는 것입니다.

이러한 전략에 의하면, 북한에게 있어 공산정권이 아닌 한국 정부는 전복과 타도의 대상이기 때문에 대화 상대가 될 수 없는 것이죠. 그렇지만 북한이 국내외적으로 어려운 상황에 처하면 우리와의 대화에 나옵니다. 북한이 1971년 대화에 응한 배경에는 미·중국_{당시 중공} 간 수교협상 개시가 있었고, 1990년에 남북고위급회담에 응한 배경에는 구 동독의 공산체제 소멸 후 독일 통일과 소련 및 동구 위성 국가들의 붕괴 및 체제 변화가 있었던 것입니다. 그리고 2000년 남북정상회담에 응한 것은 북한의 혹독한 경제난과 같이 체제 생존을 걱정할 정도로 견디기 어려운 상황에 기인된 것으로 널리 알려져 있습니다.

그러나 북한은 이와 같이 수세적 상황에서 대화에 나와서도 "남조선혁명"분위기 조성에 주력합니다. 회담장에서는 우리 대표에게 북한의 대남전략에 의한 공산화 통일에 동의하라고 요구하고 회담장 밖에서는 남북한이 합의를 하지 않았는데도 마치 우리 대표가 북한의 요구에 동의한 것처럼 선전을 계속하고 있으니 우리 국민들이 혼동하기가 쉽습니다.

예를 들면 북한 측은 2000년 「6·15 남북공동선언」의 제1항의 "우리 민족끼리 서로 힘을 합쳐 자주적 해결"을 두고 우리가 주한

미군 철수에 동의했고, 제2항의 "남측의 연합제안과 북측의 낮은 단계의 연방제 안이 서로 공통성이 있다고 인정하며 앞으로 이 방향에서 통일을 지향해 나가기로 하였다."를 두고 우리가 김일성의 연방제 통일에 동의했다고 주장하고 있습니다.

여기서 "협상"이라는 용어에 대하여 남북한 쌍방이 가지고 있는 인식 차이에 대하여 말씀드리고 싶습니다. 일반적으로 '협상'은 국가 간에 이해 충돌과 분쟁이 있을 경우, 그 차이점을 조정하기 위하여 사용되는 흥정이나 타협의 과정을 말합니다. 그러나 공산주의자들, 특히 소련 및 중국 공산당으로부터 배운 북한은 "협상"을 "다른 형태의, 다른 수단에 의한 전쟁의 연속"으로 보고 있습니다. 그들에게 "협상"은 제국주의에 대한 투쟁의 한 형태에 불과합니다. 그러하기 때문에 협상하는 대화 장소에 나와서 한반도 공산화 통일전략을 그대로 제시하고 그들의 협상 행태도 본질 문제 토의에 들어가면 전쟁을 하는 듯 투쟁적이며 공격적인 모습을 보이게 됩니다.

5

강석진 남북 교류가 약 40여 년을 이어 왔지만 북한은 봉건적인 3대 세습을 이어서 내려오고 있고 변화를 거부하고 두려워하는 것이 아닌가 생각됩니다. 송 대사님께서 보시기에는 저들은 왜 시대를 역행하는 체제를 고집하고 있다고 보시는지요?

송종환 북한이 개혁·개방을 거부하는 데에는 여러 가지 이유가 있습니다. 북한 지도자들은 1990년 전후에 소련, 동구 등에서 공산주의가 몰락한 것은 이념적으로 마르크스·레닌주의에 문제가 있어서가 아니라 고르바초프 등 기회주의자들이 멀쩡한 혁명적 원칙들을 변질시켰기 때문이라고 하면서 북한의 이념을 바꿀 이유가 없다고 주장하고 있습니다.

보다 실제적인 이유는 개혁·개방을 주장하면 김일성 이후의 주체사상의 무오류성이 시험하게 되고 자칫 잘못하면 선대의 업적을 훼손하게 되는 것이며 결국 오류를 범한 선대를 이어 받은 김정은의 정통성마저 위협받게 될 것을 우려하기 때문입니다. 이것은 자식이 할아버지나 아버지를 비판할 수 없다는 것인데, 중국이 1970년대 후반 등소평 시대에 이르러 개혁·개방 노선을 택하면서 모택동의 공적은 인정하되 과오를 과감하게 비판한 것과는 크게 차이가 납니다.

또한 북한 사회를 개방할 경우 외부 세계의 정보 유입으로 북한 사회 내부에 동요가 일어날 위험이 있고 특히 경제 분야에서는 열악한 상태가 드러날 것을 우려하기 때문입니다. 결론적으로 북한은 개혁·개방을 할 경우, 구 소련과 그 위성국가들처럼 체제가 무너지고 권력에서 쫓겨나서 처형될 것을 두려워하고 있는 것으로 보입니다.

6

박성배 송 대사님은 오래 전에 남북 이산가족 문제 해결을 위한 적십자회담에 종사하신 바가 있으신데 누구보다도 남북 이산가족 문제의 중요성을 느끼고 계신 줄 압니다. 현재는 남북 관계가 어느 때보다도 경직되어 있고 오히려 긴장된 상태에 있습니다.

그런데 연세가 많은 남북 이산가족들은 점차 돌아가시고 있습니다. 그들의 한 맺힌 평생 소원을 우리가 반드시 풀어 주어야 합니다. 그렇다면 우리가 파격적인 전향적 정책을 통해서라도 이산가족 상봉문제를 시급하게 관철해야 되지 않나 생각되기도 합니다.

　　송종환 이제까지의 이산가족 문제는 대체로 정부와 대한적십자사가 이산가족들의 의사를 일일이 묻지 않고 선의善意로 주도해 왔다고 볼 수 있습니다. 그리고 1971년 이후에 해 온 우리 측의 노력들이 북한 측의 거부로 전혀 진전을 보지 못했습니다.

　　국내 이산가족 문제에 관한 모든 사항은 통일부와 대한적십자사가 함께 운영하는 "이산가족정보통합센터"를 중심으로 이루어지고 있습니다. 국내 이산가족 숫자는 상봉 신청이 본격적으로 시작된 1988년부터 집계되었는데 이를 기점으로 2015년 8월 31일까지 "이산가족정보통합센터"에 등록된 이산가족은 총 12만 9천 8백 28명입니다. 이 가운데 6만 3천 9백 21명이 가슴속 분단의 한을 풀어 보지도 못한 채 세상을 떠났습니다. 현재 우리의 이산가족 생존자 수는 총 육만여 명인데 70세 이상이 전체의 81.5%여서 급격히 줄어들고 있습니다.

　　정부와 대한적십자사는 박근혜 정부의 국정기조의 하나인 "국민행복 구현" 차원에서 전체 이산가족 당사자들을 대상으로 그들이 무엇을 어떻게 해 주기를 원하느냐에 대한 전수조사全數調査를 먼저 하고 이를 반영한 대책을 수립, 북한 측에 제의하고 추진할 것을 권고합니다. 이러한 전수조사에는 세 가지 구체적인 항목들이 설정될 수 있을 것입니다.

　　첫째는 당당히 공개적 대북지원을 제시하여 이산가족 문제 해결을 추진하는 것입니다. 2015년 10월, 금강산에서 있었던 이산가족 상봉에서 본 바와 같이 생애 처음 부자가 만나고 결혼 7개월 만에 생이별했던 부부가 수십 년 만에 만나는 등의 절절한 사연은 잠시나마 전쟁과 분단의 아픔을 잊게 하여 그 자체로 의의가 있지만 상봉 후 편지를 교환하거나 다시 만나는 기회가 전혀 없는 이런 상봉은 이벤트 행사이지 이산가족 문제의 근본적인 해결에 도움이 되지 않습니다.

정부와 대한적십자사는 대북 경제지원의 반대급부를 당당히 제시하고 이산가족의 생사와 주소 확인, 서신 교환, 면회소 상설 및 확대, 고향 방문, 이산가족 상봉 제도화를 추진해야 합니다. 특히 이산가족 상봉을 꼭 하겠다면 최소한 2000년 전으로 돌아가서 금강산 상봉보다 고령이 되어가고 있는 이산가족들이 먼 금강산 지역으로 고생하며 가는 것보다 지난날 서울과 평양을 동시 교환 방문했던 이전 방식으로 돌아가야 할 것입니다.

둘째는 "조용한 비밀협상"에 의한 독일 정치범 송환 방식입니다. 1990년 10월, 통일이 되기 전 서독 정부는 이산가족 문제를 공개적인 협상이나 이벤트성 행사보다 동독 정부와의 "조용한 비밀 협상"을 통하여 동독 거주 이산가족과 정치범을 서독으로 합법적으로 이주시켰습니다.

특히 동독의 반체제 인사의 석방 경우, 당시 서독과 동독은 당국이 직접 나서지 않은 채 교회, 변호사 등 민간이 주도하는 사업으로 진행시켰고 언론도 협조해 철저하게 비밀리에 이루어졌습니다. 1963년 첫 사업을 시작한 이래 베를린 장벽이 무너지던 1989년까지 이어졌는데, 서독은 3만 3,755명을 송환한 대가로 34억 6,400만 마르크에 해당하는 현물을 동독에 지불했습니다.

따라서 우리도 통일 전 서독이 한 것처럼 금강산 "상봉쇼"에 소요되는 비용이나 대북 경제지원비로 이들을 구출해 오는 "독일 정치범 송환 방식 Freikauf: 자유를 산다"을 은밀히 추진하는 것이 바람직하다고 하겠습니다.

셋째는 이산가족 당사자들의 직접적인 노력을 허용하고, 정부는 이를 지원하는 것입니다. 정부와 대한적십자사는 이산가족 당사자들이 개별적으로 북쪽 지역 이산가족의 생사와 주소를 확인하는 일을 조용히 지원하였으면 합니다.

지금 경제사정이 좋은 우리 측에 와 있는 이산가족들이 자비로 중국에서 활동하는 기업, 민간단체나 현지 선교사와 브로커를 통해 가족의 생사 확인과 상봉을 하고 있는 것으로 알고 있습니다. 경제적 사정이 여의치 않은 이산가족이 구체적인 사례를 우리 정부나 대한적십자사에 신고하면 조용히 경제적 지원을 하도록 했으면 합니다. 금강산 상봉과 같은 이벤트 행사보다 이렇게 이산가족을 조용히 돕는 것이 실제로 이들의 염원을 풀어 주고 국민의 행복을 도모하는 일이 아닙니까?

7

강석진 송 대사님께서도 잘 아시다시피 한국에 3만 명에 가까운 탈북민들이 정착하고 있습니다. 많은 분들이 이 땅에 와 있는 탈북형제들을 "미리 다가온 통일" 또는 "통일의 마중물"이라는 표현을 많이 합니다. 그렇다면 이들은 북한에서 태어나서 성장하고 지금의 북한의 고난을 몸소 겪었던 저들이 통일을 전후해서 어떻게 기여해야 된다고 보시는지요? 통일 전에 저들의 역할과 통일 후의 역할에 대해서 말씀해 주셨으면 합니다.

송종환 북한 이탈 주민에 대해서는 여러 단계의 대책이 필요하다고 생각합니다.

첫째는 북한 이탈주민이 중국 등에서 북한으로 강제 송환되지 않도록 국제난민 자격 부여를 위한 외교 노력을 강화해야 합니다.

둘째는 일단 북한 이탈주민이 한국에 들어오면 북한 사회와는 달리 한국 사회가 경쟁체제임을 인식시키고 자유민주주의와 시장 경쟁체제에 적응, 정착할 수 있도록 교육시키고 살 곳과 직업을 마련해 주는 일에 정부와 국민이 적극성을 보여야 합니다.

북한 이탈주민은 한국이 통일 대한민국을 잘 건설할지를 시험하는 리트머스 시험지임과 동시에 선물이고 전령이기에 더욱 이들에 대한 보호와 대책을 점검하고 보완, 개선하는 것이 필요합니다. 탈북자에 대한 취업 교육을 1년 정도 전문대학_{폴리텍}에서 하고 또 그들의 자질에 따라 서산 등지의 농장에서 농사를 짓거나 우리 기업에서의 인턴을 거쳐 정규직으로 채용하고 교회·사찰 등 종교 단체와의 1:1 결연을 추진하는 것도 필요하게 보입니다. 그들이 북한에 남아 있는 가족과 여러 경로로 연락을 취하고 있으므로 한국이 그들을 선하게 대하는 본을 보일 때 통일은 보다 가까워질 것이라 생각됩니다.

탈북자는 한국이 북한체제를 변화시키는 과정에 또 통일 이후에 직·간접적으로 좋은 영향을 미칠 수 있고 또 북한 급변사태가 발생할 경우 직접 참여하게 될 것입니다. 탈북주민들은 통일 과정에는 "통일선봉대"가 되고 통일 이후에는 자신들이 살던 지역으로 돌아가서 "자유민주주의 선교사"로 또 지도자로 활동할 수 있을 것으로 예견되므로 정부와 함께 그런 역할을 꿈꾸는 분들은 스스로 그 준비를 꾸준히 해 나아가야 할 것입니다. 이를 위해서는 정부가 나서서 그런 역할을 할 탈북주민들을 선발하여 자유민주주의와 시장경제체제에 대한 체계적인 교육을 이수하도록 하여 북한의 각 시, 도별로 "자유민주주의 통일대사 또는 지도자"들을 지정, 양성하는 프로그램을 추진하면 좋겠습니다.

8

박성배 송 대사님께서는 2013년 6월 말 파키스탄에 부임한 후 광복절에 즈음하여 『가까이 다가온 자유민주주의 통일과 과제들』 제하의 저서를 출판한 동기를 말씀해 주시기 바랍니다.

송종환 많은 사람들이 1945년 한반도가 일제로부터 해방될 것을 예상하지 못했기에 해방 몇 년을 앞두고 항일을 포기하고 친일로 변절한 사람들이 많아졌고 또 해방 이후에 대한 준비도 부족했습니다. 우리 민족이 일제로부터 해방될 것을 예상하지 못했던 것처럼 오늘날에도 통일이 될지 또 된다면 언제 될지를 확신하는 국민이 많지 않은 것 같습니다.

북한의 미사일, 핵 개발로 인하여 우리 국민들은 반드시 올 자유민주주의 통일을 확신하지 못하고 우왕좌왕하고 있고 어떤 사람들은 북한체제로의 통일을 원하는 듯이 행동하고 있습니다. 북한체제로의 통일을 지지하는 듯한 사람들은 일제 말기의 변절자와 같이 판단을 잘못하고 있는 것입니다. 다행히 박근혜 대통령이 2014년 1월 6일, 신년 내외신 회견에서 "통일 대박"을 천명하고 2015년 5월 29-31일 동안 통일박람회가 열려 자유민주주의 통일을 위한 분위기가 한결 고무된 것 같습니다.

제가 『가까이 다가온 자유민주주의 통일과 과제들』 제하의 책을 출판한 것은 세계 석학들의 한반도 통일 전망을 토대로 한반도가 언제, 왜, 어떻게 통일될 지를 제시하면서 반드시 올 통일을 위하여 무엇을 준비할 것인 지를 권고하기 위한 것이었습니다. 지금은 동 트기 직전의 짙은 어두움이지만 국민이 하나가 되어 반드시 올 자유민주주의 통일을 이루기 위한 꿈과 목표를 세우고 그 길로만 나아 간다면 반드시 이루어질 것으로 확신합니다.

맺는말

강석진 오늘은 누구보다도 통일에 대한 많은 연구와 경륜을 가지고 계신 파키스탄 주재 대사이며 지구촌교회 장로이신 송종환 대사님을 모시고 지난날 남북 교류의 과정과 이산가족 상봉 등에 대한 상세한 이야기와 송 대사님이 저술한 『가까이 다가온 자유민주주의 통일과 과제들』의 내용을 통일에 초점을 맞추어서 폭넓게 대화를 나누어 보았습니다.

다음 주에 한 번 더 모시고 더욱 구체적인 통일 이야기를 듣도록 하겠습니다. 극동방송의 통일을 앞당기기 위한 이 방송이 통일을 갈망하는 남과 북의 모든 동포들에게도 희망의 복된 소리가 되기를 간절히 소원합니다. 하나님께서 분단의 고통을 안고 계신 분들을 향해 이사야 61장 3절을 통해 위로의 말씀을 주십니다.

> 무릇 시온에서 슬퍼하는 자에게 화관을 주어 그 재를 대신하며 기쁨의 기름으로 그 슬픔을 대신하며 찬송의 옷으로 그 근심을 대신하시고 그들이 의의 나무 곧 여호와께서 심으신 그 영광을 나타낼 자라 일컬음을 받게 하려 하심이라.

속한 시일 내에 통일이 이루어져 남과 북이 통일의 기쁨의 화관을 쓰고 찬송으로 하나님께 영광을 돌릴 수 있는 그날을 소망합니다. 감사합니다. 안녕히 계십시오.

가까이 다가온 자유민주주의 통일 2

강석진 지난 한 주간도 평안하셨습니까? 오늘은 지난 시간에 이어 파키스탄 주재 대사이시고 지구촌교회 장로이시기도 한 송종환 대사님을 다시 모시고 통일전략과 북한선교 이야기를 나누어 보도록 하겠습니다.

1

강석진 송 대사님의 통일 관련 저서와 관련하여 우리가 보는 한반도의 통일론을 좀 더 객관적인 환경 측면에서 살펴볼 필요가 있지 않나 생각됩니다. 외국의 외교 전문가들이나 연구기관에서는 한반도의 통일에 대해서 어떤 예측들이 있나요? 상세히 들려주셨으면 합니다.

송종환 세상의 앞날에 대한 정확한 전망이 전혀 주목을 받지 못하는 사례가 많습니다. 소련의 반체제론자인 안드레이 아말릭 Amalrik, 1938-1980은 소련이 세계 최강인 미국과 양극체제로 전성기를 누리던 1970년도에 『소련은 1984년까지 존속할 것인가』 제하 소책자에서 소련은 체제 내 사회적·인종적 적대의식과 중국과의 전쟁으로 1980년부터 1985년 사이에 붕괴될 것이라고 예언하였습니다.

당시 소련에 대하여 가장 관심이 많았던 미국 학계마저 아말릭의 주장을 신뢰하지 않았고 별로 주목하지도 않았으나, 소련은 1991년에 붕괴되어 그가 예견한 대로 독립국가연합체제로 개편되었으며 그 중심인 러시아연방은 자유민주주의와 시장경제체제로 전환되었습니다.

1990년 전후 소련 붕괴 후, 공산주의를 표방해 온 국가들이 겪은 경험에 비추어 북한의 수령유일지배체제 장래는 루마니아 차우셰스크_{Ceauscescu} 식으로 붕괴되거나 중국, 베트남 식으로 개혁·개방이 되거나 아니면 러시아식으로 체제가 전환되거나 그렇지 않으면 어렵더라도 지금의 체제를 고수해 가는 네 가지 중 하나가 될 것으로 예상되어 왔습니다.

그러나 김정은으로의 3대 세습이 구체화된 2010년을 전후하여 국제사회 저명 연구소의 학자들이 현재의 북한체제가 언젠가는 존재하지 않을 것이라고 하면서 2030년이 되기 훨씬 전에 분단 한반도가 한국 주도로 통일될 것이라고 하는 전망이 부쩍 늘어나고 있습니다.

군사정치 예측을 80% 이상 적중시킨 '21세기 노스트라다무스'라고 할 수 있는 조지 프리드먼_{George Friedman}은 2009년에 발간한 그의 저서 『100년 후』_{Next 100 Years}에 이어 2010년 1월, 「조선일보」와의 인터뷰에서 "한국이 원하든 원하지 않든 한반도의 재통일은 2030년 이전에 이루어질 것"이라고 예측하였습니다. 하버드대의 니알 퍼거슨_{Ferguson} 교수는 "북한은 앞으로 10년 이상 존재하지 못할 것이므로 한반도의 재통일이 향후 10년간 가장 역사적인 사건이 될 가능성이 있다."고 예측하였습니다.

2010년 9월 28일, 김정은으로의 3대 세습이 가시화된 지 1년 후인 2011년 9월, 러시아 국책연구기관인 세계경제 및 국제관계연구 IMEMO 는『글로벌 전망 2030: 러시아의 전략적 시각』에서 2011-30년 기간의 후반에는 "국제사회의 통제 하에 북한 내 임시정부 수립, 무장해제와 현대화 추진으로 한국 주도의 한반도 통일에 실질적 단계가 올 것"이라고 전망했습니다. 미국 국방대 부속 국가전략연구소 전략조사센터의『한국인의 장래: 북한체제 붕괴에 대한 미국 외교의 도전』이라는 보고서는 다른 고위간부들이 김정은을 거부하여 김씨 일족이 힘을 잃거나 내란을 촉발할 중앙지도부의 해체까지 가는 대변동으로 김일성 왕조의 종말이 예상되나 그렇다고 북한이 갑작스럽게 붕괴되어 통일이 되는 것은 아니라고 진단했습니다.

미국 국방대 부속 연구소의 연구 결과는 북한 수령유일지배체제의 붕괴는 다른 전문가들의 전망과 동일하나 다만 그 붕괴가 바로 한국 주도의 통일로 갈 것인가에 대하여는 의견을 달리 하고 있음을 유의해야 합니다. 북한이 지난 1월 6일 제4차 핵실험을 한 이후, 미국의 민간연구기관인 전략국제문제연구소 CSIS 는 1월 20일, "김정은은 북한 생존을 위하여 개방을 하는 것이 필연적이나 개방을 할 경우 정권 붕괴를 가져올 수 있다는 딜레마에 봉착해 있고 또 엄격한 통제체제는 무한정 지속될 수 없으므로 한반도 통일은 실현 여부가 아니라 시기의 문제"라고 강조하였습니다.

이러한 자료를 종합해 본다면 북한이 수령 지배체제 하에서 개혁·개방을 하든, 하지 않든 결국 붕괴될 것이므로 그때를 대비하여 한국이 제대로 준비하고 대처하여 통일의 기회를 잡아야 한다고 생각합니다.

2

박성배 역사의 수레바퀴는 하나님이 운행하시므로 우리나라의 통일은 하나님의 계획과 의지로 반드시 불원간에 이루어질 것으로 확신하고 있습니다. 통일이 되면 남북한의 교회도 연합하고 화해하는 기쁨을 맛볼 것입니다. 벌써 대내외적으로 그러한 징조들이 나타나고 있는데 2030년 전에 한국 주도로 통일이 될 것이라고 한 학자들은 어떠한 근거로 그러한 전망을 하였습니까?

송종환 대체로 세계 석학들은 2030년 전에 북한체제의 붕괴로 한국 주도의 통일이 된다고 전망했지만 구체적 증거를 제시하지 않았습니다. 저는 그들의 전망을 다섯 가지 측면에서 살펴보려고 합니다.

첫째는 글로벌한 차원에서 사실상 공산주의는 사라지고 한국이 선택한 자유민주주의와 시장경제체제가 세계적 트렌드라는 것입니다. 외관상 공산주의를 표명하고 있는 4개국인 중국, 베트남, 쿠바, 북한도 순수한 의미의 공산국가가 아니며, 이들 나라의 미래도 시간적 차이는 있겠지만 궁극적으로는 러시아와 동구 공산국가들처럼 자유민주주의와 시장경제체제로 체제 전환을 할 가능성이 큽니다. 또한 2010년 12월 8일에 튀니지 시민혁명 이후 다수의 장기 군사독재체제들은 거의 사라졌습니다.

둘째는 중국이라는 생명선과 북한 당국의 철저한 주민감시·통제 때문에 북한 붕괴에 회의적인 평가도 있으나 북한체제 자체의 문제점으로 붕괴가 임박하게 보입니다. 2012년 4월 집권 이후, 고모부 장성택을 비롯한 측근 70여 명을 처형한 공포정치가 오래 갈 수 있을 것으로 보이지 않습니다.

경제난을 겪고 있는 상황에서 민생보다 대외 과시를 위해 막대한 비용이 소요되는 대량살상무기 개발을 계속하고 있는 김정은에 대한 불만이 앞으로 북한 주민들 사이에 고조될 가능성이 큽니다. 북한이 개혁·개방을 택하지 않고 수령유일지배체제를 고수할 경우에 누적된 경제난과 주민 불만 고조로 체제 붕괴가 앞당겨질 수도 있습니다.

셋째는 남북한 간의 국력 격차가 심화되고 있습니다. 1960년 1인당 국민 소득이 북한보다 열세였습니다. 1960년에 북한이 137달러였고 한국이 94달러였는데, 한국이 1972년에 처음으로 북한의 316달러보다 조금 높은 322달러가 된 후 2014년에는 28,180달러나 되어서 북한의 20배가 더 되었습니다. 인구가 북한보다 2배 이상이 되므로 한국의 국민총소득은 북한에 비해 40배 이상이 될 것이며 그 격차는 세월이 갈수록 더 벌어지게 될 것입니다.

넷째는 IT·통신기술의 발달과 외부 교류 확대에 의한 외부 정보의 유입으로 북한 사회의 개방이 불가피하며 동요 가능성이 점차 높아질 것으로 보입니다. 우리처럼 인터넷으로 데이터를 검색할 수 있는 모바일 폰은 아니지만, 북한 내 휴대전화 가입자가 340만 명이나 되고 북한 비판 여론이 중국과의 인적 교류로 북한 사회에 유입될 것도 예상됩니다.

다섯째는 핵, 미사일 등 대량살상무기 개발을 계속할 경우에 북한은 유엔안보이사회와 미국, 일본 등의 개별 국가의 대북제재에 중국의 비난까지 가세하여 국제사회로부터 더욱 고립이 심화될 것입니다.

3

강석진 송 대사님의 개인적인 사견으로는 통일이 되면 흔히 말하는 "통일 대박"이 가능하다고 보시는지요? 그렇게 된다면 어떤 결과가 남과 북의 모두에게 주어진다고 볼 수 있을까요?

송종환 첫째는 민족 정통성과 역사성이 회복되고 전쟁 위험 걱정이 없어집니다. 통일 성취로 국민 모두의 자긍심과 행복감도 커질 것입니다. 남북분단으로 인한 남북 갈등과 남남 갈등 등 사회 분열과 북한 주민의 인권유린 및 이산가족의 고통이 해소됩니다.

둘째는 한반도에서의 전쟁 위험이 제거되면 통일 대한민국은 국제 분쟁 감시, 중재와 평화 유지와 같은 국제평화 외교와 국제개발 협력에 적극 참여하여 국격國格을 높이는 활동을 하는 선진국가가 될 것입니다.

셋째는 보다 피부에 닿는 경제적 유익을 생각해 볼 수 있겠습니다. 남북한을 가로막는 휴전선이 사라져서 국토 면적이 확대되고 8,000만 명 이상의 인구 통합으로 세계 경제 7대국의 경제 규모와 내수 시장이 확보되어 1990년 통일 후 경제가 더욱 발전한 독일처럼 될 것입니다. 실제로 통일이 되면 남북한이 보유하고 있는 군사력을 현재의 절반으로 줄여 잉여 노동력과 군사비를 생산부문에 돌릴 수 있게 되고 통일 대한민국은 북한의 풍부한 자원, 저렴한 노동력과 한국의 자본, 첨단기술, 인프라를 결합하여 수년 내에 경제 강국으로 부상될 것입니다.

북한의 핵, 미사일, 생화학무기와 같은 대량살상무기와 마약, 위폐로 인한 코리아 디스카운트가 코리아 프리미엄으로 바뀌어져 외국 투자자들의 통일 한반도 시장에 대한 관심과 투자 증대가 예상되고 관광산업도 활기를 띠게 될 것입니다. 한반도, 베이징, 모스크바, 유럽을 연결하는 물류 실크로드가 확보됨으로써 한반도는 유라시아·태평양 경제권의 핵심 허브가 되고 동북 3성, 연해주, 일본을 연결하는 세계 최대 산업벨트도 만들 수 있을 것입니다.

부산이나 목포에서 모스크바까지 가던 해상 운송 55일이 철도 운송 25일로 단축되고 철도를 통한 시베리아 가스도 수입할 수 있게 될 것입니다. 학자들이 조사한 바에 의하면, 이렇게 얻어지는 통일의 편익이나 혜택은 지금과 같은 소모적 분단 유지 및 관리 비용과 통일 후 투자해야 할 통일 비용을 합친 것보다 크다고 합니다.

4

박성배 송 대사님께서 주장하시는 자유민주주의 체제로의 통일 흐름이 아직 겨울이지만 봄이 오고 있는 것처럼 통일의 이러한 전망을 가능케 하는 강력한 객관적 근거와 함께 경제, 비경제적 통일편익이 분단 및 통일비용을 합한 것보다 큰 데도 한국 주도의 자유민주주의 통일을 가로막는 세력도 만만치 않습니다. 한반도 통일에 장애가 되는 요인은 무엇인지 말씀해 주셨으면 합니다.

송종환 세 가지를 들 수 있겠습니다.

첫째는 한반도의 공산화 통일을 최종 목표로 하면서 대남 군사적 도발과 남남 갈등을 선동하는 북한입니다. 최근 김정은은 우리를 향한 군사적 도발을 강화하고 있는데 그 예로는 잦은 핵실험과 장거리 미사일 발사에 이어 잠수함에서 미사일$_{SLBM}$을 발사하는 실험까지 하였습니다. 언제, 어디에서 북한이 대량살상무기로 우리를 기습 공격할 지 심히 우려됩니다.

둘째는 당리당략적 입장을 넘어 이념적 지지 입장에서 북한의 주장을 따르는 한국 내의 종북 세력의 숫자가 늘어나고 활동이 노골화되고 있는 것입니다. 북한의 수령유일지배체제를 찬양하고 추종하는 한국 안에 있는 친북좌파 세력들은 한국의 안보를 위협하고 자유민주주의 통일을 가로막는 북한에 못지 않습니다. 이들의 친북활동은 박근혜 정부 취임 이후에도 수그러들지 않고 있습니다.

셋째는 지정학적 입장에서 또 자국의 안보적 측면을 고려하여 한반도 통일을 부정적으로 보는 중국과 일본입니다. 중국은 통일 한반도가 자신의 뒤통수를 칠 망치가 될 것으로 인식하고 일본은 자신의 심장을 겨누는 단도_{dagger}가 될 것으로 생각하고 있기 때문에 중국과 일본은 한반도 통일을 달가워하지 않고 있는 것으로 분석되고 있습니다. 특히 중국은 한반도 북부와 연결되는 중국의 국경에 미국 우호체제가 들어서는 것을 꺼리는 것 같습니다.

5

강석진 그러면 다가온 통일을 앞당기기 위해서는 다양한 요소들이 완비되고 충족되어야 된다고 보는데 그에 대한 구체적인 방안을 제시해 주셨으면 합니다. 송 대사님의 최근 저서에 보면 3심, 즉 세 가지 마음의 확보가 필요하다고 했는데 그 3심에 대해서도 구체적으로 설명해 주셨으면 합니다.

송종환 세 가지 마음 확보 이전에 할 일이 있습니다.

3대 세습 후 북한에서 벌어지고 있는 일들을 보고 한반도 문제의 근본적 해결은 한국 주도의 자유민주 통일뿐이라는 국민적 인식과 각오가 확산되어야 합니다. 아울러 북한의 고도화되고 있는 대량살상무기로 국가안보가 위중한 상황에서 국민이 단합하고 북한을 억지할 수 있도록 국방 예산을 대폭 확대하는 것과 함께 과거와 다른 근본적 대책을 세워야 합니다.

북한은 2006년 10월 9일, 2009년 5월 25일, 2013년 2월 12일의 원자탄 실험에 이어 지난 1월 6일 '수소탄 핵실험' 발표를 하였습니다. 북한의 제4차 핵실험에 대해 유엔안보리를 비롯한 국제사회가 대북한 제재 논의를 하고 있는 가운데 2월 7일 북한은 중국을 비롯한 국제사회의 중단 촉구를 무시하고 1998년 8월 이래 여섯 번째 장거리 미사일을 발사하였습니다. 이번 북한의 핵실험과 장거리 발사로 국제사회는 유엔 안보리 결의들에 대한 북한의 노골적 위반으로 도전을 받게 되었고, 한국은 날로 고도화되고 있는 북한의 대량살상무기로 안보 위기를 맞게 되었습니다.

소형화와 경량화된 핵탄두를 스커드 B 미사일에 탑재하여 황해도 신계에서 발사할 경우 서울까지 거리는 약 100km이고 도달 시간은 220초입니다. 15kt 위력의 핵폭탄이 서울 삼각지 상공 100미터에서 폭발했을 때 수십만 명이 사망한다는 시뮬레이션 결과도 있습니다. 만일 예측 불가능한 젊은 '지도자'가 발사 명령을 내려 기습공격을 하면 제대로 준비가 되어 있지 않은 한국은 어떻게 되겠습니까?

사태가 이 지경에까지 이르렀는데도 우리 사회에서는 북한의 대량살상무기에 대한 대책 논의를 시작하면 안보 비용 부담 타령을 하고 심지어 중국 눈치보고 중국 안보까지 걱정을 하는 사람들이 적지 않습니다. 자신의 생존과 자신이 살고 있는 국가 안보가 위기 상황에 놓였는데 비용 타령하고 다른 나라 안보 걱정하는 사람들은 어느 나라 국민입니까?

유엔 안보리 제재 결의와 중국의 적극적 대북 제재 동참 요구, B-52 등 미국 전략 무기의 일시적 한반도 상공 비행, 대북 확성기 방송 확대도 필요하지만 북한의 가공할 핵, 미사일 등 비대칭무기에 대한 근본적 대책이 될 수 없습니다. 상대방이 대량살상무기를 가지고 있는 현실에는 거기에 맞는 현실적 대책을 세워야 합니다. 북한이 우리를 핵과 미사일로 공격하려고 할 때 자신들도 선제공격을 받거나 즉각 반격을 받아 절멸될 수 있다는 위협을 주는 '공포의 균형'에 의한 억지력으로 북한이 극단적 행동을 하지 못하도록 해야 합니다.

전쟁을 막으려면 전쟁 준비를 해야 합니다. 사즉생死卽生의 각오로 대내외적으로 패러다임이 과거와 다른 근본 대책을 세워야 합니다. 먼저 군사적으로 북한이 핵, 미사일 등 대량살상무기로 공격할 것에 대비하여 선제공격과 방어력을 동시에 충분히 높여야 합니다. 한국은 북한의 핵, 미사일 등 대량살상무기 위협에 대한 킬체인KillChain: 탐지, 식별, 타격 명령, 타격 완료의 순환체계을 조기 구축해야 합니다. 동시에 미국의 선제 타격용 전략 무기는 물론 장거리 미사일을 통한 북한의 공격에 대비하여 150km 이상의 고도에서 먼저 요격을 하는 상층방어용 사드THADD, SM-3 등 다층 중첩의 고고도 미사일 방어책이 필요합니다.

사회 각계 원로들과 저를 비롯한 전문가들이 오래전부터 제기해온 미국의 핵잠수함 동해 배치와 유럽식 전술핵(핵탄두는 미국, 핵탄두 운용 공군기는 유럽 각국이 통제) 재배치 문제를 비롯한 적시성, 신뢰성, 실천성을 높이는 핵우산 대책을 미국과 협의해야 합니다. 미국이 일본이나 유럽 동맹국과 차별하지 않는 수준으로 한·미 동맹을 강화하면 그것은 미국의 안보에도 도움이 될 것입니다.

다음, 외교적으로는 북한에 대한 강력하고 실효성 있는 유엔 안보리 제재결의안 채택과 함께 각 회원국들이 미국, 일본 등과 같은 독자적 제재를 취하도록 교섭해야 합니다. 이런 상황에서도 북한의 전략적 가치를 고려하여 6자 회담 재개 등 대화를 통한 해결만을 주장하고 있는 중국에 대하여는 유엔의 대북 제재로 인한 동북 3성의 경제적 피해와 핵무기로 무장한 북한에 대비한 주변 국가들의 핵무장 도미노 사태 초래는 물론 중국 안보 자체에 미치는 심각성을 깨닫게 하여 정책 전환을 촉구해야 합니다.

북한의 제1차 핵실험 2006년 10월 9일에 대한 안보리 대북제재결의안 1718호는 5일 만에 채택되었고, 제2차 핵실험 2008년 5월 25일 결의안 1874호는 18일 만에, 제3차 핵실험 2013년 2월 12일 결의안 2094호는 23일 만에 채택되었습니다. 제4차 핵실험 2016년 1월 6일에 대하여는 21일이 지난 1월 27일, 중국과 미국의 고위층 간에 제재결의안 논의를 시작했지만 처음부터 미국이 요구하는 '대북 원유공급 중단, 북·중 무역 차단' 등에 대한 중국의 반대로 결의안 도출이 장기화될 가능성이 있어 우려됩니다.

이번에는 북한의 대량살상무기와 사치품에 한정된 현행 제재의 범위를 확대해야 합니다. 과거 이란에 가했던 제재처럼 북한과 거래하는 중국 등 제3국의 모든 기업과 금융기관에 대해 제재를 가하여 세컨더리 보이콧 북한으로 현금이 들어가는 모든 루트를 차단하고 북한을 드나드는 중국 등 제3국 선박에 대한 보험을 금지하고 금수 대상물품이 북한에 들어가지 못하도록 이들 선박에 대한 검색 강화 조항이 제재결의안에 포함되어야 합니다.

뉴욕 현지 시간으로 2월 25일 유엔안전보장이사회에서 회람된 대북제재결의안은 앞에서 말씀드린 바와 같이 북한으로 들어가거나 북한에서 나오는 모든 수출입 화물의 검색 의무화, 석탄, 철광석, 금, 티타늄, 희토류 등 광물 자원의 거래 제한, 항공료와 로켓 연료 공급 금지 등을 포함하고 있어서 전례없이 강력하고 포괄적인 제재로 평가됩니다. 금번 회람된 대북제재결의안이 미국과 중국이 합의한 후 공개된 만큼 유엔안전보장이사회에서 곧 만장일치로 체택될 것으로 보이나, 관건은 북한에 드나드는 선박이 대부분 중국 국적이어서 중국이 얼마나 의지를 갖고 제재결의안을 충실히 이행할 지 주목됩니다.

다음, 북한 핵 폐기를 위한 국제적 동참을 이끌기 위해서는 한국은 가능한 모든 수단과 방법을 동원하는 결단을 먼저 보여 주어야 합니다. 이를 위해서는 우리의 대북 관계에 대하여도 조정이 필요합니다. 한국이 북한 핵무장의 엄중성을 들어 다른 나라들에게 북한으로 현금이 들어가지 않도록 요청하면서 북한 당국의 통치 자금으로 많이 들어가는 개성공단을 예전처럼 계속 유지하면 다른 나라의 협조를 얻을 수 없습니다. 그들이 우리의 협조 요청에 대해서 진정성을 느끼겠습니까? 지금과 같은 비상 시기에는 잔업 금지와 근무 시간 단축, 가동 중단의 단계적 조치를 취하고 북한 핵 폐기 때까지 개성공단을 폐쇄해야 합니다.

이런 모든 분야의 우선적 대책 강구와 함께 종국적으로는 한국은 숙적宿敵 인도가 1974년 핵 실험을 한 직후 파키스탄이 생존을 위해 장기간의 노력 끝에 1998년 핵 실험을 하고 미국의 가장 가까운 동맹국인 프랑스1960와 이스라엘1966이 핵 실험과 개발을 하였던 사례들과 금번 이란 핵협상 성공사례도 참고해야 합니다.

앞에서 제게 질문하신 3심에 대해 말씀드리겠습니다. 통일을 앞당기기 위한 3심 중 첫째는 북한 주민의 마음을 사는 것입니다. 2009년 상반기 북한, 중국 접경지역에 있는 북한 주민 1,000명을 대상으로 설문조사를 했습니다. 북한 붕괴 시 중국과 통합하는 것이 좋겠다는 사람들이 40%, 자력갱생이 31.5%, 한국과 통일해야 한다는 의견이 27% 나왔습니다.

한국에 대한 인식이 낮으므로 북한 당국과 주민을 분리하고 주민의 마음을 사서 북한 사회를 변화시킬 수 있는 대북정책의 실천이 시급합니다. 한국은 북한과 대화를 할 때 독일이 한 것처럼 국민의 자유를 중요시한다는 점을 분명히 하여 공산화 통일 논의가 나오지 않도록 해야 할 것입니다. 이를 위해서는 북한의 대남 공산화 통일전략에 이용될 일반 원칙들을 합의하지 않아야 합니다.

금강산 관광 중단과 금번 개성공단 폐쇄의 경험에 비추어 남북한 간에 군사적 긴장완화와 평화정착이 전혀 이루어져 있지 않은 상황에서 비정치 분야의 교류, 협력만 앞서 나가지 않도록 유의해야 합니다.

북한은 끝까지 대화를 해야 하는 동족인 동시에 현실적으로는 적대 세력이므로 양면을 동시에 대비해야 하며 일방적 포용과 지원보다 포용과 압박에 의한 결단력으로 북한 변화를 추진하면서 북한이 잘못된 길로 갈 때에는 견인하고 개입해야 합니다.

둘째는 우리 국민이 합심하는 것입니다. 지금 통일과 북한을 보는 우리 국민들의 분열이 심각해지고 있습니다. 그 핵심에는 북한의 선전, 선동에 따라 한국이 지켜온 정통성과 역사성을 훼손하고 있는 세력들이 있습니다. 이들은 북한의 3대 세습, 인권 침해, 대량살상무기 개발에 대하여는 일체 반대나 비난을 하지 않고 북한의 공산화 통일 주장에 동조하면서 찬양까지 하고 있습니다. 안보수사기관들이 이들의 활동을 철저히 감시, 색출, 척결하는 활동을 강화하고 국민들도 이들의 노골적인 친북 활동을 비판, 견제하는 범국민적 운동을 전개해야 합니다.

또 국민여론의 분열을 막기 위해서는 남북한 간의 합의사항에 대한 북한의 일방적 해석에 대하여는 정부 당국이 즉각적으로 반박하는 것이 필요합니다. 앞에서도 말씀드린 바 있지만 「6·15 남북공동선언」 제1항과 제2항에 대하여 북한이 우리가 주한미군 철수와 1960년, 김일성 연방제에 동의했다고 주장하고 있는데 여기에 대하여 반박하지 않음으로 국민들에게 혼란을 주고 있습니다.

2015년 4월 서울 시내 모 대학교 특강을 하면서 「6·15 남북공동선언」이 자유민주주의 통일에 도움이 되겠느냐는 질문을 한 데 대해 학생들의 40% 정도가 모르겠다고 하고 30%는 도움이 된다고 대답하였습니다. 심각한 수준입니다. 이러한 현상은 「6·15 남북공동선언」에 대한 북한식 해석을 모르기 때문입니다.

셋째는 주변국의 안심을 유도하는 것입니다. 1990년 10월, 독일이 통일될 때 프랑스와 영국은 통일된 독일에 의한 전쟁 재발을 이유로 통일을 반대했습니다. 우리는 독일이 통일을 이룩할 때 미국의 지지를 업고 적극 외교로 통일 분위기를 조성해 간 독일로부터 교훈을 찾아야 합니다. 우리는 한국 주도의 통일을 달가와 하지 않은 것으로 보이는 중국에 대하여 북한의 군사도발이 중국의 번영에 부담이 될 것이라는 메시지를 계속 전달하고 미국과 협의를 한 후 중국이 거부하지 못할 명분을 축적하는 전략적 대화를 시작해야 합니다.

6

박성배 그동안 한국 정부와 교회와 지원 단체에서 무수히 많은 식량과 비료와 약품과 농자재 등을 지원해 왔지만 저들은 오히려 무력 도발로 응수해 오므로 국민 정서상 많은 실망과 분노를 낳기도 하였습니다. 이런 형편에서도 정부나 교회와 민간지원 단체에서 지속적인 물자 지원을 할 필요가 있다고 보시는지요? 물론 기독교 입장에서 볼 때는 그럼에도 북한의 굶주린 동포들을 도와야 한다는 분들도 있는데, 송 대사님께서는 기독교 신앙인으로서 이런 문제를 어떻게 지혜롭게 풀어 나아가야 된다고 보시는지요?

송종환 우리의 성의 있는 지원에 대하여 북한이 감사하기는커녕 오히려 무력 도발로 나오기 때문에 우리 국민들은 분노와 실망을 넘어서 북한은 으레 그러려니 체념하는 수준이 되었습니다. 서독이 통일 전에 경제적 지원을 하면 동독 측이 서독 측의 요구가 없는데도 감사의 뜻으로 자진하여 베를린 장벽 경계선에 있던 자동소총 등 무기를 철수한 것과 판이하게 차이가 납니다.

최근 북한이 더 도발적으로 나오니 과거에 일방적으로 지원하던 대북 포용정책으로 돌아가자는 주장을 하는 정당과 국민들이 있습니다. 대북 포용정책은 미봉책에 불과하고 해결책이 되지 않습니다. 북한이 도발을 하는데도 대북 포용정책의 연장 선상에서 지나친 배려나 온정적 차원으로 접근하는 것으로는 북한을 변화시킬 수도 없고 북한 주민들에게 도움이 되지 않고 한국 국민에게 피해를 줍니다.

따라서 북한과의 경제협력은 글로벌 표준과 시장경제 원리에 입각하여 추진해야 하며 북한 주민과의 교류 및 지원은 주민에 다가가고 그들을 각성시킬 수 있는 방식으로 바뀌어야 합니다. 먼저 민간이 사업주체가 되는 경제 교류·협력은 기업의 1차 목적인 이윤 창출을 위해 이제까지의 돈을 쓰는 경협에서 돈을 버는 경협으로 눈을 돌려야 하며 투자 기업들은 자신의 수익과 위험 판단을 스스로 해야 합니다. 개성공단이 재개된다면 임금이 북한 당국이 아니라 북한 노동자에게 바로 지불되는 제도로 바뀌어야 합니다.

한국이 북한을 지원할 때는 북한 당국에 주는 지원이 아니라 주민의 삶을 개선토록 하여 주민의 마음을 움직이게 해야 합니다. 정부와 민간의 대북지원은 2012년 미북한 간 「2·29 합의」에서 대북 영양지원 모니터를 할 요원을 대폭 늘리고 모니터 방식을 합의한 것처럼 분배 투명성과 합리적 검증을 확보해야 합니다. 또한 식량 자체를 지원할 것이 아니라 식량을 증산하는 방법을 가르쳐 주는 등 북한 주민들이 고기잡는 것을 배우도록 지원 방식을 바꿔야 합니다.

천재지변과 자연재해로 어려움을 당하는 북한 주민에게는 결핵, 신종 플루 등 의약품과 우유제품을 제공하는 등 조건 없는 인도적 지원을 해야 합니다. 특히 영유아, 임산부, 노약자 등 취약 계층을 우선적으로 지원하며 이를 위해 UN, UNICEF 등 국제기구와의 협력 체제를 강화해 나아가야 합니다. 이와 같은 교류·협력 및 지원 사업을 통해 한국인들이 북한 주민들과 직접 접촉할 수 있는 기회를 넓혀서 북한 주민들이 한국이 매력적인 대안이라는 생각을 갖도록 유도해 나갈 수 있을 것입니다.

다만 이러한 한국 측의 호의도 북한 측이 핵실험과 미사일 발사 등 대량살상무기로 한국을 위협하는 시점에서 집행하기가 어렵게 보이므로 자연히 전면 보류하는 것이 불가피하게 보입니다.

7

강석진 제가 알기로는 한국이나 일본, 미국도 한반도의 급변상태에 대한 여러가지 시나리오를 세워 놓고 대비하고 있다고 합니다. 이는 곧 한반도의 통일이 어떻게 이루어질 것이라는 확고한 예측이 안 되고 어느 누구도 예단할 수 없는 통일로 이어질 수 있다고 볼 수밖에 없는데, 송 대사님께서 생각하시는 가장 바람직한 통일 시나리오는 어떤 것이 있을까요?

송종환 세계 2차 대전 이후 분단된 국가들의 통일 유형에서 답을 찾을 수 있을 것 같습니다.

첫째는 1975년, 남북 베트남 간의 전쟁에 의해 베트남이 통일된 사례입니다. 통일 과정의 인명 살상과 물적 피해를 생각하면 통일이 아무리 좋아도 전쟁을 통한 통일은 대안이 될 수 없을 것으로 보입니다. 그러나 북한이 남침 전쟁을 다시 하면 단호히 물리치고 자유민주통일 국가를 이룩하는 계기로 삼아야 합니다.

둘째는 체제가 다른 국가들끼리 즉 자유민주국가인 북예멘과 공산주의 국가인 남예멘이 협상에 의하여 절반씩 권력을 배분하는 식으로 1990년 5월에 통일을 하였으나 권력 분배의 갈등으로 내전이 일어나서 군사력이 우세한 북예멘이 전쟁으로 완전한 통일을 이룩한 사례입니다.

그러나 통일예멘은 2013년 이후, 남부 예멘의 분리 독립 요구로 내란을 겪고 있습니다. 예멘의 사례를 보면 이념과 체제가 다른 두 정부는 하나의 국가로 통일될 수 없다는 것을 보여 주며 억지로 통일을 이루어도 "국민 통합"이 이루어지기 힘들고, 갈등, 분열, 싸움이 더 가중되어, 다시 둘로 갈라질 수 있다는 것을 보여 줍니다. 따라서 체제와 이념이 다름에도 협상으로 통일을 합의하는 것도 우리가 택할 대안이 아닙니다.

셋째는 서독이 우월한 국력을 배경으로 하여 자유를 강조하면서 꾸준히 교류하여 동독 체제를 자유민주주의 체제로 전환시킨 후 동독이 서독 연방에 가입하여 통일이 된 사례입니다.

전쟁에 의한 베트남 통일과 체제와 이념이 다름에도 협상으로 권력을 배분한 예멘의 통일 방식은 바람직하지 않으므로 우리가 택할 대안은 서독이 동독 체제를 변화시켜 통일을 실현한 것처럼 북한체제를 변화시켜서 통일시키는 시나리오 밖에 없다고 생각합니다. 그러나 독일도 통일이 갑자기 왔기 때문에 동서독 화폐를 1:1로 바꾸어 주고 또 통일 후 동독 지역의 경제 활성화 지원보다 연금 등 복지에 절반 이상을 지출함으로써 통일 초기에 큰 어려움을 겪었습니다.

우리는 이미 발족한 통일준비위원회 주도로 독일 통일의 초기에 겪었던 어려움을 반면교사로 삼아 철저히 준비해 가면 다가온 통일을 무난히 성취할 수 있을 것으로 확신합니다. 국민 모두가 반드시 올 자유민주주의 통일의 꿈을 꾸고 이를 같이 이루는 통일의 주인공이 되었으면 합니다.

이제까지 말씀드린 것을 요약하면 다음과 같습니다. 우리의 염원인 자유민주주의 통일을 할 수 있느냐 여부는 우리 국민 자신에게 달려 있습니다. 우리는 안보를 확실히 하면서 대화, 교류와 협력을 통해 북한체제를 변화시키기 위한 노력을 부단히 하고 동시에 북한에 급변사태가 발생하여 통일이 갑자기 오는 상황에 대한 대비책도 세워야 합니다.

8

박성배 송 대사님께서는 한국과 파키스탄에서도 장로로서 교회를 섬기면서 누구보다도 통일을 위해 기도하고 통일에 관련하여 많은 강연과 연구보고서와 저술도 하셨는데, 한국의 교회사적인 측면에서 본다면 통일된 후에 통일 대한민국 교회의 시대적 사명을 무엇이라고 정의하실 수 있는지요?

송종환 교회사적 측면에서 보면 그동안 북한은 하나님의 자리에 수령이 앉아서 하나님의 주권을 행사해 온 것입니다. 통일이 되면 그러한 잘못이 시정될 것입니다. 그러나 이러한 잘못이 일조일석에 시정되지 않을 것이므로 우리 교회 지도자들과 성도들은 하나님의 절대 주권의 지평이 확대되도록 전심전력으로 기도하고 노력해야 할 것입니다.

이와 관련하여 통일 전 단계의 대북 선교 방향에 대해 의견을 제시하고자 합니다.

첫째는 북한을 위하여 예수님께 헌신하는 소수의 제자 양육부터 시작해야 합니다. 둘째는 자신의 이름을 드러내기 위해 지금까지 북한의 가짜 교회를 지원해 오던 것을 그만두고 지하 교회 성도들을 지원해야 합니다. 셋째는 남북한 기도 결연운동을 적극 추진해야 합니다. 이것은 북한의 시, 군, 구를 우리의 그러한 자치단체에 연결하면 되겠습니다. 아마도 230여 개가 될 것입니다. 넷째는 탈북자에게 식량과 의복을 공급하고 질병을 치료하면서 복음을 전하는 사역을 조직적으로 전개했으면 합니다. 구체적으로 1교회 1탈북자 결연 추진을 제의합니다.

개인적으로 소망하기로는 저나 세계 전문가들이 예측한 대로 2030년 전에 통일이 되어서 제가 1970년대 초 남북 대화에 참가하기 위하여 갔었던 부벽루, 을미대가 있는 곳에서 북한 동포들을 만나고 싶습니다. 또한 선교사들의 순교의 피로 세워지고 부흥하던 중에 1945년 일제로부터 해방된 후 북한 당국의 공산화에 의하여 무너진 2,860여 개 교회를 재건하고, 특히 1907년 1월, 교회의 대부흥을 이룬 "평양 장대현교회"를 다시 세우고 싶습니다. 거기서 우리 남북한 동포들이 손잡고 하나님께 영광 돌리는 예배를

드리며 세계를 섬기는 제사장의 나라가 되겠다는 그런 간절한 소
망의 기도를 드리고 싶습니다.

맺는말

강석진 송 대사님께서는 바쁘신 출장 공무 중에도 귀한 시간 내
주셔서 2회에 걸쳐 우리 극동방송 가족들과 북녘의 동포들에게
귀한 통일에 대한 희망적인 말씀을 해 주셨습니다. 다시 한 번 감
사를 드립니다. 하나님께서는 반세기 전만 하여도 가장 가난했고
분단된 나라로서 일인당 국민소득 70달러였는데 지금은 3만 달러
에 육박하도록 우리 대한민국을 크게 축복해 주셨습니다. 이제는
우리 모두가 시대적, 민족적 사명인 남과 북의 통일을 속히 이루
어서 함께 기뻐하며 이 시대에 제사장적 사명을 다하는 "통일 대
한민국, 선교 대한민국"으로 세워 나가는 일에 더욱 기도하며 힘
써야 될 줄 믿습니다. 늘 평안하십시오. 감사합니다.

〈참고〉
이 글은 2015년 6월과 7월에 방송된 후 저자의 뜻에 따라 최근 남북한간의 상황이 추가. 보
완되었습니다.

신창민

프로필

- 서울대 법과대학 (학사)
- University of Southern California (경제학 석사)
- Claremont Graduate University (경제학 박사)
- 중앙대 경영대학원장
- 통일경제연구협회 회장
- 중앙대 경영경제대 명예교수
- 한우리통일연구원 이사장
- 통일 대박재단 이사장
- 중앙대 명예교수
- 현재 통일 대박 강사로 국내외에서 활동 (국가기관, 시민단체, 대학, 방송)

저서

- 『통일은 대박이다』 (2012, 매일경제신문사) 외 경제학 분야 다수

통일은 대박이다

대담: 신창민 교수
진행: 강석진, 박성배
방송일: 2015년 4월 18일, 25일, 5월 2일

통일은 대박이다 1

강석진 안녕하세요? 〈통일을 앞당겨 주소서〉 진행을 맡은 강석진 목사입니다. 진행에 도움을 주실 한우리미션벨리 대표이신 박성배 박사님이 함께해 주셨습니다. 오늘은 『통일은 대박이다』의 저자이신 신창민 중앙대학교 명예교수님을 모시고 통일이 왜 대박이 되는지에 대해 3회에 걸쳐서 고견을 들어 보도록 하겠습니다. 요즈음에는 국가기관과 통일 연구단체를 다니시면서 통일에 대한 새로운 분위기를 만들어 가고 계시는데, 분주하신 가운데서도 저희 극동방송에 출연해 주셨습니다. 감사드립니다.

신 교수님께서는 몇 년 전부터 『통일은 대박이다』라는 저서를 발간하고 "통일전도사"의 역할을 지금까지 해 오심으로 그와 같은 신조어를 만들어 내셨는데, 공교롭게도 2014년 1월 초에 박근혜 대통령께서 연두기자회견에서 "통일은 대박입니다."라는 말 한마디가 온 국민과 각계에 상당한 관심을 일으켰습니다. 그 이후 신 교수님께서 상당히 바빠지신 걸로 알고 있습니다.

먼저 이 극동방송의 국내외 청취자분들과 북한 땅에도 새벽에 이 방송이 송출되어 우리 북한 동포들도 듣고 계십니다. 모든 분들게 인사 말씀 부탁드립니다.

신창민 안녕하십니까? 이 방송이 국내외와 폐쇄된 북한 땅에도 방송된다니 매우 감격스럽습니다. 통일은 우리 겨레의 간절한 염원이고 반드시 이 시대에 이루어져야 할 역사적, 민족적 과업입니다. 아무쪼록 이 방송을 통해 통일에 대한 희망과 열기가 더욱 확산되어 속히 통일이 앞당겨지는 계기가 되기를 간절히 바라지 않습니다.

1

강석진 근래 우리나라 통일정책이 "통일 대박론"을 중심으로 이어져 가는 모습을 보이고 있는데요. "통일 대박론"을 신 교수님은 한마디로 무엇이라고 설명할 수 있겠습니까?

신창민 "통일 대박론"은 한마디로 "우리 겨레의 통일엔진이다." 이렇게 말할 수 있겠습니다. 그런데 사실 그 말 한마디로 충분히 설명이 될 수 없습니다. 왜냐하면 통일이 되려면 남과 북 모두가 상상하기 어려운 상당한 이득을 서로가 보게 되는 그런 결과가 있다는 것을 표현하고 싶었습니다. 그러나 여기에 적합한 단어를 찾기가 어려웠습니다. 그래서 통상적으로 사용하는 비슷한 단어로써 "대박"이라는 말을 사용하였습니다. 그런데 대박하면 일반적으로 운이 따라서 갑자기 큰 부자가 된다는 그런 세속적 의미가 있고 또 "대박이다."라는 말 자체가 북한에는 없다는 사실입니다.

우리가 통일하면 흔히 경제적으로 부담스럽게 생각하지만 통일을 잘만 준비하면 우리는 모두 상상하기 어려운 엄청난 유익과 부를 축적하게 되므로 통일에 대해서 일반적 개념으로 또 희망적으로 받아들이고 모두가 쉽게 공감할 수 있다는 뜻으로 대박이라는 용어를 이해하고 받아들이면 될 것 같습니다. "통일 대박론" 내용의 핵심 요체는 통일로부터 얻는 이득이 분단 관리 비용이나 통일 비용보다 상상을 초월할 정도로 아주 크다는 것입니다. 이러한 통일 대박론이 근래에 들어서 서서히 저변화되고 있는데 그 진실한 내용이 북한 동포들에게까지 전해져야 합니다, 이렇게 우리 겨레 모든 국내외 동포들의 마음이 한군데로 모아지는 흐름 속에서, 이 지구상의 흩어져 있는 해외 동포들의 공감대가 하나로 묶어질 때, 통일은 천리의 흐름을 따라 자연스럽게 오게 될 것으로 봅니다. 결국 "민심은 천심이다."라는 만고의 진리가 다시 한번 입증되겠지요.

2

박성배 신 교수님께서는 미국에 가서 경제학을 전공하고 박사 학위를 받으신 다음 한국에 오셔서 중앙대학교에서 순수한 학자로서 경제학을 가르치셨는데 어떻게 정치 분야인 통일에 대해 관심을 가지고 연구하게 되셨는지 궁금합니다. 어떻게 "통일 대박론"에 착안하시게 되었나요?

신창민 1988년 초에 제가 평소에 통일에 대한 꿈이 있어서 저와 같이 우리 민족의 염원이고 역사적 소명인 통일에 뜻이 있는 각 대학의 교수님들을 모아서 "한우리연구원"을 설립하여 통일에 관련한 정치, 경제, 문화, 외교 등 모든 분야의 전문 기관들과 통일에 대해 연구하게 되었습니다. 여기에는 전혀 정치적인 야망없이 순수하게 통일에 대해 연구하는 그런 의도를 가지고 통일에 대한 연구 활동을 하게 되었습니다. 저는 제 분야가 경제이기에 경제 측면에서 통일에 대한 연구를 자연스럽게 하게 된 것입니다. 연구하는 가운데 역시 통일에 경제 분야가 제일 중요하다는 것을 결론으로 갖게 되었습니다.

그런데 공교롭게도 1989년에 독일의 베를린 장벽이 무너지면서 통일에 대한 연구 시점이 매우 적절했다는 생각이 들면서 통일에 대한 연구를 더욱 하게 되었습니다. 만일 독일 통일이 실현되지 않았다면 아마 제 자신도 매우 힘든 연구 활동이 되지 않았을까 생각되고 또 그 당시 통일을 앞장서서 강조하다 보면 주변에서 이상한 정치적인 시선으로 보는 그런 상황이 되었을 것입니다. 결과적으로는 독일이 통일됨으로 우리나라의 통일 연구의 필요성을 더욱 절감하게 되면서 저의 통일 연구 활동이 희망을 갖게 된 것입니다.

우리나라의 현대사에서 우리가 겪은 여러 가지 사회적, 정치적, 군사적 격변의 근본적인 원인은 남북 분단에 따르는 대치 상황과 마주하게 됩니다. 그래서 이와 같은 갈등과 대립과 분란을 해결할 수 있는 방법은 오직 통일이라는 결론을 갖게 되었습니다. 그런데 이 통일 문제에서 국민들은 추산된 천문학적인 액수의 통일 비용을 보면서 부담을 느끼게 되어 그 마음이 점점 통일로부터 멀어져 가고 있었습니다. 이래서는 안 되겠다는 생각이 들어 통일에 대가를 치러야 하는 것은 당연하지만, 그로부터 얻는 이득 또한 아주 크다는 진실을 알려 주고, 또 납득시키지 않고는 통일은 불가능하다고 판단했습니다. 그래서 2007년 8월 31일에 국회예결위 연구보고서 발간번호 116번인 "통일비용과 통일편익$_{2007}$"이라는 보고서를 내놓게 되었지요.

3

강석진 그러면 그 당시 많은 사람들이 그 내용을 보고 호응을 하던가요?

신창민 아닙니다. 정세현 전 통일부장관 말고는 관심을 갖는 사람들이 별로 없었습니다. 정 전 장관은 어느 신문과의 인터뷰에서 "신창민 교수에 따르면 통일은 남는 장사라 하더라."는 내용이 실리는 것을 보았습니다. 그러나 그냥 지나가는 바람에 불과했습니다. '책으로 엮어 널리 보급하지 않고는 통일로 가는 이 중요한 연구 결과가 사장되고 결국 통일을 보기 어렵게 되겠구나.' 하는 생각이 들면서, 체계적으로 정리하여 2012년 7월에『통일은 대박이다』라는 책을 내게 되었습니다.

4

박성배 그 당시 저술하신 책 제목이 다소 독특하게 느껴졌을텐데, 어떻게 그런 제목이 나오게 된 것입니까?

신창민 그렇습니다. 책 원고를 마무리해 놓고 제목을 정해야 하는데 어렵더라고요. 그렇게 엄청난 이득으로 가는 길을 발견하고는, 처음 순간적으로 번뜩 떠오른 것이 "대박이다"이었는데 무언가 좀 잘 안 맞는 느낌이었습니다. 책 내용의 전반부는 통일 이득이 통일 비용보다 상상을 뛰어넘을 정도로 아주 엄청나다는 것이고, 후반부는 그렇게 통일이 기막히게 좋은 것이라면 어떻게 통일을 만들어 갈 것인가였습니다. 그런데 이 양면을 한 번에 아우르는 제목을 만들 수가 없었지요. 그래서 "통일은 대박이다"와 통일 마스터플랜을 놓고 저울질하게 되었습니다. 결국 "대박" 쪽을 택하게 되었는데, 결과적으로 이 선택이 잘된 것 같습니다. 이제는 국내외 우리 동포들 사이에 "통일 대박"이란 말이 자연스럽게 쓰이면서 희망을 갖게 되고 꿈을 갖게 되었으니까요. 누구나 한 번 들으면 쉽게 잊어버리지 않고, 또 그 내용도 쉽게 짐작이 되기 때문이지요. 참 감사하고 다행스러운 것은 이 책이 나오고 2년 후에 청와대 박근혜 대통령에게 전달되어 연두기자회견에서 언급되어 그 통일 대박론이 대박난 것이죠.

5

강석진 이런 정도의 파급 효과가 있는 책을 내시려면 하루 이틀에 이루어진 것이 아닐텐데 통일에 관한 연구는 언제부터 시작하시게 되었나요?

신창민 저는 본래 고등학교 3학년 때에 통일에 기여하는 삶을 살기로 뜻을 세웠습니다. 법대를 나와 맨주먹으로 미국에 가서 경제학 박사를 마친 다음, 서울 중앙대학교에 와서 10여 년 거시경제학, 경제이론을 가르치다가 1990년 5월 4일, 드디어 "한우리연구원"을 발족시켰습니다. 통일 후에 정치, 경제, 사회, 문화, 예술, 모든 분야에 걸쳐 통일 후 우리는 어떠한 국가를 만드는 것이 가장 바람직하겠는가를 연구하기로 한 것입니다. 서울 시내 각 대학에서 각 분야의 쟁쟁한 중견 교수님들을 모시고 구성하였던 것입니다. 그때 어떤 정치인이 그 명단을 보더니 "신 교수가 벌써 조각을 했구먼."이라고 우스갯소리로 평을 하기도 했습니다.

6

박성배 1990년이라면 국내 분위기로 볼 때 '통일'이라는 말을 입에 올리기가 쉽지 않은 때였을텐데요?

신창민 그렇습니다. "한우리연구원"을 발족할 때, 어느 일간지에서 "통일을 위한 교수들의 이색 단체가 출현"이라는 박스 기사가 나온 것을 보았습니다. 고맙기도 하고 창피하기도 하고 별다른 배경도 없이 갑자기 나타난 연구 단체를 보도해 주니 일면 고맙기도 했지만, 자기 나라 앞날을 그 나라 교수들이 구도를 잡아 보겠다는데, 어찌 그것이 이색 단체가 되나요? 그때 당시에는 통일을 입에 올리면 다짜고짜 빨갱이로 몰리던 시절이었으니까요. 배짱 좋은 교수가 있구나 생각했던 모양입니다.

그로부터 반 년 후 독일이 갑자기 통일되면서 우리나라에도 통일 연구 단체가 우후죽순처럼 생겨나게 되었지요. 사단법인 "한우리연구원"은 시류에 따라 생긴 단체가 아니고, 우리 겨레의 앞날을 생각하는 순수한 주체적 입장에서, 독일 통일과는 무관하게 그보다 분명하게 먼저 발족한 민족 진로의 이정표로서 우리 자존심의 상징이 되었다는 자부심을 갖기도 하였습니다.

맺는말

강석진 우리는 어린 시절부터 "꿈에도 소원은 통일"이라는 노래를 70년 동안 불러왔습니다. 이제는 우리 세대가 후세들에게 통일된 나라를 물려 주기 위해 어느 때보다도 통일에 대한 간절한 기도와 준비로 통일을 앞당겨야 할 것입니다. 그러나 그 통일이 잘 준비될 때에 남과 북이 모두 기뻐하는 성공적인 통일이 될 것입니다.

다음 시간에는 좀 더 구체적으로 "통일 대박"을 이루려면 어떻게 해야 하는지를 다시 듣도록 하겠습니다. 주님의 평강이 늘 함께하시기를 주님의 이름으로 축복합니다. 감사합니다.

통일은 대박이다 2

강석진 오늘은 『통일은 대박이다』의 저자이신 신창민 중앙대학교 명예교수님을 두 번째로 모셨습니다. 지난 시간에는 통일 대박론의 정의와 이를 연구하게 된 배경에 대해 들어 보았는데요, 이 시간에는 통일 대박의 본론으로 들어가서 통일 비용과 통일 이득을 중심으로 통일 대박에 대해 심층적인 대화를 나누어 보도록 하겠습니다. 요즘도 지방 출장을 다니시면서 분주하게 통일 전도사로서 폭넓은 활동을 하고 계시는데 다시 나와 주셔서 감사합니다.

1

강석진 그동안 많은 사람들이 통일 비용에 대한 부담감을 갖게 되어, 결과적으로 통일 문제에 거리를 두게 되어 온 것이 현실이었던 것 같습니다. 그러면 통일 비용에는 어떤 종류의 항목들이 있는지 간략하게 분류해서 설명해 주셨으면 합니다.

신창민 통일 비용 내지 자금을 크게 구분해서 본다면 첫째는 통일 즉시 나타나는 혼란 상황을 극복하기 위한 위기관리 비용과, 둘째는 제반 제도 체계 단일화 비용이며, 셋째는 현격한 격차를 보이고 있는 남·북 소득을 어느 정도 조정하는 데 따르는 투자 자금으로 간추려 볼 수 있을 것입니다.

2

박성배 신 교수님은 오래 전부터 통일 비용을 꾸준히 추산해 오셨습니다. 그 내용이 매우 중요하다고 봅니다. 그 규모가 대략 어느 정도 된다고 보시는지요?

신창민 대체적으로 통일 후 10년 기간, 남한 GDP 대비 약 7% 정도라고 보입니다. 이것은 비유하자면 남한 국민들이 북한 주민들에게 물고기를 직접 잡아다 먹게 해 주는 데 소요되는 비용이 아니고, 물고기를 잡을 수 있는 장비와 기술을 제공하여 줌으로써 스스로 일어서도록 하는 통일 방식을 택할 때 소요되는 비용입니다. 우리가 독일처럼 통일되자마자 확 섞어 놓고 생활을 보장해 주는 방식으로 한다면 천문학적 비용이 되고 우리 경제 여건상 한마디로 감당 불능이지요. 그렇게 되면 통일은 대박이 아니라 통일 쪽박이 될 수밖에 없게 됩니다.

3

강석진 그러면 실제로 통일을 희망적으로 바라보는 국민들의 생활에 재정적으로 큰 부담을 안겨 주지는 않는지요?

신창민 절대로 그렇게 볼 일이 아닙니다. 한번 구체적으로 따져 보겠습니다. 한시적 군비절감 GDP 대비 2%, 해외 장기저리차관 GDP 대비 1%, 통일국채 세대 간 통일비용 분담 차원에서 GDP 대비 3% 그리고 순수 세금은 통일연대세의 형태로 총소득의 1%, 이것이 전부입니다. 결국 각 개인에게 직접 부담이 되는 의무적 세금은 총소득 1% 선에서 해결되는 것입니다. 사실상 세금 부담은 이와 같이 짐

작보다 크지 않게 만들 수도 있고 그리고 청, 장년들에게는 많은 일자리가 창출되어서 실업 문제가 해소되고 남북 모두에게 상당한 유익을 발생시키게 됩니다. 그뿐만 아니라 젊은 사람들은 강제로 군대에 가야 될 일도 없게 됩니다.

4

박성배 통일로부터 얻는 이득이 크다고 하셨는데 구체적으로 어느 정도 되기에 대박이라고 하시나요?

신창민 통일과 동시에 나타나는 이득으로써 분단 비용이 소멸만 되더라도 대박입니다. 왜냐하면 지금까지 남과 북이 대립된 상태에서 엄청난 천문학적인 예산을 반세기 이상 특히 군사 비용만 하더라도 어마어마한 규모가 매년 소모되어 왔습니다. 국방예산은 극히 소모적 예산입니다. 즉 생산 유발 효과가 거의 없는 것이 군사 비용입니다. 그런데 통일이 되면 그 엄청난 군사비가 상당히 축소되어 많은 예산을 통일을 위한 생산적 비용으로 활용하는 것이 되므로 그 절감 비용 효과와 투자승수 효과가 상당히 복합적으로 상승되어 경제 전반에 크나큰 긍정적인 영향을 주게 됩니다. 그렇게 되면 결과적으로 남과 북의 국민들의 소득 증대로 이어져 생활 향상으로 나타나게 됩니다. 그러한 효과가 피부에 닿게 되는 진짜 대박은 통일 후 10년 기간에 걸쳐 경제성장으로 나타나는 엄청난 이득이 되는 것이죠.

남한 지역에서는 매년 11%의 경제 성장, 북에서는 통일 시 그들의 소득이 무려 30배 이상 수직 상승, 상상을 초월하는 것입니다. 통일 10년 후 근래 여러 전망에서 막연히 회자되는 2050년은 사실상 큰 의미가 없음 1인당 소득이 미국 바로 다음으로 세계 2위로 껑충 뛰어오릅니다. 일본, 독일, 영국, 프랑스보다 훨씬 앞서가는 나라가 됩니다. 우리 겨레 반만 년 역사에 처음 나타날 세계적으로 당당한 위상입니다. 그 이후 지속적인 경제 발전이 뒤따르게 됩니다. 이 정도면 시쳇말로 그냥 대박이란 표현을 쓴다 해도 아주 크게 부족한 편이지요.

5

강석진 이러한 통일 대박의 효과를 보기 위해서는 우리가 무엇을 착실히 준비해야 할까요?

신창민 크게 네 가지의 정책과 조치가 따라야 합니다.

첫째는 통일 후 10년간 경제 분야에 한하여 남과 북을 분리 관리해야 합니다. 독일처럼 경제를 통합해 버리면 그야말고 엄청난 통일 재앙이 됩니다. 왜냐하면 남과 북의 경제 차이가 40배 이상이 나기 때문이고 경제 제도 자체가 공산주의 체제와 자본주의 시장 경제체제이기에 이를 극복하려면 한시적으로 분리 관리해야 합니다. 이 점이 통일 대박의 열쇠를 쥐고 있는 조건입니다.

둘째는 바이 코리안 정책입니다. 이는 북한의 산업 경제를 개발하고 부흥시키려면 반드시 남한의 생산재와 물자와 인력을 사용할 때 남과 북이 동시에 통일의 이득을 함께 보게 됩니다. 만일에 북한 지역의 산업과 경제를 발전시키는 데 여기에 소요되는 물자와 자원을 제3국의 싸구려 물자를 투입하면 남과 북은 다른 나라의 경제에만 보탬을 주게 됩니다. 그 예를 든다면 한국전쟁 때 가장 큰 경제적 이득을 본 나라가 일본이었습니다. 그 당시 일본은 한국전쟁에 필요한 물자를 생산하여 한국에 투입하므로 일본 산업이 2차대전 후 잿더미에서 되살아났고 그로 인해 일본의 경제가 가장 큰 혜택을 보았습니다.

셋째는 통일 후 10년간 한시적 군비 감축입니다. 남과 북의 군사비 중에 북한의 1백만 대군과 한국의 60만 군대를 유지하는 데 드는 군비와 신무기 개발, 군사 장비의 감가상각 등 소모적인 군비를 파격적으로 줄이게 되면 그 점이 바로 통일 비용으로 전용할 수 있으므로 필히 실행되어야 할 부분입니다.

넷째는 토지 부동산을 원 소유주에게는 현금보상 및 국유제를 지속적으로 유지해야 합니다. 왜냐하면 독일이 이 문제를 모두 국가 예산으로 원 소유주들에게 보상해 주려 하니 천문학적 통일 비용이 소모되었습니다. 또 국가를 상대로 한 재판으로 엄청난 사회적 문제를 일으켰습니다.

이 가운데 어느 하나라도 빠지면 통일 후 대박은 없습니다. 특히 첫째와 둘째 구도가 그렇습니다. 그런데 근래 통일 대박을 여기저기에서 말하면서도 이 네 가지를 진지하게 거론하는 경우를 보지 못했습니다. 이 네 가지 필수 요건 전제 없이 통일 대박을 거론하는 것은 책상 물림들의 단순 탁상공론일 뿐입니다.

6

박성배 통일 후 북측 주민들이 대거 남으로 내려올 수 있는데, 이에 대한 문제가 상당한 사회적 혼란과 부담이 될 것 같습니다. 이에 대한 문제도 생각하시고 있나요?

신창민 예, 누구나가 제일 먼저 생각하는 문제가 북측의 주민들이 통일되면 난민처럼 한국으로 또는 제3국으로의 엄청난 이동이 있을 것이라고 생각하게 됩니다. 이 문제는 사전에 준비하지 못하면 수습하기가 난망해집니다. 문제는 어떻게 사전에 가장 효과적이며 일시적이 아닌 항구적인 방안을 도출하여 실행하나에 초점을 맞추어야 된다고 봅니다. 이 점에 제가 생각한 것이 북한 주민들이 남으로 내려오지 않고 자신들의 주거지에 생계 활동을 할 수 있도록 하는 방법이 가장 좋을 것입니다. 그러기 위해서는 유인효과, 강제효과, 배급효과를 총동원하여 가능하도록 만들어야 남북이 모두 상생하며 윈윈할 수 있습니다. 힘이 들더라도 이 부분을 체계적으로 관리하지 못하고, 독일처럼 통일 후 무조건 합쳐 섞어 버린다면, 우리는 파멸의 길로 들어서게 됩니다. 독일처럼 복지후생 쪽으로 간다면 우리 남에서는 졸지에 북의 2천 수백만 명의 최저생계비를 책임져야 합니다. 이 부분만 따져 보아도 우리가 그동안 예상했던 전체 통일 비용과 맞먹습니다. 무슨 능력으로 이것을 감당할 수 있겠습니까? 어떠한 난관이 있더라도 주도면밀하게 이 계획을 차질 없이 수행하여 나아가야 합니다.

7

강석진 이번에는 신 교수님이 강조하시는 "통일 대박"의 핵심이라 할 수 있는 "바이코리아정책Buy Korea Product Policy"에 대해 여쭤 보겠습니다. 자유무역협정 등과 같은 세계의 무한 경쟁의 틀을 만들어 놓은 국제경쟁 환경에서 바이코리아정책이 과연 실효를 거둘 수 있을까 하는 생각이 들기도 합니다.

신창민 평상시 이 방향으로 우리 내부 정리를 잘하고, 평소 주변 강대국들에게 통일 후 우리가 무엇을 하려고 하는지 우리가 지향하는 구도를 잘 인식시켜 통일 시에 협조가 따라올 수 있도록 분위기를 만들어 가야 합니다. 그냥 가만히 앉아서 저절로 되는 일은 없습니다. 사실상 이 부분이 통일 대박의 결정적 요체입니다. 통일 후 북측 지역에 필요한 모든 실물 자본과 생산을 남측 지역에서 하는 것입니다. 여기에 통일 대박의 비밀이 숨겨져 있습니다. 이것을 간과하고 세간에서처럼 통일 대박 운운하는 것은 말장난에 불과합니다.

　정부 차원의 노력도 중요하지만 민간 차원의 역할도 중요합니다. 예를 들자면 2014년 4월, 미국 하원 마이크 혼다 의원을 통해서 오바마 대통령에게 저자가 서명한 『통일은 대박이다』 영문본을 직접 전하게 된 결과, 동년 9월 "미 백악관 통일 대박론, 드레스덴 구상지지" 발표가 TV 스크린에 속보로 나왔습니다. 이와 같이 평소 강대국 지도자들이 우리가 통일을 하면 무엇을 하려고 하는가를 인식시켜 가는 것이 통일 후 협조를 이끌어 내는 데 중요한 역할을 하게 될 것입니다. 원조를 해 달라는 것이 아니고 우리가 가는 길을 이해하고 협조를 해 달라는 것입니다.

8

박성배 그동안 우리는 북한을 주적으로 대상한 국방비가 통일 후에는 군비 예산 절감을 어떻게 효율적으로 실행해야 될까요?

신창민 통일 후 10년 동안에도 안보가 철저히 보장될 수 있도록 하는 가운데 통일을 이룬 독일처럼 힘 있고 노련한 외교력이 있어야지요. 통일 후 적어도 10년까지는 미군이 남한에 현재 위치에서 반드시 그대로 주둔해 주어야 합니다. 왜냐하면 중국은 날로 그 군사력이 엄청난 속도와 경제력으로 그 힘을 키우고 있고, 주변의 일본도 점차 군사화하는 가운데 있기 때문에 안정적이고 지속적인 통일 기반을 온전히 조성하고 유지하려면 국방의 균형과 안정이 매우 중요한 선결 조건이기도 합니다. 이는 유치한 사대주의적 발상이 아닙니다. 역대 어느 대통령처럼 자기 나라를 자기가 지키지도 못하느냐는 냉엄한 국제정세를 모르는 그런 미숙한 수준의 시각으로 일괄하는 단순 논리로는 나라와 겨레를 이끌고 갈 능력이 부족한 것이지요. 기왕 내친 김에 유럽에서의 CSCE 유럽 다자 안보회의 와 같이 동북아에서도 다자간 안보조약까지 이끌어 갈 수 있으면 금상첨화가 되겠습니다.

9

강석진 이제까지 신 교수님께서는 통일 10년 후에는 "통일 대박" 이라는 결실을 얻을 수 있다고 말씀을 하셨는데, 거시경제의 예측은 참으로 어려운 일 아니겠습니까?

신창민 예, 그렇습니다. 그러나 저의 『통일은 대박이다』 책에서 전개하여 드리는 통일 10년 후 추산은 일반적으로 막연한 추세 성장 혹은 지엽적이 되는 북한 지하자원 논리나 대륙으로의 통로, 혹은 번지수를 잘못 찾아 거론하는 저렴한 노동력이나 놓고 생각하는 사이비 "통일 대박론"과는 차원이 다릅니다. 간략하게 말씀드리면 나라 전체의 경제를 다루는 거시경제의 핵심은 "유효수효effective demand"의 존재 여부에 달려 있습니다. 제가 말씀드리는 통일 대박 구도에서는 남한 GDP 대비 7%의 통일 자금이 유효수요로서 확보된 상태가 전제됩니다. 따라서 일반적인 거시경제 예측의 불확실성과는 전혀 다른 국면에 있게 되는 것이지요. 『통일은 대박이다』 책에 나오는 구도를 그대로 착실하게 따라간다면 우리 경제는 통일 10년 후 통일 대한민국의 1인당 GDP가 미국 다음으로 확실하게 세계 2위로 가게 됩니다. 꿈같은 일이지만 틀림없이 실현되는 현실이 될 것입니다.

맺는말

강석진 지난날, 가장 빈국이었던 대한민국이 절반이 되었음에도 우리는 오천 년의 가난을 반세기만에 떨쳐 낸 한강의 기적을 이룬 경험과 노하우가 있습니다. 통일이 되면 그러한 경험과 지금의 자본과 기술과 응집된 국민의 힘이 균형 있게 작용된다면 북한의 "대동강의 기적"도 능히 이룰 수 있다고 생각됩니다. 오늘 신 박사님의 말씀을 통해 경제적 측면의 통일전략을 들으면서 그 가능성을 더욱 확신하게 됩니다. 이사야 43장 19절에 이 같은 희망적인 말씀이 있습니다.

> 보라 내가 새 일을 행하리니 이제 나타낼 것이라 너희가 그것을 알지 못하겠느냐 반드시 내가 광야에 길을 사막에 강을 내리니.

이 말씀이, 통일되면 북한 땅에 이루어질 것이라 믿습니다. 감사합니다. 안녕히 계십시오.

통일은 대박이다 3

강석진 안녕하십니까? 〈통일을 앞당겨 주소서〉진행을 맡은 강석진 목사와 박성배 박사입니다.

오늘은 신창민 교수님의 통일 대박 세 번째 편입니다. 지난 시간에는 통일 대박을 이루기 위해 전제되어야 할 조건과 통일 비용에 관하여 이야기를 나누어 보았습니다.

이 시간에는 통일을 만들어 가는 데 남과 북이 어떻게 해 나아가야 되는지의 방법론과 통일이 된 이후에는 북측 주민들이 얼마만큼의 혜택과 유익을 얻게 되는지에 대해 좀 더 구체적인 말씀을 들어 보도록 하겠습니다.

신 교수님 안녕하세요? 이 시간에는 "통일 대박론"을 종결지으면서 북한 동포들에게 큰 희망을 주는 통일방안을 구체적으로 제시해 주셨으면 합니다.

1

강석진 신 교수님의 저서 내용 중에 "통일은 북측 주민의 손을 따라온다."라는 말이 있습니다. 무슨 의미인지 설명해 주세요.

신창민 우리가 통일로 가는 길을 여러 각도에서 상정해 볼 수 있겠습니다. 무력 통일과 정치적 협상에 의한 통일을 떠올려 볼 수 있겠지요. 그러나 사실상 현실적으로 이러한 것들은 불가능의 영역에 머물러 있습니다. 의미 없는 공허한 얘기들일 뿐이지요. 그렇다면 통일은 안 되는 것이냐? 일반적으로 인류 역사는 통일과 분열을 반복하는 경우를 많이 봅니다. 우리의 이 시기에는 다시 통일로 가는 도상에 있다고 보아야 할 것입니다.

그러면 실제로 어떤 길이 있을 수 있는가? 그 답은 북한 주민들의 손에 달려 있다고 봅니다. 우리가 북한을 막연히 그냥 하나로만 보기 쉽지만, 사실상 그 내면을 들여다 보면 거기에는 엄연히 북한의 공산 정권과 일반 주민이라는 두 주체가 존재하고 있습니다. 그 정권을 가진 자 입장에서는 3대에 이은 정권 유지 자체가 목표일 뿐, 주민은 사실상 장부상의 숫자에 불과한 상태입니다. 몇 백만 명이 굶어 죽어도 그 정권 유지에 지장이 없다면 저들은 별 큰 일로 여겨지지도 않습니다.

그런 상태에서 그 집권자와 주민이 불가피하게 한데 엉키어 있는 한, 저 체제는 간단히 무너지지 않게 되어 있습니다. 김정일이 살아 있을 때 수많은 백성들이 굶주려 죽을 때에도 측근들에게 이같이 말했다고 합니다. "나에게는 1백만 군대와 2백만 명의 평양시민만 있으면 됩니다." 이는 정상적인 국가 지도자가 아니고 저들의 속성을 그대로 보여 주는 솔직한 생각일 것입니다. 그러니 지금의 북측 통치자들에게는 더 이상 기대를 말아야겠죠.

따라서 통일로 가는 길은 저 주민들이 그 정권에 의지하지 않고 새로운 보편적인 길로 들어설 때 가능한 것입니다. 그 주민들에게 실제로 보다 많은 자유와 보다 풍요로운 세상이 약속될 때, 저 정권은 더 이상 발붙일 자리를 잃게 되는 것이지요. 북한 주민들이 내심"우리도 저 남조선 인민들처럼 자유로운 세상에서, 지금 우리처럼 굶주리는 일도 없이 풍요롭게 잘 살 수 있으면…" 하는 부러운 마음이 가슴속에 자리 잡을 때 통일은 시작된다고 보아야 합니다. "남조선에 사는 저 사람들의 자유와 풍요가 바로 나 자신의 것이 될 수 있다."라는 사실을 확실히 파악하게 될 때, 그들은 행동으로 옮길 수 있게 되는 것입니다. 남측이 잘 사는 것이 자기들과는 관계없는 마치 외계의 일처럼 여겨지는 한 통일은 어렵습니다.

2

박성배 요즘에는 여기저기에서 예측할 수 없는 북한의 급변 사태가 곧 올 수 있다는 말들을 합니다. 어떻게 생각하시나요?

신창민 저는 그런 말을 들을 때마다 가슴이 덜컹덜컹합니다. 북 정권이 무너져 내릴까 걱정되어서가 아니라, 우리는 아직 북한 주민들의 민심을 제대로 이끌어 오지도 못했는데, 저쪽 정권이 먼저 무너져 버린다면 한반도는 자칫 난장판이 되고, 외세가 밀고 들어올 여지가 충분히 생기는 것이기 때문입니다.

돌이킬 수 없는 큰 재앙이 됩니다. 근래 많은 사람들이 여기저기서 짐작하는 것처럼 사실상 북한에 급변사태가 그리 쉽게 올 수도 없게 되어 있지만, 그런 사태가 발생한다 해도 그 전에 우리는 우리대로 북한 주민들이 마음 편히 우리 흐름에 같이 동참할 수 있도록 그들의 마음을 이끌어 오는 길을 먼저 닦아 놓아야 합니다.

3

강석진 그렇군요. 그러면 어떻게 하면 북한 주민들의 마음을 우리

편으로 이끌어 올 수 있겠는지 구체적 방안에 대해 말씀해 주셨으면 합니다.

신창민 어느 한두 가지로 될 일은 아니고, 우리는 가능한 모든 노력을 해야 합니다. 북한 지역에 필요한 사회 인프라를 통일 이전부터 가능한 대로 크게 건설하여 주면 그 과정에서 남한 정부와 국민의 진정성이 전해질 것입니다.

이렇게 축적되는 신뢰 프로세스가 중요합니다. 이 과정에서 북한의 민심을 우리가 돈 주고 사려고 하는 것이라고 여긴다면 이는 큰 오해입니다. 돈 자체보다 남북 간의 교류 협력 과정에서 북 주민들에게 남한 정부와 국민들의 진정성과 신뢰가 지속적으로 가서 축적되는 신뢰 프로세스가 쌓여 가는 것이 중요합니다. 퍼 주면 안 된다는 안보 지상주의적 초보 수준의 논리만 가지고는 통일이란 없습니다. 그 논리는 이제 그만 내려놓을 때가 되었습니다.

그리고 가급적 남한 등 외부 세계의 정보가 큰 마찰이나 거부감 없이 북 주민에게 도달하도록 하는 여러 형태의 노력을 해 나아가야 할 것입니다.

탈북자들의 증언에 따르면 평양과 국경지대의 주민들과 휴전선과 가까운 곳의 주민들은 한국의 드라마, 노래, 영화 등 다양한 방법으로 넓게 확산되어 가고 있어 북한에도 한류의 영향을 받고 있습니다. 이러한 새로운 변화들이 저들이 한국의 문화생활이 자신들과는 비교도 안 되는 생활 수준을 봄으로써 저들의 체제보다는 한국을 향한 동경하는 마음을 품게 된다는 것도 북한 주민들의 정서가 한국을 향하고 있다고 봐도 무난할 것입니다.

거기에다 최근에는 북한에 스마트 기능이 있는 휴대폰 수가 급격히 늘어나고 있어서 그것을 사용하는 사람들이 300만 명 이상이 된다는 정보도 있는데 그렇게 되면 외부의 정보가 폐쇄와 통제 속에서도 공유와 소통이 이루어지고 있다는 것으로 보아야 합니다. 우리는 이런 통신 매체를 통해서도 북한 주민들의 마음을 얻고 서로 이해하고 공감하는 환경을 더욱 구축해야 할 것입니다. 하여간 그러한 환경을 최대한 활용하고 극대화해야겠죠. 여러 가지 노련한 방법을 다각적으로 모색해야 할 것입니다.

그리고 김정은 주위의 고위층들에게도 그들이 안심하고 남의 체제에 합류할 수 있는 길도 열어 주어야 합니다. 보복과 심판을 먼저 생각해서는 안 됩니다. 또한 북한 지식층에 대해서는 서로 이득이 되는 과학과 문화 교류 협력을 해 나가는 과정에서 서로의 이점도 살리고 서로의 이해도 높여 가면서 금상첨화로 그 결실이 북한 일반 주민에게까지 골고루 돌아갈 수 있게 된다면 더욱 효과적일 것입니다.

4

박성배 그런데 이러한 북한 주민들의 마음을 얻기 위해서는 여기에 소요되는 자금도 필요할텐데 어떻게 확보하죠?

신창민 세상에 대가 없이 거저 되는 일은 없으니까요. 이 문제는 통일의 시점까지 통일을 지향하는 가운데, 매년 우리 GDP의 1% 선에서 이루어 나가는 것이 적당하리라고 생각합니다. 그 1% 가운데 1/4은 통일연대세 형태의 세금으로, 3/4은 통일비용의 세대간 분담 차원에서 통일 국채로 하면 좋겠습니다.

이 부분에 있어서도 그냥 현금으로 제공하는 것이 아니라 북에 필요한 모든 기자재 등 실물자본을 전부 남한에서 생산 공급하는 구도로 가야 합니다. 바이 코리안 정책을 통일 전부터도 시행하는 것이지요. 이는 북의 민심을 가져오는 데에도 도움이 되지만, 동시에 남한 경제 활성화에도 도움이 되고 일자리 창출에도 기여합니다. 물론 통일 후 어차피 해야 할 통일 비용 투입도 그만큼 미리 해결되는 것이죠.

5

강석진 우리가 통일로 가는 길에서 제대로 된 방향 감각을 가지고, 모든 국민이 통일을 반드시 이루어 내야 되겠다는 결의가 합심되어야 된다고 봅니다. 다 함께 힘을 합치면서 북한에 살고 있는 우리 모든 동포들을 마음에서부터 끌어안고 함께 번영을 누리며 살아갈 각오를 다진다면, 통일은 반드시 우리 손으로 만들어 낼 수 있으리라고 생각합니다.

그런데 이 과정에서 우리가 특히 유념해야 될 부분이 있다고 여겨집니다. 북한에서는 그 정권 유지를 위하여 실제로 상상할 수 없이 악한 짓을 한 사람들이 꽤 많이 있는 것이 사실입니다. 이들을 모두 전범자처럼 취급하여 그동안 한맺힌 북한 주민의 민심을 달래 주어야 할지, 그렇지 않으면 그들도 함께 품고 가야 할지 크나큰 사회적 이슈가 될 것 같습니다.

신창민 참으로 중요한 점을 지적하셨습니다. 그런데 그런 식으로 단순 논리에 따라 다루면 역풍이 크게 일어날 수밖에 없습니다. 통일 후에는 우리 모두가 지나간 일은 일단 전부 덮어 두고 함께 끌어안고 간다는 것을 그들에게 알게 해 주어야 합니다. 이것은 어느 한 쪽만을 위해서 선심을 쓰는 것이 아니고, 현실적으로 쌍방 모두를 위해서 그 길로 갈 줄 알아야 서로 피해를 최소한으로 줄일 수 있습니다.

"용서하라, 그러나 잊지는 말아라!" 이 정신을 법으로 명문화하는 것은 현실적으로 문제가 될 것입니다. 그러나 우리가 내면적으로 모두 이런 인식을 가지는 것은 반드시 필요하고, 또 이것을 은연중에 북 지도층이 알도록 해 주는 것이 대단히 현명한 방법입니다. 통일을 한풀이의 기회로 삼는다면 이는 아주 졸렬한 발상입니다. 상상을 초월하는 부작용만 키울 뿐이지요.

6

박성배 "통일은 대박이다"라고 하니까, "남조선 사람들은 모두 돈 벌레냐? 통일은 민족의 염원이고 숙원이지, 어떻게 돈으로 따지느냐"라고 항의하는 사람도 있다는 말을 들었습니다. 어떻게 생각하시나요?

신창민 그렇게 반응하는 것을 보고 저는 처음에 깜짝 놀랐습니다. 그런데 그 내면을 유추하여 보니 이는 흡수통일에 대한 우려와 반발로부터 나오는 것이라는 느낌을 받았습니다. 통일 대박의 결실은 남한만 갖는 것이고, 북조선 사람들은 이용만 당하는 것 같은 선입견을 가질 수도 있습니다.

그러나 우리는 흡수통일 자체에 목적이 있는 것이 아니고 무력이 아닌 평화통일을 하려는 것입니다. 북조선 인민들이 원하는 것처럼 우리도 평화통일을 하려는 것입니다. 전쟁을 하면 남북이 모두 참혹하게 다 망합니다.

그리고 통일 대박의 구도가 남한만 잘 살려고 하거나, 북한 주민들을 이용 도구로 사용하려는 것이 결코 아니지요. 남과 북 우리 민족 모두가 다 함께 평화 속에 번영을 누리며 잘 살고자 하는 진실성과 사실을 이해시켜 주어야 합니다.

이로써 통일 대박이 남한만의 구도가 아닌 우리 겨레 모두의 공통의 구도라는 인식이 자리잡도록 해야 합니다. 그리하여 북한 주민의 입장에서도 통일 대박의 미래가 남이 아닌 바로 자기자신의 것이라는 희망을 가슴속 깊이 간직할 수 있도록 만들어 주어야 합니다.

7

　강석진 그러면, 통일이 되면 북조선 인민들에게는 구체적으로 어떤 이득이 얼마만큼 돌아가게 될까요?

　신창민 통일은 북조선 인민들에게는 더 진짜 대박이 됩니다. 굶주리는 상태로부터 인간 존엄을 누릴 수 있는 격조 있는 생활 수준으로 들어오게 됩니다. 남조선 주민들의 1인당 소득이 3만 달러 시기에 통일이 된다면 현재는 남한 2만 7천 달러 정도, 북한은 1천 달러 약간 상회할 정도, 그로부터 10년 후에 북조선 인민 1인당 소득 수준은, 놀라지 마세요, 우선 평균 3만 8천 달러를 넘어섭니다. 대박입니다!

　그리고는 남북이 모두 통합되면서 1인당 국민소득이 세계 제2위의 부국인 통일 대한민국이 되는 것입니다. 남북 주민들은 그후 완전한 자유 속에서, 사람이 사람다운 생활을 하게 됩니다. 세상 어디에도, 어느 선진국에도 부럽지 않은 수준으로 올라서게 됩니다. 지금은 굶주림 속에서 헤매는 사람들이 현재의 남한 사람들보다도 한 배 반이나 더 잘사는 수준으로 급상승합니다.

　김일성 주석 때부터 3대를 내려오며 약속해 온 "이밥에 고깃국, 기와집, 비단옷"이란 그냥 우스운 이야기거리에 불과할 뿐입니다. 통일은 대박이라고 하니까 혹시 남조선 사람들이 북조선 사람들의 값싼 노동력이나 이용해 먹으려는 것이 아닌가 하고 의심부터 할지도 모릅니다. 그러나 그게 절대로 아닙니다. 통일이 되면 북조선 경제발전에 필요한 모든 실물 자본을 모두 남한에서 생산하고 공급해 주어 북에서는 그 실물 자본을 가지고 열심히 일해서 그 대가로 눈부신 경제 발전을 하는 것입니다.

누가 뺏거나 착취하는 것이 아닙니다. 우리 겨레의 남과 북 모든 구성원에게 우리가 실제로 만들어 낼 수 있는 "통일 대박"의 꿈을 심어 주는 일이 무엇보다 중요합니다. 그리하여 꿈이 현실이 되도록 다 함께 힘을 합쳐 나아가야 합니다.

맺는말

강석진 지구상에서 유일하게 남아 있는 한반도의 분단을 이제는 부강한 통일대한민국으로 만들어 황무했던 북녘 땅을 젖과 꿀이 흐르는 복된 땅으로 변화시켜야 할 것입니다. 이에 대한 시대적 사명이 우리에게 있습니다.

그동안 3회에 걸쳐서 경제학자이신 신 교수님께서 우리가 통일이 되면 경제적으로 문화, 사회적으로 부요한 나라가 되어 남과 북 모두가 "통일 대박"을 누릴 수 있다는 구체적인 청사진을 제시해 주셨습니다.

이사야 선지자는 이사야 49장 8절을 통해 포로되었던 이스라엘 백성들에게 고토로 돌아와서 그 땅을 회복하게 될 것이라는 희망적인 말씀을 주셨습니다.

여호와께서 이같이 이르시되 은혜의 때에 내가 네게 응답하였고 구원의 날에 내가 너를 도왔도다 내가 장차 너를 보호하여 너를 백성의 언약으로 삼으며 나라를 일으켜 그들에게 그 황무하였던 땅을 기업으로 상속하게 하리라.

이 언약의 하나님의 말씀이 수년 내에 우리에게 이루어지기를 간절히 소망합니다. 감사합니다. 안녕히 계십시오.

김문수

프로필
- 서울대 경영학과
- 한나라당 원내부 총무
- 경기도지사 (2대)
- 국회의원 (3선, 한나라/새누리)

수상
- 2015년 독일 드라스덴 인권평화상

저서
- 『나는 자유를 꿈꾼다』(2008, 경덕)
- 『나의 길, 나의 꿈』(2006, 미지애드컴)
- 『국가선진화를 위한 개혁과제 20』(공저, 1994, 길벗) 외 다수

통일 대한민국 리더십과 북한인권

대담: 김문수 위원
진행: 강석진, 박성배
방송일: 2015년 6월 13일, 20일

통일 대한민국 리더십과 북한인권 1

강석진 지난 주간도 평안하셨습니까? 〈통일을 앞당겨 주소서〉 진행을 맡은 강석진 목사입니다. 오늘도 진행에 도움을 주시기 위해 한우리미션벨리의 대표이신 박성배 박사님이 함께해 주셨습니다. 이 시간에는 전 경기도지사와 국회의원을 여러 차례에 역임하시고 최근에는 선진통일 대한민국의 꿈을 가지고 전국과 미주 지역을 다니시면서 통일의 비전을 제시하고 있는 김문수 새누리당 위원장님을 모셨습니다. 김 위원장님께서는 요즘도 북한에서 고통 받고 있는 우리 북한 동포들의 인권 문제에 깊이 관여하시면서 대내외적으로 활동하고 계십니다. 김 위원장님이야말로 공사다망하실 터인데 귀한 시간을 통해 저희 극동방송 통일 프로그램에 참여해 주셨습니다. 감사드립니다.

먼저 우리 극동방송의 가족들과 이 극동방송을 듣고 계신 북한 동포들에게 인사해 주셨으면 합니다.

김문수 극동방송 청취자와 국내외 성도 여러분 그리고 이 시간에도 어둠 속에서 한줄기 빛을 기다리는 심정으로 이 방송을 듣고 계실 탈북자와 북한 동포 여러분, 안녕하십니까? 김문수입니다. 오늘 〈통일을 앞당겨 주소서〉에 초청해 주셔서 감사합니다. 하루 빨리 남북 통일이 되어 고통받고 있는 탈북자, 북한 동포 여러분과 자유의 기쁨을 함께하는 날이 오기를 기원하는 마음으로 이 자리에 나왔습니다.

<h1 style="text-align:center">1</h1>

강석진 김 위원장님께서는 지금까지 올곧은 정치인으로 살아오셨는데 제가 알기로는 대학생 청년기 때부터 민주화 운동에 참여하면서 많은 고난과 시련을 겪으셨기에 약자들과 고난 받는 자들의 어려움에 대해 많은 관심을 가지고 계신 것이 아닌가 생각합니다. 그러한 연유로 북한 공산 치하에서 고통받고 있는 북한 동포들에 대한 관심과 통일에 대한 뜻이 남다르게 있지 않나 생각됩니다.

김문수 저는 젊은 시절에는 정의감에 사로잡혀서 약자들의 편에서 대학생 신분이었지만 노동운동을 했습니다. 고통받고 있는 근로자들의 삶의 질을 개선하고 인간다운 삶을 보장하라는 것이었습니다. 저 역시 청계천에서, 또 구로공단에서 오랫동안 근로자 생활을 했습니다. 그러다 보니 누구보다도 힘든 처지에서 고통을 받는 분들에게 희망이 얼마나 소중한 것인가를 알고 있습니다. 정치권에 들어와서는 의정활동과, 또 여러 공부를 하다 보니 가장 힘들고 어려운 분들이 바로 북한의 3대 세습정권 아래서 고통받는 북한 동포들이라는 생각이 듭니다. 여러 분들이 남북통일 이야기를 하는데 결국 통일의 가장 큰 목표는 북한 동포들을 최악의 인권 상황에서 구해내는 것이라는 생각을 했습니다. 그래서 2005년에 "북한인권법"을 최초로 발의했고, 십 년 넘게 북한인권법의 통과와 북한인권 운동을 해 왔습니다.

박성배 그동안 방송과 신문매체들을 통해 김 위원장님께서는 경기도지사로 계실 때에 북한에 많은 지원 협력 사업을 하신 것으로 기억하고 있습니다. 그러한 일이 그리 쉽지 않았을 터인데 어떻게 그런 남북 협력 사업을 착안하시고 성사시키셨나요? 그리고 이에 대한 어떤 성과가 있었는지 구체적인 사례를 통해 말씀해 주셨으면 합니다.

김문수 북한과의 협력 사업은 어렵습니다. 북한이 말을 자주 바꾸고 정치 상황에 좌우되는 면이 많기 때문입니다. 그래서 저는 북한에 대한 퍼주기 시비는 없애고, 남쪽과 북쪽 모두에게 도움이 되는 사업을 중심으로 시작했습니다. 여름이 되면 우리나라에 말라리아가 생기는데 대부분 휴전선에 인접한 경기 북부 지방입니다. 우리는 휴전선으로 땅에 금을 긋고 살지만 모기에게는 휴전선이 없습니다. 휴전선 이북의 말라리아 모기를 퇴치하지 않고는 경기 북부에서 말라리아를 예방할 수 없습니다. 그래서 북한에 말라리아 모기 퇴치약을 지원하고 공동으로 방역을 했습니다. 그랬더니 경기 북부의 말라리아 발생률이 많이 낮아졌습니다.

또 북한은 연료 사정이 좋지 않아 산의 나무를 베어 연료로 쓰기 때문에 산이 모두 민둥산입니다. 그래서 비가 오면 나무들이 수분을 저장했다가 서서히 내려 보낼 수가 없어 한꺼번에 모두 강으로 모여들어 홍수가 자주 납니다. 상류인 북한에 홍수가 나니 남쪽에도 홍수가 날 수밖에 없습니다. 그래서 북한의 산림녹화를 지원하기 위해 개성에 양묘장을 만들어 북한의 산림 녹화를 지원하기도 했습니다. 그 외에도 영유아 영양식 지원 등 인도적 지원에도 직간접적으로 도움을 주었습니다.

3

강석진 김 위원장님이 도지사로서 공직에 있으시면서 영양 실조와 굶주림에 고통받고 있는 북한 동포들을 돕는 것이 통일 운동의 한 일환이라고 생각하신 것인지요. 이러한 막대한 지원을 하실 때 어떤 전제 조건을 붙이셨는지, 또 그 당시 주변에서 왜 북한을 그렇게 지원하느냐하는 그런 반대 여론은 없었는지요?

김문수 북한의 핵과 미사일 개발에 대북지원금이 들어갔을 거라는 의심을 하는 분이 많습니다. 그렇습니다. 정치적 목적의 현금 지원, 퍼주기 지원은 북한 주민의 생활에 도움이 되지 않고 북한 정권만 강화시켜 줄 우려가 있습니다. 그러나 인도적 지원은 그렇지 않습니다. 굶주리고 있는 북한 주민, 그것도 미래 한반도의 주역이 될 어린이와 영유아들에게 주는 것이니까요. 영유아 영양식은 전시 비축 식량도 안 됩니다. 정말 인도적 목적으로만 활용되는 것입니다.

1990년대에 북한은 소위 '고난의 행군' 시기를 겪으며 수백만 명이 굶어 죽었고, 그때 태어난 세대들은 다른 세대보다 키도 작고 영양 상태도 극히 좋지 않습니다. 쉽게 말씀드려 북한의 한 세대는 거의 없거나 아주 영양상으로 형편없는 상태에 있는 것입니다. 만약 통일이 되어 남북한 사람들이 같이 만났을 때, 북한 사람들이 "우리 아이들이 굶어 죽을 때 잘산다던 동포들은 무엇을 해 줬나?"라고 물으면 할 말이 없습니다.

북한 정권의 강화에 악용될 수 있는 현금 지원은 하지 않되, 남북통일을 앞당기고 통일이 되어서도 남북의 화합이 도움이 되는, 또 인도적 목적에 충실한 지원은 전제 조건 없이 충분히 해야 합니다. 그래야 북한 주민들에게 면목이 서고, 우리의 동족애의 진정성이 통하는 것입니다.

4

박성배 그 당시 대북지원 사업을 하시면서 직접 북한도 방문하셨는지요? 그러한 지원에 대한 북한 주민들의 반응은 어떠했나요? 궁금합니다.

김문수 개성 양묘장에 가서 북한의 상황도 보고 북한 관리들과도 이야기를 많이 나누었습니다. 겉으로는 보이지 않더라도 속마음으로는 우리의 지원에 대해 고마워한다는 것을 느낄 수 있었습니다. 또 경기도에서 전국 최초로 탈북자 출신 분들을 공무원으로 채용했는데, 그분들의 말을 들어 보아도 알 만한 사람들은 남쪽에서 여러 지원이 온다는 것을 잘 알고 고마워하고 있다고 합니다.

5

강석진 김 위원장님의 지난날 대북지원이 결국 우리가 통일을 이루는 데 밑거름과 초석이 되고 그러한 지원 활동이 우리 북한 주민의 마음을 얻고 저들에게 희망을 주었다고 봅니다. 박근혜 대통령께서 작년에 연두기자 회견에서 "통일은 대박이다."라고 선포하고 몇 달 후에 독일 드레스덴을 방문하여 "한반도 평화통일을 위한 구상"을 발표하였습니다. 그러나 그 후에 북한정권은 끊임없이 호전적이고 새로운 무기 실험과 정부와 대통령에 대한 원색적인 비난을 해 왔습니다.

이러한 상황에서도 우리가 인내심을 가지고 대북지원을 지속적으로 해야 된다고 생각하시는지요. 어느 분은 북한을 대할 때에 북한체제와 인민을 이원화하는 투트렉을 써야 한다고 하는데, 김 위원장님의 생각은 어떠하신지요?

김문수 북한의 도발에 대해서 우리는 든든한 한미동맹을 바탕으로 국민의 국방안보 의식을 든든히 하는 것으로 대응해야 합니다. 통진당처럼 종북 세력이 국회에 들어와서 국정을 혼란하게 하고 국민들을 선동하는 상황에서 우리의 안보의식은 희미해질 수밖에 없습니다. 다행히 통진당이 해산되고 국내의 안보 의식을 새롭게 하고 있지만 우리 내부의 결속은 북한의 도발을 막고 통일을 앞당기는 기본 중의 기본입니다.

인도적 지원은 좀 성격이 다릅니다. "네 이웃을 사랑하라."는 말씀은 북한 주민에게도 똑같이 적용돼야 합니다. 3대 세습 폭압 정권인 북한 정권의 기반을 다져 주는 퍼주기식의 현금 지원은 안 되지만, 북한 주민들이 굶어 죽지 않도록, 같은 동포로서 최소한의 인도적 지원은 조건 없이 계속해야 합니다. 그런 의미에서 북한 정권과 북한 주민의 투 트랙으로 대북 정책을 해야 한다는 말씀에 동의합니다.

6

박성배 통일은 빨리 올 수도 있지만, 우리가 생각하는 것보다 늦게 올 수도 있고 통일이 된다고 해서 모든 문제가 일시에 다 해결되는 것이 아니라고 봅니다. 수십 년을 통해 통일이 완성된다고 생각합니다. 왜냐하면 독일이 25년 전에 정치적, 영토적 통일을 이루었지만 아직도 미완성 단계라고 합니다. 그렇다면 지금의 젊은 세대들에게 통일 교육이 절실하다고 봅니다. 우리 세대에는 "우리의 소원은 통일"이라는 노래를 불렀는데 요즘은 아주 사라진 노래 같습니다.

김문수 두 가지로 나눠서 생각해 볼 수 있습니다. 저는 "인권을 탄압하는 정권은 반드시 멸망한다"는 신념을 가지고 있습니다. 공포에 의지하는 정권은 오래 가지 못합니다. 고모부까지 처형하고 아버지 때부터 충성하던 사람까지 고사포로 쏴 죽이는 김정은 정권은 쿠데타, 암살 등 어떤 극적인 사건으로 한 번에 무너질 수 있습니다. 즉 정치, 군사적 의미의 통일은 하루 아침에도 이뤄질 수 있습니다. 그러나 말씀하신 대로 사회적 통합이라는 의미의 통일은 오랜 시간이 걸릴 수 있습니다. 70년 이상 나눠져 있었던 체제의 그림자는 금방 걷어내기가 어렵습니다. 그렇기 때문에 우리는 통일 전부터도 남북한 간 이질성을 없애고 자유민주주의의 우월성을 보여 주는 노력을 계속해 나아가야 합니다.

통일이 되면 우리나라는 인구 8천만에 남북한은 물론 만주와 연해주까지 시장으로 가질 수 있는 강국이 됩니다. 북쪽을 남쪽 수준으로 개발하기 위해서는 많은 인력과 자본이 필요합니다. 그 과정에서 우리 기업에게는 투자의 기회가, 청년들에게는 일자리가 생깁니다. 물론 통일을 경제적 측면에서만 바라봐서는 안 되고 단기적으로는 경제적 혼란도 있을 수 있습니다. 그러나 분명 통일은 우리 민족의 기회이고, 희망이며, 특히 청년들에게는 이보다 더 좋은 것이 없습니다. 고통받는 북한 주민들도 해방시키고, 우리 민족 전체의 새로운 도약을 위해서도 청년들이 통일에 대해 더 많은 관심을 가지고 노력해야 합니다.

7

강석진 그러면 이번에는 북한인권에 대해 이야기를 나누어 보도록 하겠습니다. 우리가 모두 잘 알고 있듯이 북한은 3대째 이어 세계에서 최악의 인권국가로 낙인 찍혀 있습니다. 김정은이 3대 세습을 이어 가면서 북한 주민들의 인권상황이 더욱 열악해져 가고 있습니다. 작년에 유엔 인권결의 위원회에서 김정은을 "국제형사재판소"에 회부하는 안이 통과되었습니다. 이처럼 오히려 세계의 대부분 나라들이 북한인권에 대해 보편적 인권 의식을 가지고 북한인권 개선을 위해 힘쓰고 있는데, 우리는 아직도 북한인권법안이 잠자고 있습니다. 참 안타깝게 느껴집니다.

그래도 좀 다행스러운 것은 금년 6월에는 "유엔북한인권서울사무소"가 개소될 것으로 알려지고 있는데 그렇게 되면 앞으로 어떤 활동을 기대할 수 있을까요?

김문수 인권은 가만히 있다고 지켜지는 것이 아닙니다. 특히 북한과 같은 독재국가의 인권은 밖에서 누군가가 감시하고 기록하고 개선을 촉구해야 하는 문제입니다. "북한인권사무소"가 생기면 국내외 북한인권 운동의 중심이 될 것입니다. 인권을 탄압하고 말살하는 자가 누구인지 하나하나 세세히 조사하고 기록하는 북한인권 활동의 산증인이 될 것입니다. 그것이 현실적으로 북한인권 개선에 어떤 도움이 될 것이냐고 말하는 분도 있지만, 그렇지 않습니다. 내가 하는 인권탄압을 누군가가 지켜보고 있고 하나하나 기록하고 있다는 사실만으로도 북한 권력자들에게 엄청난 부담이 될 수 있습니다. 그만큼 인권 탄압도 위축될 것입니다. 무엇보다 가장 기대되는 점은 10년 넘게 잠자고 있는 북한인권법 통과의 기폭제가 될 것이고, 우리 국민들의 북한인권에 관심을 높이는 계기가 될 것입니다.

8

박성배 우리가 아무리 통일을 외치고 있을지라도 당장 시급한 선결 과제가 "북한인권법"을 통과시키고 납북자와 국군포로 송환을 성사시켜 그분들이 세상을 떠나시기 전에 고향으로 모셔 오도록 하는 노력이 매우 절실하다고 봅니다. 구체적으로 어떤 방안이 있는지요? 서독은 통일되기 전에 동독의 정치범들을 엄청난 돈을 들여서 서독으로 데려온 사례가 있는 것으로 알고 있습니다.

김문수 납북자와 국군 포로 문제도 북한인권 문제에 포함해 반드시 해결해야 합니다. 단기적으로는 남북 이산가족 상봉 때도 그런 분들이 포함되도록 해야 합니다. 근본적인 해결책은 통일이지만 그 이전에 생사 확인과 상봉의 정례화가 이뤄져야 합니다. 경제적 지원과 정치범 석방을 맞교환하는 문제는 독일과 우리의 사정이 다를 수 있습니다. 동독은 핵과 미사일을 개발해 서독을 위협한 사실이 없지만 북한은 이런 대량 살상 무기를 개발하고, 그 개발에 우리 측에서 흘러간 자금이 투입되었다는 합리적 의심이 있습니다. 개별적으로 처리하기보다는 큰 틀의 북한인권 운동 차원에서 다루어야 합니다. 다만 북한인권 운동을 하시다가 북한에 불법적으로 납치된 분들, 특히 목사님이나 선교사분들의 생환을 위해서는 우리 정부가 특별한 노력을 해야 한다고 봅니다. 우리 정부가 못하고 있는 일을 대신 해 주신 분들이니 그분들의 안전은 우리가 지켜 드려야 합니다.

9

강석진 김 위원장님께서는 국내에서뿐만 아니라 몇 개월 전에 미국을 방문하여 미국 국회와 국제적인 인권 단체들과 연계하여 북한인권 개선을 위한 활동을 하고 오셨는데, 미국에서는 북한인권에 대한 관심이 어떠했나요? 또 국내와 다른 점이 있다면 어떤 것이 있었는지요?

김문수 지난 2월에 워싱턴 D.C.에 가서 CSIS가 주최하는 북한인권국제회의에 참석했습니다. 저 자신이 민주화 운동을 하는 동안 온갖 고문을 당한 경험이 있기에, 저의 경험을 바탕으로 북한인권 문제의 심각성과 국제사회의 관심을 촉구했습니다. 그런데 부끄러운 점은 UN도 EU도 북한인권결의안을 통과시키고, 미국과 일본 등 많은 나라들이 북한인권법을 통과시켰음에도 정작 당사자이고 같은 동포인 우리는 10년 넘게 북한인권법을 통과시키지 못하고 있다는 점입니다. 미국 같은 나라는 인권에 대한 것은 모든 것에 우선하고 그런 결의안에 반대하는 것은 상상조차 할 수 없는 일입니다. 우리도 하루 빨리 북한인권법을 통과시켜 문명국의 의무를 다해야 합니다. 그래야 북한 동포들에게 부끄럽지 않습니다.

맺는말

강석진 오늘 북한인권 문제를 다루다 보니 예수님께서 마태복음 25장 35-40절 말씀을 통해 구원받은 의인들에 대해 말씀하신 것이 생각납니다.

> 내가 주릴 때에 너희가 먹을 것을 주었고 목마를 때에 마시게 하였고 나그네 되었을 때에 영접하였고 헐벗었을 때에 옷을 입혔고 병들었을 때에 돌보았고 옥에 갇혔을 때에 와서 보았느니라 이에 의인들이 대답하여 이르되 주여 우리가 어느 때에 주께서 주리신 것을 보고 음식을 대접하였으며 목마르신 것을 보고 마시게 하였나이까 어느 때에 나그네 되신 것을 보고

영접하였으며 헐벗으신 것을 보고 옷 입혔나이까 어느 때에 병드신 것이나 옥에 갇히신 것을 보고 가서 뵈었나이까 하리니 임금이 대답하여 이르시되 내가 진실로 너희에게 이르노니 너희가 여기 내 형제 중에 지극히 작은 자 하나에게 한 것이 곧 내게 한 것이니라 하시고.

우리는 굶주리고 헐벗고 옥중에서 핍박받고 있는 북한 동포들에게 관심을 가지고 말로서만 아니라 행동하는 선행이 있을 때에 그것이 곧 통일을 만들어 가는 것이라 생각됩니다. 이러한 일을 위해 오랫동안 공인으로 봉사하고 계신 김문수 위원장님의 귀한 말씀을 들어 보았습니다. 다음 주에 다시 한 번 더 모시고 통일에 대한 좀 더 구체적인 말씀을 들어 보도록 하겠습니다. 안녕히 계십시오. 감사합니다.

통일 대한민국 리더십과 북한인권 2

강석진 지난 한 주간도 평안하셨습니까? 오늘은 지난 시간에 이어 새누리당 김문수 위원장님을 모시고 통일을 위한 한반도의 국제 정세에서 한국의 리더십과 국내에서의 통일 준비에 대해 이야기를 나누어 보도록 하겠습니다. 통일이라는 문제가 우리에게는 무척이나 크나큰 태산 같은 국가적, 민족적 과제인 것은 틀림없습니다. 이 일을 위해서는 통일 전에 해야 할 일이 있고 또 통일 후에도 계속해서 해야 할 일들이 있다고 봅니다. 김 위원장님께서는 오랫동안 도지사로서 국정의 경륜도 많으시고 또 국회의원으로서 3선을 하시면서 정치 일선에서 많은 일들을 해 오셨기에 우리 대한민국 전반에 나타나 있는 많은 문제를 누구보다도 정확히 파악하고 계시다고 생각합니다.

1

강석진 우리가 통일을 준비하는 데 있어서 다양한 분야에 걸쳐 많은 문제들이 있겠지만, 먼저는 대한민국의 안보상황과 안보의식이 견고해야 통일을 안정적으로 추진해 나갈 수 있다고 생각합니다. 요즘 한국 사회의 모습을 보면 아직도 이념 논쟁이 있고 친북 세력이 있음을 이제는 누구나가 다 알고 있는데 이러한 문제에 대해 김 위원님께서는 어떻게 생각하시는지요?

김문수 저도 여러 가지로 걱정이 많습니다. 나라 안에서는 통진당 같은 국가 전복 세력이 버젓이 국회에 들어오고, 국민들은 그런 세력이 국가의 의사 결정에 영향을 미친다는 현실을 잘 모르시는 것 같아 걱정입니다. 지금 북한은 핵과 장거리 미사일을 개발하고 있습니다. 기회가 될 때마다 불바다 발언, 핵공격 발언을 하고 있는데 일부 사람들은 "그것을 동족을 위해 쓰겠냐, 대미 협상용이다." 하는 안이한 이야기를 하고 있습니다. 매우 위험한 생각입니다. 북한의 핵과 미사일은 직접적으로 우리를 위협하는 것입니다. 천안함 폭침, 연평도 포격 등 북한의 모든 무기들은 우리 안보를 실질적으로 위협하는 대남용입니다. 이런 희미한 안보의식으로는 북한의 위협을 막을 수 없습니다. 북한이 공갈로 위협할 때마다 끌려갈 수밖에 없습니다. 튼튼한 한미동맹을 바탕으로 확고한 안보의식을 갖는 것이 중요합니다. 그것이 분명하지 않으면 교활한 김정은 독재정권의 명령 하에 일사 분란하게 움직이는 북한을 이겨 낼 수 없습니다.

2

박성배 우리 주변에는 아직도 건전한 평화 통일을 성숙시켜 나가는 데에 여러 암적인 사회적 요소들이 있다고 봅니다. 우리가 그동안 피를 흘리면서 지켜 낸 자유민주주의와 고도 산업화의 지속적인 발전에 불온한 세력의 충동질이 평화통일 운동의 동력을 저해하고 있다고 봅니다. 김 위원님께서는 이러한 문제들을 어떻게 보시고 있는지요? 다양한 요구를 품고 가야 할 것이 있고 배척하고 척결하며 나아가야 할 것을 분명히 구분해야 하는 것은 아닌가 여쭈어 보는 것입니다.

김문수 한미동맹을 기반으로 한 튼튼한 국방안보, 국민들의 확고한 안보의식이 전제되어야 합니다. 그리고 통일이 어떤 통일이냐도 분명해야 합니다. 북한이 이야기하는 연방제냐 적화통일이냐. 이것은 절대 받아들일 수 없는 것 아닙니까? 자유민주통일밖에 다른 길은 없습니다. 시장경제체제 외에 다른 경제 체제는 안 됩니다. 든든한 한미동맹과 튼튼한 안보의식을 기반으로 자유민주주의와 시장경제체제 통일을 향해 나아간다는 것에 대해서는 분명한 합의가 있어야 합니다. 그리고 나서 어떤 방식으로 남북한 간에 협력을 해 나갈 것인가에 대해서는 정부 차원, 지방자치단체 차원, 민간 차원 등 다양한 채널을 열어 주는 것이 좋다고 봅니다.

3

강석진 박근혜 대통령이 말한 "통일은 대박이다."라는 것이 우리 민족이 다시 크게 웅비할 수 있는 가장 큰 기회가 된다고 봅니다. 독일은 통일을 이룬 지 25년이 되어, 이제 통일독일이 통일 전보다 더 경제적으로나 정치적으로나 외교적으로 큰 힘을 발휘하고 있습니다. 그렇다면 우리도 통일을 속히 이루어서 대박이 나야 주변의 막강한 국가들의 군사력과 경제력과 맞설 수 있게 될 텐데, 만일 그렇게 되지 않으면 구한말처럼 되는 것이 아닌가 우려의 목소리도 있습니다. 김 위원님께서는 주변의 이러한 나라들을 다 가 보고 그 나라들의 정치인들도 만나 보고 면밀히 그러한 나라들을 잘 파악하고 계실 텐데 어떻게 보시는지요?

김문수 제가 여러 나라를 가 봤지만 가장 무서운 곳은 중국입니다. 물론 공산당 일당 독재에 언론 자유가 없는 곳이긴 하지만 필요한 국가적 과제에 대해 신속하게 결정하고 실행하는 것은 우리가 도저히 따라갈 수 없는 수준입니다. 일본 역시 "잃어버린 20년" 동안 많은 어려움을 겪기는 했어도 지금은 자민당 아베 수상을 중심으로 경제회복과 군국화를 시도하기 위해 정치력을 집결하고 있고 많은 사람들이 옛 군국주의에 대한 향수를 가지고 있기도 합니다. 그전처럼 안 된다는 보장은 없습니다. 역사는 반복된다는 말이 있지 않습니까? 일본은 결집력이 대단한 민족이기도 합니다. 그런데 지금 대한민국은 분열되고, 결정은 빨리 안 되고, 실행은 더 늦습니다. 이러다가 우리가 한중일 가운데 제일 처지게 되지 않을까 걱정이고 선진국이 될 수 있는 마지막 기회를 놓치는 것은 아닌가 하는 염려가 듭니다. 정치가 빨리 안정되고, 분열을 극복해 한마음으로 통일과 선진화에 매진해야 할 때입니다.

4

강석진 우리의 안보는 아무래도 아직은 미국의 군사와 외교력에 많이 의지하고 있는데, 우리 주변에는 아직도 미국과의 관계에서 극단적으로 반미를 외치는 세력들이 있고, 용미니 숭미니 하는 말들도 합니다. 얼마 전 중국의 어느 정치인이 "한국은 중국에서 알을 받아 가지고 미국의 바구니에 담고 있다."라고 말한 적이 있습니다. 이는 아마 중국과의 무역수지 면에서 한국이 엄청난 흑자를 보면서 정치, 외교적으로는 미국 편에 서 있다는 불만 섞인 표현으로 해석합니다. 우리는 이런 국제 정세의 역학 관계에서 균형을 유지하는 것이 결코 쉽지 않다고 봅니다. 왜냐하면 한반도의 국경이 중국과 접경하고 있기에 통일을 이루는 데에 중국의 영향을 무시할 수 없다는 생각이 들기 때문입니다. 이에 대한 김 위원장님의 고견을 듣고 싶습니다.

김문수 우리의 지정학적 위치와 경제적 상황에서 가장 중요한 문제가 바로 G2 사이에서 대한민국이 어떻게 해야 하는가의 문제입니다. 먼저 중요한 것부터 정해야 합니다. 중국 없이 우리 경제는 어렵습니다. 한미동맹 없이 한반도 평화와 안보도 없습니다. 경제냐 안보냐 이분법적으로 본다는 것이 아니라 생존의 문제 차원에서 접근해야 합니다. 정치, 군사적으로 한미동맹의 중요성은 무엇과도 바꿀 수 없습니다. 경제적으로 중요한 나라는 미국에서 중국으로 바뀌었듯이, 다시 바뀔 수 있는 것입니다. 경제적으로 중국과 친밀한 관계를 유지하되, 국방 안보라는 생존 문제는 북한이 존재하는 한 바뀌지 않는다는 점을 중국에 설명하면서 북한 문제 해결을 위한 중국의 건설적, 적극적 역할을 유도하는 것이 필요합니다.

5

박성배 제 생각으로는 통일을 이루는 데 꼭 정치, 군사, 외교에만 국한된 것이 아니라 다양한 요소들이 작용되어야 원만한 통일이 이루어진다고 봅니다. 정부 대 정부, 국가 대 국가의 관계 못지 않게, 현재 2천 4백만 명의 북한 주민들에게 우리가 먼저 한 혈육으로 접근하고 서로 공감하기 위해서는 민간 주도 하에서도 지속적으로 진정한 동족애로 끊임없이 접촉하고 다가가야 된다고 생각합니다.

그러기 위해서는 한국과 해외의 많은 민간단체 또는 기독교 단체들이 대북활동을 할 수 있도록 정부 차원에서도 적극적 지원이 필요하다고 봅니다. 경기도지사로 계실 때에 그러한 단체들과도

유기적인 관계를 지속하면서 대북지원 활동을 하신 걸로 알고 있습니다. 그러면 그러한 활동이 통일과 북한의 복음화에 좋은 영향을 주고 있다고 보시는지요?

김문수 아까도 말씀드렸듯이 자유민주주의와 시장경제체제에 기반한 평화통일이라는 원칙과 방법에 동의한다면 정부차원뿐 아니라 자치단체, 민간차원의 대북협력과 교류는 다양화하는 것이 좋다고 생각합니다. 그리고 북한의 내부 변화를 통해 북한정권을 약화시키고 북한의 인권상황을 개선시키는 가장 효과적인 방법 중의 하나가 대외 지원과 북한 복음화 사업입니다. 저도 경기도지사 시절에 말라리아 공동방역, 개성 양묘장 건설 등 직접 사업 외에 유진벨 재단 등을 통해 간접적으로 대북협력을 하기도 했습니다.

역사를 보아도 독재 권력을 무너뜨리고 새로운 시대를 여는 데 하나님을 따르는 목회자들의 역할, 교회의 역할이 매우 중요했습니다. 지금 이 시간에도 중국에서, 심지어는 북한에서 북한복음화를 위한 활동을 하시는 분들이 많이 있습니다. 그분들을 돕고 그분들의 목숨을 건 목회 활동이 성공을 거둬 더 많은 북한 주민들이 예수 그리스도의 말씀을 따를 때 북한의 민주화와 남북통일은 더 앞당겨질 것입니다.

6

강석진 김 위원장님께서는 조만간에 북한과 접경 지대를 직접 방문하시고 또 시베리아 횡단열차를 타고 독일 베를린을 출발해서 러시아 횡단 열차를 타는 통일운동을 위한 대장정을 하신다고 들었습니다. 이번 대장정의 취지가 북한인권 운동과 통일준비와 어떤 관계가 있는 것인지요?

김문수 중국의 동북 3성 지역은 우리 민족과 관련이 깊고 수많은 탈북자들이 한국행을 기다리며 숨죽이고 있는 곳입니다. 수많은 북한인권 운동가들이 목숨을 걸고 동포들을 구해내고 있는 곳입니다. 그곳에 가서 실상을 다시 한 번 보고 오고 싶습니다. 시베리아 횡단철도는 통일이 되면 경의선, 경원선 등과 연결해 우리 상품을 유럽까지 실어나를 철도입니다. 독일은 우리보다 통일을 먼저 경험한 곳입니다. 그 모든 것을 돌아보면서 통일을 위해 무엇을 준비할 것인가와 통일이 되면 우리의 삶이 어떻게 바뀔 것인지 직접 보고 느끼고 와서 공부할 재료로 삼을 예정입니다.

7

박성배 김 위원장님께서는 평소에 "선진통일 강대국론"을 주장해 오셨는데, 그 대한민국의 모습은 어떠한 것인지 말씀해 주시죠.

김문수 우리나라는 20년 넘게 선진국의 문턱을 넘지 못하고 있습니다. 중진국에서 선진국으로 나아가는 것은 물결을 거슬러 노를 젓는 것과 같아서 앞으로 나아가지 않으면 그 자리에 멈추는 게 아니라 뒤로 밀려나는 것입니다. 남미의 많은 나라를 보면 알 수 있지 않습니까? 선진공업국 외에 중진국에서 선진국으로의 진입에 성공한 나라는 일본밖에 없습니다. 중국은 언젠가 선진국이 될 수도 있겠지만 많은 인구와 자원 덕을 적지 않게 볼 것이고 그것마저 없는 우리는 더 어려울 수도 있습니다. 이런 험난한 선진화의 문턱을 넘고 지금 우리가 겪고 있는 일자리 문제, 투자 문제 등을 한꺼번에 해결할 수 있는 길이 바로 통일입니다. 통일이 되면 8천만 인구와 만주와 연해주 시장까지 넘볼 수 있고, 시베리아 횡단철도를 통해 유럽까지 바로 연결되어 우리 경제의 영토는 비약적으로 커집니다. 대한민국의 선진국 진입을 통일을 통해 반드시 달성될 수 있고 서구 선진국을 넘어서는 기틀을 만들 수 있습니다. 그러나 이런 경제적인 것보다도 통일은 독재 정권하에서 인권을 탄압받고 고통받고 있는 2천 400만 북한 동포를 구해내는 일이라는 점에서 반드시 달성해야 합니다.

8

강석진 어느덧 정해진 시간이 다 된 것 같습니다. 마지막으로 한국 극동방송 가족들과 통일을 누구보다도 갈망하며 기도하고 계신 북녘의 동포들에게 통일의 희망적인 말씀을 해 주셨으면 합니다.

김문수 인권을 탄압하는 정권은 반드시 붕괴합니다. 이제 유엔북한인권사무소에서 누가 북한 주민들의 인권을 탄압하는지 낱낱이 조사하고 기록할 것입니다. 북한 정권의 붕괴와 북한 주민들의 인권상황 개선을 바라는 수많은 동포들이 있다는 점을 잊지 마시고, 언제나 희망을 잃지 마시기를 바랍니다. 통일은 다가오고 있습니다. 날씨가 아무리 춥더라도 봄은 다가오는 것처럼 통일도 우리에게 다가오고 있습니다. 힘내십시오.

맺는말

강석진 2회에 걸쳐서 새누리당의 김문수 위원장님을 모시고 북한인권과 통일 비전과 전략에 대해 귀한 말씀을 들었습니다. 하나님께서는 각계의 다양하게 준비된 통일 일꾼들을 들어 사용하고 계십니다. 이러한 모든 수고가 마침내 통일을 이루어 낼 줄 믿습니다. 지금 이순간에도 북녘에서 신음하는 우리 동포들을 가슴에 품고 그들을 위한 우리의 의로운 행동과 마음이 통일의 첫 단추라 생각합니다. 속히 북한의 우리 동포들이 평안을 누리며 인간의 보편적 인권을 누리며 살 수 있는 날을 간절히 소망합니다. 예레미야 선지자는 고난 중에 있는 백성들에게 이같은 말씀으로 위로하고 있습니다. 예레미야 23장 6절 말씀입니다.

> 그의 날에 유다는 구원을 받겠고 이스라엘은 평안히 살 것이며 그의 이름은 여호와 우리의 공의라 일컬음을 받으리라.

하나님의 인자한 공의가 속히 북녘 땅에 임하기를 기도합니다. 오늘 분망하신 가운데서도 통일에 대한 귀한 말씀을 주신 김문수 위원장님께 감사드립니다. 안녕히 계십시오. 감사합니다.

신동춘

프로필
- 캐나다 맥길 대학원 법학 석사
- 건국대 행정학 박사
- 국토교통부 고위공무원
- 한국철도협회 상임부회장
- (주)티웨이항공 부회장
- 한국항공우주정책·법학회 부회장
- 건국대 초빙교수, 성신여대 겸임교수
- 자유 통일국민연합 대표

수상
- 2002년 홍조근정훈장

저서 및 논문
- 『항공운송정책론』(2001, 선학사)
- 『한국정치행정론』(공저) 외 다수
- 「남한과 서독의 통일정책의 비교연구」(서울대행정대학원 석사논문)

자유 통일 비전과
한반도 물류

대담: 신동춘 교수
진행: 강석진, 박성배
방송일: 2015년 5월 9일, 16일

자유 통일 비전과 한반도 물류 1

강석진 지난 한 주간도 평안하셨습니까? 〈통일을 앞당겨 주소서〉 진행을 맡은 강석진 목사입니다. 이 시간에도 한우리미션밸리 대표 박성배 박사님께서 함께해 주셨습니다. 오늘 이 시간에는 행정학 박사님이시며 오랫동안 국토관리와 교통의 다양한 분야에서 전문가로서 봉직하셨고, 지금은 대학 강단에서 후학들을 지도하고 계시며 여러 세미나와 텔레비전 방송의 패널리스트로서 활발한 활동을 하고 계신 신동춘 교수님을 모셨습니다.

강석진 신 교수님, 분주하실 텐데 저희 극동방송에 나와 주셔서 감사합니다. 먼저, 우리 극동방송 가족들과 이 방송을 청취하고 계신 북녘의 동포들에게 인사 말씀을 해 주시죠.

신동춘 네, 초대해 주셔서 감사합니다. 여러분, 통일의 날이 멀지 않았습니다. 국내외 정세 및 북한의 변화를 볼 때 통일의 기운이 무르익고 있는데, 여기에 당사자인 남북한 및 해외 동포의 힘이 합해진다면 이 시기가 앞당겨질 수 있다고 생각합니다. 통일의 그날까지 더욱 인내하고 준비하여 한반도에 광명이 오기를 함께 고대하겠습니다.

1

강석진 최근에 어느 세미나에서 신 교수님께서 "통일 대한민국의 비전과 우리의 사명"이라는 제목으로 "한반도의 통일은 오고 있다."라고 말씀하셨는데, 어떤 의미로 말씀하신 것인가요?

신동춘 북한의 김정은 정권은 3대 세습 왕조 중 가장 정통성이 약하고, 이를 미화하기 위한 내부 작업과 공포 정치가 있지만 북한 주민들은 마음속에 깊은 신뢰를 가지고 있지 못합니다. 한마디로 김정은 체제는 철권통치에 의존하고 있죠.

북한의 인권 상황은 최악으로 국제사회에서 북한의 인권에 대한 규탄 및 책임을 묻기 위한 상황이 전개되고 있으므로 북한의 최고 지도자가 국제형사재판소의 법정에 설 수도 있습니다. 북한의 계속적인 핵무기 개발은 매우 위험한 도박이고 중국을 포함한 국제사회가 모두 규탄하고 있는 만큼, 더욱 강한 국제사회의 제재가 계속될 것으로 보입니다.

특별히 북한이 배급으로 주민을 먹여 살릴 수 있는 능력이 이제는 없으므로 북녘 동포는 장마당에서 스스로 먹고 살지 않으면 안 되는 상황입니다. 장마당은 중국을 통해 외부 세계의 물자와 정보가 들어오는 중요한 변화의 현장이며, 시장경제의 학습장이라고 할 수 있죠. 이와 같이 변화는 대내외적으로 대단히 복합적으로 진행되고 있습니다.

2

박성배 몇 달 전, 박근혜 대통령께서 "한국의 통일은 우리뿐만 아니라 세계에도 대박이다."라고 말씀하셨는데, 그렇다면 한반도 통일이 세계사적으로도 의의가 있다고 볼 수 있는지요?

신동춘 제2차 세계대전 이후에 베트남, 독일, 예멘 등 몇몇 분단 국가들이 통일되었고, 한반도는 현재 세계에서 유일한 분단국가로 남아 있습니다. 따라서 남북한 통일은 세계사적 과제로서 통일은 70년 분단의 고통과 상처_{트라우마}를 치유하고, 북한 주민의 인간성_{이성과 자유, 존엄} 상실을 회복하는 계기가 될 것입니다. 일제 시대가 청산 되기도 전에 분단이 되었으므로 통일은 일제의 잔재를 진정 극복 하는 계기가 될 것이고, 민족의 동질성과 정체성을 회복함으로써 한민족 공동체를 복원하게 될 것입니다.

한반도의 통일은 환태평양의 경제권이 아시아와 유럽 대륙으로 이어지는 벨트의 연결고리가 되기 때문에 범세계권, 즉 아메리카 대륙과 아시아 대륙과 유럽 대륙의 허브 역할을 할 수 있는 것입 니다. 이는 세계경제에도 엄청난 상승 효과를 줄 것입니다. 실례를 들자면 미주권의 상품이 태평양을 건너와 부산항에서 열차로 환적 하여 한반도 횡단열차가 러시아 대륙과 중국 대륙으로 이어져 유 럽권으로 종착된다면 그야말로 경제적 효과와 한반도의 국제 물류 기지의 가치는 무한대가 될 것입니다. 또 중국의 동북삼성과 경제 적으로 낙후되어 있는 러시아 연해주 지역도 상당한 경제 효과를 볼 것입니다.

3

강석진 한반도의 분단을 역사의 흐름으로 볼 때 2차 대전 이후 미·소를 주축으로 한 공산진영과 자유진영 간에 대립이 되면서 냉 전시대로 접어들었습니다. 어느 역사학자는 "한반도의 분단은 냉 전시대의 유물이다."라고 평가하기도 했습니다. 그렇다면 지구상에 서 마지막으로 남은 분단국가인 한국이 통일이 되면 완전히 탈냉

전시대로 정리되고 새로운 시대가 도래된다고 볼 수 있는지요?

신동춘 한반도 통일은 역사적으로 미·중·러·일 등 세계 열강이 한반도를 둘러싼 대립과 갈등의 불안정한 상태를 종식시키고, 전쟁의 위협과 공포로부터 해방시키는 역사적인 화해의 계기가 될 것입니다. 특히 통일을 위하여 미국·중국의 암묵적인 합의와 통일 대한민국에 대한 양국의 동의가 필요하므로 세계 열강의 화해와 새로운 시대를 향한 공동의 노력을 의미하는 것이죠.

통일된 한반도는 대륙 국가와 해양 국가를 연결하는 화해와 번영의 가교로서 평화의 상징이 될 것이며, 또한 통일 대한민국의 한민족 뿌리인 만주, 바이칼 등 중앙아시아로 서진한다는 데에도 큰 의미가 있을 것입니다.

4

박성배 저는 지구상에서 한반도가 세계 지정학적으로 볼 때에 매우 중요한 위치에 있다고 봅니다. 1988년 서울올림픽이 개최될 때에 전 세계에서 북한과 쿠바만 빼놓고 세계의 자유진영의 모든 국가와 공산진영의 모든 나라들이 분단국인 대한민국 서울에서 함께 모여 지구촌의 축제인 올림픽에 참여하였습니다. 대한민국에서 개최된 서울올림픽에 세계의 각 나라들이 이념과 사상과 체제를 뛰어넘어 함께했다는 자체가 세계 평화에 많은 영향을 주었다고 봅니다.

개회식을 할 때에 주제가였던 "손에 손 잡고 벽을 넘어서"라는 노래가 온 세계에 실시간으로 방송될 때에 이제 평화의 시대가 왔다는 흥분된 기분이 들었습니다. 사실 서울올림픽 이전에는 미국과 소련이 개최하는 올림픽에 공산진영 국가와 자유진영 국가들이 서로 참여하지 않으므로 반쪽자리 올림픽이었지 않습니까?

신동춘 그렇습니다. 서울올림픽은 동서냉전 체제하에서 화해를 보여 주는 역사적 사건이었습니다. 신비하게도 소련은 88올림픽에 참가한 이후, 공산주의와 함께 대제국이 붕괴되었습니다. 화해와 개방이 새로운 역사를 창조한다는 것을 입증하고 있습니다. 서울 올림픽이 끝난 후 1년 후인 1989년에 동서독의 베를린 장벽이 무너지고 곧 독일이 통일되었고, 그 후 동구 공산권이 모두 자유진영이 되었지요. 중국은 사실상 자본주의의 길을 걸어 세계의 경제질서에 빠르게 편입되었구요.

5

강석진 그렇다면 한반도가 지난날 양 진영 간의 대립과 충돌의 상징성이 있던 나라였지만 이제는 한반도의 통일이 세계 평화를 이루는 진원지가 될 수 있다는 비전도 가져볼 수 있다고 생각되는군요. 이제 21세기로 접어든 새로운 시대에 우리가 남북의 통일과 새로운 시대를 열어 가기 위해서는 어떤 비전을 구체화해야 될까요?

신동춘 세계 역사를 통해 인류의 정치, 경제 제도로서 최선의 것으로 검증되고 있는 것이 자유민주주의와 시장경제입니다. 이것은 역사의 보편적 가치로서 타협할 수 없고 훼손할 수 없는 것이며, 인권, 정의, 복지, 번영이 이 제도로서 우리가 추구하고 지키려는 가치들이죠.

물론 자유민주주의와 시장 경제에도 결함은 존재합니다. 자유민주주의가 다수결에 의한 지배 원리이므로, 인기 영합의 공약으로 표를 얻어 정권을 차지하는 경우 국가의 지속 가능성이 의문시되는 것이고, 남한의 경우 독재 타도를 위한 저항이 관행이 되어 저항적 민주주의가 본래적 의미의 민주주의를 대체할 정도로 자유민주주의 가치가 훼손되고 있습니다. 이는 서구에서 수백 년에 걸쳐 민주주의를 발전시켜 온 역사와 비교해 볼 때, 짧은 기간 내에 산업화와 민주화를 성취하려고 하는 것에서 비롯되었다고 할 수 있죠. 물론 대한민국은 짧은 기간 내에 경제 기적과 일정한 수준의 민주주의도 성취했다고 인정할 수 있습니다만, 문민정부 이후 국민에 의한 합법적이고 민주적인 정부를 과거 일부 독재정권과 동일시하여 계속하여 정부를 타도하려고 하는 잘못된 세력이 존재하여 대한민국의 앞길을 방해하고 있으며, 또한 자유의 남용이 문제가 되는데 자유민주주의는 민주주의를 파괴하려는 세력에까지 자유를 허용하지 않는 소위 방어적 민주주의가 되어야 북한의 적화통일을 막고 자유민주주의를 수호할 수 있습니다.

시장경제와 사유재산을 골간으로 한 자본주의는 빈부의 격차, 부의 세습화 등 상당한 병폐가 있어 이러한 천민자본주의를 극복하고 약자를 보호하며 공정하고 배분적 정의가 실현되는 경제정의로 따뜻한 시장경제로 발전되어 나아가야 할 것입니다.

요컨대 자유민주주의나 시장경제 모두 공동체 정신에 입각하여 자유와 함께 자율, 책임을 수반하는 성숙한 민주주의와 따뜻한 시장경제로 성장해야 합니다. 아울러 통일 대한민국은 정신적으로 세계를 이끄는 문화강국, 종교의 자유가 완전하게 보장되는 국가로 확인될 것입니다. 아울러 통일 대한민국은 주변국과 선린우호 관계를 맺고 주변국과 공동으로 전쟁 포기 및 영구 평화 선언을 함으로써 평화국가로 거듭나게 될 것입니다.

통일 대한민국이 독일의 예를 좇아 남북한 경제의 통합으로 공동 번영을 이룩하게 될 것이며 8,000만 인구의 국가로서 역사의 진실, 인류의 대화합, 힐링, 희망, 창조·혁신의 경제, 상생의 문화 등 보편적 가치관으로 인간을 부요하게 하는 가치를 실현하게 될 때에 세계 문명의 새로운 중심지 역할을 할 것으로 기대됩니다.

6

박성배 한국이 올림픽 개최 이후에 세계가 한국을 바라보는 시선과 평가가 달라졌다고 합니다. 그 후 한국은 급속한 두 자리 수의 경제 성장과 민주화도 함께 신속히 이루어 내었습니다. 그런데 최근에 보이고 있는 보수니 진보니 하는 편파된 의식과 극히 일부지만 좌경화된 집단의 무분별한 불법적 사회운동이 오히려 통일을 지향하는 상황에 큰 장애적 요소가 된다고 합니다.

통일을 이룬 독일은 성숙한 시민 의식과 올바른 통일의식으로 원만한 통일을 만들어 갔다고 봅니다. 신 교수님께서는 우리가 좀 더 원만하고도 성공적인 통일을 이루기 위해서는 어떤 사회가 되어야 한다고 보시는지요?

신동춘 현재 대한민국 사회의 분열 대립은 한반도 통일의 걸림돌로서 갈등 해소 및 통합, 화합이 절실하게 요구되고 있습니다. 해방 이후 분단되어 북한이 경험한 공산주의는 세계사에서 최악의 체제로 주민의 인권과 생존권이 박탈되어 신음하고 있는 상태입니다. 그런데 남한 내에 살면서 어둠 속에 갇혀 있는 북한을 추종하는 세력이 존재하고 있으니 커다란 문제이며, 이러한 세력에게는 미래가 없습니다. 남한 내의 종북 세력은 피땀 흘려 이룩한 부강한 복지국가 대한민국에서 온갖 혜택을 누리면서도 최악의 정권인 북한을 도와 갈등과 분열을 조장하여 국가를 파괴하고 공산화를 이룩하려는 독버섯 같은 존재라고 할 수 있겠습니다.

우선 시급한 일은 북한 정권이 비현실적인 적화통일의 망상을 포기하고, 개혁·개방으로 진전시켜 근본적인 변화를 통해 북녘 동포에게 삶의 희망을 주어야 합니다. 자체적인 변화가 어려운 경우 외부의 힘에 의해 북한에 광명을 가져다주고 북한 동포를 압제와 결핍에서 해방시켜야 할 것이며, 이것이 하나님이 우리 시대를 사는 우리들에게 부여한 사명임을 깨달아야 합니다.

한반도는 역사의 고비 때마다 단결된 모습을 보여 주지 못하였는데, 조선 말기 수구파와 개화파, 해방 후 좌우 대립 등 위기의 순간을 슬기롭게 극복하지 못하고 외세에 굴복한 예가 이를 말해 주고 있죠. 우리는 통일이 가까운 현재의 시점에서 잘못된 과거를 철저히 반성하지 않으면 안 됩니다. 조선 시대는 오랜 세월 당쟁으로 국력이 약화되고, 문약하였으며, 경제는 피폐하여 외부 환경 변화에 적응하지 못하고 결국 일본의 식민지 지배라는 민족사의 굴욕을 경험한 것 아니겠습니까?

결국은 한반도 통일의 역사적 사명 앞에서 대한민국의 정통성 바탕 위에 이룩한 산업화와 민주화의 위대한 업적을 모두 인정하며 합심협력하여 자유민주주의와 시장경제의 이념을 쫓아 통일을 위한 노력 및 통일 후의 모습을 그려야 할 것입니다.

7

강석진 우리 한반도의 정세를 보면 마치 구한말 시대에 세계 열강의 틈바구니에서 불안해하던 그런 모습을 자꾸 생각하게 됩니다. 잘 아시다시피 초강대국으로 급부상한 중국과 점차 우경화되어 가고 있는 일본과 미국은 중국을 견제하기 위해 아시아권에 군사 안보에 대한 전략을 어느 때보다 더 강화하고 있습니다. 우리는 이러한 모습을 보면서 우려도 하지만, 지금의 대한민국은 약소국가가 아닌 세계에서도 선진국으로 자리매김해 가고 있는데, 이러한 국제 정세에서 우리가 어떠한 외교정책을 펴 나아가야 한다고 보시는지요?

신동춘 통일이 되기까지 가는 도정에서 안보와 국방이 통일의 초석임을 역사로부터 배워 실천해야 합니다. 동시에 한·미·일 동맹의 강화와 중국·러시아와의 화친으로 주변 국가를 우리 친구로 만들어 한반도의 통일에 협조하고 지원하도록 해야 합니다. 특히 미국·중국과의 외교가 중요한데, 군사·안보면에서 해방 이후 6·25전쟁 등 오랜 기간 지속된 미국과의 혈맹 유지와 강화는 대한민국 존립의 사활적 문제입니다. 중국과는 북한의 비정상적이고 예측할 수 없는 정권을 지지함이 국제적으로 지도국으로서 불리하다는 인식과 대한민국과의 교류 및 협력이 중국의 이익에 부합하다는 믿음을 심어 주도록 노력해야 할 것입니다.

8

박성배 우리가 통일을 주도적으로 만들어 가기 위해서는 모든 분야에서 우월한 남쪽이 국내외적으로 통일을 이끌어 가야 한다고 봅니다. 그런데 문제는 북한의 정권을 쥔 김정은 체제는 오히려 통일을 두려워하고 특히 한국에서 흡수통일론 이야기만 나오면 매우 신경질적인 반응을 보이고 있습니다. 이런 상황에서 우리는 북한을 변화시키고 신뢰감을 갖도록 하기 위해 어떤 전략이 필요하다고 보시는지요?

신동춘 아주 일관된 정책과 협상 그리고 행동이 필요합니다. 북한이 교류, 협력을 통해 주민의 생활을 향상시키고 통일 인프라를 구축한다는 우리의 정책에 따라올 경우에는 보상이 따를 것임을 분명히 보여 주어야 하며, 북한의 잘못된 행동에 대하여는 어떤 보상도 주어지지 않는다는 점을 보여 주어야 할 것입니다. 흡수통일론을 대외적으로 구호로 발표할 필요는 없으며 자유민주주의와 시장경제체제가 우월하고 통일 대한민국의 비전이므로 그대로 실천하면 될 것으로 봅니다.

맺는말

강석진 오늘 신동춘 교수님을 모시고 통일에 대한 비전과 통일의 과제에 대해 폭넓게 고견을 들어 보았습니다. 우리가 통일을 이루기 위해서는 우리 자신부터가 더 많은 변화와 보다 더 구체적인 준비가 필요하다는 생각을 가져 봅니다. 분명한 점은 우리가 준비한 것만큼 통일을 앞당길 수도 있다는 소망을 가져 봅니다.

오늘 통일에 대해 귀한 말씀을 해 주신 신동춘 교수님께 감사드립니다. 다음 주에 다시 한 번 모시고 좀 더 구체적인 통일 이야기를 듣도록 하겠습니다. 주님이 주시는 평안이 늘 함께하시기를 소원합니다. 안녕히 계십시오. 감사합니다.

자유 통일 비전과 한반도 물류 2

강석진 지난 한 주간도 평안하셨습니까? 지난 시간에는 신동춘 교수님과 통일을 위한 한반도의 국제적 정세의 전략과 통일을 이루기 위해서 국내적으로 우리가 어떻게 자유민주주의 통일에 대한 인식을 바르게 전환하고 통일을 가로막는 우리의 사회적 모순을 어떻게 극복하며 국력을 응집시켜 통일의 힘을 배가시킬 수 있는지에 대해 말씀을 나누어 보았습니다.

오늘 이 시간에는 한반도의 지정학적 장점인 해양과 대륙을 함께 접하고 있는 장점과 이를 이용한 통일 대한민국 시대에는 우리가 대륙을 향해 나갈 수 있는 물류전략 가치와 그 가능성에 대해 말씀을 나누어 보도록 하겠습니다.

1

강석진 이 시간은 통일된 후의 대한민국의 미래에 지정학적인 측면에 한반도의 어떤 비전과 역할이 있는지에 대해 알아보도록 하겠습니다.

신 교수님께서는 공직에 계실 때에 국토해양부에서 고속철도 건설추진 기획단장을 역임하셨고, 또 항공안전본부를 비롯하여 항공

관련 부서에 오래 근무하시면서 대한민국의 교통 분야의 육·해·공 모두를 경험하신 그런 경륜을 가지고 계십니다. 그래서 신 교수님이 제시하시는 통일 후에 한국이 대륙과 해양으로 진출한다면 웅대한 통일 대한민국이 될 것이라는 확신이 듭니다.

우리의 조상들인 고구려의 광개토대왕은 북방 대륙과 중원을 호령했던 대륙 국가였고 해양으로는 신라의 장보고가 있어 동북아와 동남아의 해상권을 지배했습니다. 앞으로 통일을 이룬다면 그런 시대가 다시 실현될 것이라는 꿈을 갖게 됩니다. 신 교수님께서는 그러한 가능성이 실현될 것이라 보시는지요? 또 그런 꿈이 실현될 수 있는 근거는 무엇인지요?

신동춘 무력의 힘이 아닌 물류 거점을 한반도에 구축하여 이용한다면 우리 조상들이 펼쳤던 그러한 꿈이 실현될 수 있습니다. 대륙세력이 융성하던 18세기까지 중국의 원몽고, 명, 청 그리고 러시아가 지대한 영향력을 행사하였고, 19세기부터는 해양 세력인 일본, 영국, 미국 등이 진출을 시작하여 대륙세력을 물리치고 결국은 일본이 한반도를 지배했죠. 그런데 이런 상황은 한반도를 정복과 지배의 대상으로 보는 시각에서 발생한 것입니다.

한반도는 지정학적으로 대륙세력과 해양세력이 만나는 지점에 위치하고 있습니다. 새로운 시대를 맞아 대륙세력과 해양세력의 각축을 한반도에서 포용하고 거꾸로 우리가 이를 이용하여 대륙과 해양 양방향으로 진출한다면 정복과 지배로 점철된 세계사의 패러다임을 평화와 협력 및 공존의 패러다임으로 바꿀 수 있는 너무도 멋진 모습이 아니겠습니까?

2

박성배 지난달 북방선교회의 선교포럼이 러시아 블라디보스토크에서 있었습니다. 강 목사님과 함께 다녀왔습니다. 저는 그 광활한 연해주 땅을 밟으면서 왠지 가슴이 뜨거워지고 지난날 우리 조상들의 숨결이 느껴지는 듯했습니다.

특히 발해대국의 본거지여서 그런지 우리 조상들의 북방 민족의 기개를 다시 한 번 가슴에 새겨 볼 수 있는 기회가 되었습니다. 뿐만 아니라 그곳이 바로 우리가 대륙으로 진출할 출구라는 확신도 들었습니다. 신 교수님께서는 우리가 북방 대륙을 진출하기 위해서는 육로상으로 어떤 환경을 구축해야 한다고 생각하시는지요?

신동춘 네, 지난 시간에도 이것에 대해서 잠깐 언급했었습니다. 우리나라와 일본 등 해양 국가들은 한반도를 통과하여 육로로 유라시아 대륙에 진출하고 유럽까지 연결되기를 바라고 있습니다. 바다로 가면 저 멀리 수에즈운하를 통하여 유럽까지 갈 수 있으니 많은 시간이 소요됩니다.

북한이 철도를 개방하여 한반도의 철도를 시베리아 횡단 열차와 중국, 몽고 횡단 열차를 모두 연결하고, 자동차로도 한반도의 북쪽 도로가 열리면 아시아 하이웨이를 이용하여 중앙아시아, 동, 서남아시아는 물론 유럽까지 연결한다면 한반도를 통로로 한 북방의 새로운 실크로드가 실현됩니다.

철도와 자동차로 아시아와 유럽 어디든 연결하는 것이 유라시아 대륙이 하나로 통합되는 가장 효과적인 방법이라고 확신합니다. 이는 오랫동안 대륙세력과 해양세력이 똑같이 꿈꾸어 왔던 인적, 물적 교류와 교역을 확대하는 지름길입니다.

3

강석진 북방을 향한 철의 실크로드가 한반도와 연결되면 물류기지에 시발지가 될 것이라는 생각이 드는데, 그렇게 되면 국제 간의 물류에 어떤 위치를 점하게 되고 실제적으로 경제적 이득이 어떻게 주어지나요?

신동춘 물류에서 시발점과 종착점의 위치를 점하게 되면 많은 이익을 얻고 국제 물류의 중심이 될 수 있습니다. 우선 주변 국가에서 유라시아 물류의 시발점을 이용하게 되고 또한 유라시아의 많은 국가들이 우리나라까지 운송한 후 다시 동남아, 태평양 국가로 연결 운송을 할 수 있습니다. 물류는 무역을 의미하며 상품의 왕래가 활발해져서, 수출입이 크게 촉진되고 물류에서 얻는 이익이 크므로 경제발전에 크게 기여할 수 있습니다.

물론 물류의 중심이 되려면 철도, 도로, 항만, 공항 등 인프라가 확충, 완비되어야 하고 뮬류제도가 효율적이고 합리적으로 정비되어야 할 뿐만 아니라 수출입에 있어서도 관세 등 여러 가지 제약이 최소화되는 물류 선진국이 되어야 합니다.

4

박성배 지금 세계에서 세계의 물류산업이 제일 발달된 나라가 어디인지요. 그러한 나라의 예를 들어서 좀 더 현실감 있게 설명 좀 해 주시죠.

신동춘 강소국이라는 말을 들어 보셨죠? 네덜란드와 싱가포르 그리고 지금은 중국에 반환되었지만 전의 홍콩이 대표적인 물류국가요, 거점입니다. 한마디로 물류국가가 되기 위해 국토가 크고 인구가 많아야 할 필요가 없습니다.

네덜란드는 작은 나라이지만 철도, 도로를 완비하고 로테르담 항과 스키폴 공항을 통하여 유럽의 전 지역으로 물류가 이루어지는 명실상부한 물류국가입니다. 물론, 튤립 등 농산물과 기타 네덜란드 상품을 수출하기도 하지만 대부분의 물자를 네덜란드의 공항, 항만, 육로를 이용하여 연계 수송하는 물류 기지로서 역할을 하고 있는 것입니다.

싱가포르도 만찬가지입니다. 항만을 통한 컨테이너 중계 무역, 동남아의 허브공항으로서 많은 주변 국가들이 인프라가 완비되어 있고 편리한 공항을 제공하고 있는 것입니다. 물류는 금융과 함께 싱가포르의 국민소득의 대부분을 차지하고 있는 국가의 전략 산업입니다.

홍콩도 이러한 역할을 수행해 왔는데 수심이 깊은 양항을 이용하여 중국 대륙을 비롯한 다른 지역으로 오가는 물자를 처리함으로써 물류의 중심지로 역할을 했던 곳입니다.

5

강석진 통일된 후에는 해상을 통한 교역의 증대와 물류에 어떤 변화가 있게 될까요? 최근에 러시아의 석탄자원이 러시아와 북한을 통해 한국으로 들어왔는데 통일이 되면 한국이 러시아나 몽골, 중국 등에서 많은 지하 천연자원을 보다 더 쉽게 들어오게 될 것입니다. 그러면 한국의 산업 발전과 교통 서비스 분야에도 엄청난 파급 효과가 있을 것이라 예상됩니다. 신 교수님께서는 어떻게 전망하시는지요?

신동춘 우리나라는 항상 천연자원이 부족하므로 가까운 몽고와 러시아에서 상대적으로 가격이 싸고 물류비용이 적게 드는 자원을 공급받는다면 앞으로의 성장 동력이 될 수 있습니다. 북한이 대승적인 차원에서 육로를 물류에 개방한다면 모두가 윈윈하는 상황이 될 것입니다. 자원 보유국에 수출의 길을 열어 주고 북한에는 육로 개방으로 이용 국가로부터 수입을 얻을 수 있고 대한민국은 풍부한 자원에 쉽게 접근하여 이익을 보는 구조입니다. 이렇게 하면 물류뿐만 아니라 이를 통해 인적 왕래, 한류 등 문화교류가 활발해져 상호우의가 증진되어 궁극적으로는 이 지역의 평화 정착에 크게 이바지할 것입니다.

6

박성배 얼마 전에 호남고속철이 완공되어 서울에서 광주를 1시간 30분이면 간다는 것이 믿기지 않습니다. 통일된 후에는 고속철도로 부산에서 평양을 거쳐 신의주를 가고 압록강을 건너서 중국의 고속철과 이어지면 한국이 반도가 아닌 대륙국가로 자연스럽게 구축된다는 생각을 해 보았습니다. 그렇게 되면 물류만이 아닌 인적자원이 매우 활발하게 이루어져서 관광과 사업 등 다양한 많은 사람들이 유럽같이 국경이 없는 대륙이 될 것이라는 생각을 해 보게 됩니다. 상상만 해도 가슴이 벅찹니다.

신동춘 기존 철도를 고속화한다든지 새로운 고속철도를 건설하면 시간의 단축과 여행의 편리함에서 오는 경제적 이득은 계산하기 어려운 것이죠.

현재 중국이 전국적인 고속철도망을 구축하고 있고, 동남아와 중앙아시아까지 중국이 주도하는 고속철도 건설을 추진하고 있으므로 한반도를 종단하는 고속철도망이 중국과 연결되고 아시아 전역에 걸친 철도망을 구축한다면 아시아 전체의 인적 왕래와 물류가 빠르게 촉진될 것이며 이는 지역의 화합과 통합을 이루는 데 있어서 대단히 중요한 역할을 할 것입니다. 말씀하신 대로 지역 내 자유무역협정이 체결되고 국가 간 무비자 여행이 실현되면 국경 없는 아시아 대륙이 되어 평화와 번영을 바라는 인류 이상의 실현이 앞당겨질 수 있습니다.

7

강석진 통일이 되면 하늘의 항로에도 많은 변화가 있게 되는지요. 지금의 인천공항이 아시아의 허브 역할을 하고 있는데 더 많은 허브 역할을 하게 되지 않을까요? 로마시대에는 모든 길은 로마로 통한다고 했는데, 그렇게 되면 모든 항로는 대한민국으로 통한다고 말하게 될 수 있을까요?

신동춘 하늘 길을 모든 나라에 개방하면 우리나라도 로마와 같은 중심국가가 자연스럽게 됩니다. 인프라가 문제가 아니라 개방으로 교류하며 경제를 발전시키는 사고의 전환이 더욱 요구되고 있습니다. 비단 인천국제공항에 국한할 필요 없이 자신감을 가지고 우리나라의 주요 공, 항만 그리고 육로를 개방할 때 진정한 교류와 협력, 경제적인 교역의 확대를 통해 각국이 번영하고 지역의 평화를 실현하게 됩니다. 개방과 혁신, 통합의 정신은 21세기를 가는 데 있어 키워드입니다. 북한도 폐쇄의 족쇄를 풀어 버리고 개방과 개혁으로 우리와 진심으로 손을 잡고 함께 나아간다면 통일을 앞당기고 한반도가 물류, 문화 등 모든 면에서 번영하며 평화의 메카로 자리매김하면서 새로운 시대를 여는 정신의 발상지요, 중심으로서 역할을 할 것입니다.

통일을 앞당겨 주소서

맺는말

강석진 오늘 신 박사님의 말씀을 듣고 나니 통일이 되면 육·해·공의 교통에도 엄청난 변화와 발전을 이루어 이에 대한 모든 산업 분야에서 상상 이상의 초대박이 날 것이라는 생각이 듭니다. 이러한 변화가 제조 산업을 뛰어넘어 각 물류와 서비스 산업 분야 등에 상당한 상승 효과로 이어질 것이라 봅니다.

오늘 신 교수님의 말씀을 들으면서 이사야 60장 8-9절 말씀이 생각납니다.

> 저 구름 같이, 비둘기들이 그 보금자리로 날아가는 것 같이 날아오는 자들이 누구냐 곧 섬들이 나를 앙망하고 다시스의 배들이 먼저 이르되 먼 곳에서 네 자손과 그들의 은금을 아울러 싣고 와서 네 하나님 여호와의 이름에 드리려 하며 이스라엘의 거룩한 이에게 드리려 하는 자들이라 이는 내가 너를 영화롭게 하였음이라.

이 말씀은 흩어지고 고난당했던 이스라엘 민족에게 시온의 영광스러운 새날이 올 것이라는 예언입니다. 이 약속의 말씀이 통일 대한민국에도 이루어져 통일된 한반도의 바다 길과 육로와 하늘 길이 활짝 열려 온 세계가 몰려오며 나아가는 세계의 관문이 되는 통일 대한민국을 꿈꿔 봅니다. 두 번에 걸쳐서 통일과 물류산업에 대해 귀한 말씀을 주신 신동춘 박사님께 감사드립니다. 하나님의 크신 사랑과 은혜가 우리 모두에게 함께하기를 축원드립니다. 안녕히 계십시오. 감사합니다.

선우숙

프로필
- 평택대 피어선신학전문대학원 상담학 (Ph.D.)
- 한국목회상담학회 상담전문가
- 한국문화복지교육협회 대표
- 배재대 한류문화산업대학교 대학원 초빙교수
- 한국엔터테인먼트산업학회 이사

저서 및 논문
- 『문화복지사』 (공저)
- 『나를 키운 바람소리』 (공저 외 다수)
- 「그리스도인의 행복 이야기에 대한 내러티브 탐구」

문화와
통일 비전

대담: 선우숙 교수
진행: 강석진, 박성배
방송일: 2015년 7월 11일, 18일

문화와 통일 비전 1

강석진 지난 한 주간도 평안하셨습니까? 〈통일을 앞당겨 주소서〉 진행에 강석진 목사입니다. 오늘도 저와 함께 진행에 도움을 주실 한우리미션벨리 대표이신 박성배 박사님께서 함께 하셨습니다. 이 시간에는 배재대 한류문화산업대학원의 선우숙 교수님을 모셨습니다. 그동안 저희는 통일에 관련해서 경제, 정치, 외교, 행정 분야의 통일 전문가들을 모시고 통일을 앞당기기 위한 다양한 통일전략에 대해 들어 보았습니다. 오늘은 한류문화 분야에서 통일을 연구하고 계신 교수님과 함께 통일 이야기를 풀어 보겠습니다. 먼저 선우숙 교수님께서 극동방송 가족들과 북녘에서 이 방송을 듣고 계신 동포들에게 인사 말씀을 해 주시죠.

선우숙 안녕하세요. 선우숙 교수입니다. 방송을 통해 여러분께 인사할 수 있게 되어서 하나님께 감사드립니다.

1

강석진 선우숙 교수님께서 한류문화와 문화복지를 연구하시며 대학원 강단에서 지도하고 계시는데 어떻게 남북통일에 대한 관심을 갖게 되셨고 연구하게 되셨는지 그 배경을 듣고 싶습니다. 실향민의 후손이기도 하시죠?

선우숙 저의 부모님께서는 평북 정주 출신으로 아버지는 한경직 목사님과 오산고등학교 선후배 관계였다고 들었습니다. 6·25 전에 만주에 계시다가 일본에서 공부하시고 한국에 들어 오셨는데 아버지는 오산중학교시절부터 하나님의 사랑을 깊이 체험을 하였다고 종종 말씀하셨습니다. 그 당시 교회에서는 기독교라는 새로운 신문화를 접하면서 성가대에서 봉사를 하며 신앙생활을 하셨다고 들었습니다. 집안 친척 중 한 분은 목사님도 계셨다는데 제가 어렸을 때여서 아쉽게도 부모님이 돌아가시고 주변에 많은 친척이나 친구분들까지 돌아가시는 관계로 자세한 것을 알 수 없어 안타까운 마음입니다. 작은 아버지 두 분은 남쪽에 내려오셨는데 북한군들이 북으로 후퇴하면서 발과 손에 포승줄을 묶어 끌고 가는 장면을 목격했다는 아버지의 말씀을 들을 때마다 두렵고 무서웠던 어렸을 때의 기억이 납니다.

어렸을 때의 기억은 영락교회 마당은 여기저기 이북 사투리로 친척들을 만나 서로 안부 묻고 위로하는 장소였습니다. 지금은 그 자리가 북적대지도 않고 사투리가 들리지도 않아 마음 한 구석이 그리움이 가득할 때가 있습니다. 잠시 잠깐일 것이라고 생각했던 시간들이 점점 길어지면서 통일을 바라보지도 못한 채 그렇게 그 분들은 떠나고 없는 현실에 마음이 아파옵니다.

2

박성배 우리가 한류 문화를 통한 통일전략을 얘기하기 전에 문화의 일반적 해석과 성경적 해석을 간단히 정의한 후에 통일 이야기를 나누어 보는 것이 좋을 것 같습니다. 먼저, 문화에 대한 일반적 해석에 대해서 말씀해 주시죠.

선우숙 네, 우리가 흔히 일상에서 공기의 존재를 의식하지 못하고 살고 있지만 사실 공기처럼 중요한 것은 없지요. 우리가 2-3분만 숨을 쉬지 않으면 죽지 않습니까? 그와 비슷하게 문화는 우리의 정신과 삶에서의 모든 것에 영향을 주고 있습니다. 인류의 역사를 통해서 보면 도구를 만드는 그 순간부터 문화의 탄생이라 할 수 있는데 '문화'는 주로 '정신문화'를 일컫는 말이었고, '문화인'은 문화적으로 계몽된 인간'을 일컬어서 말하죠. 문화라는 어휘는 '경작'을 의미하는 라틴어 "cultura"에서 유래했으며, 오늘날 영어의 culture는 관습, 습관을 나타내면서 문화라는 뜻으로 정의되고 있습니다.

문화는 동시대에 살아가는 사람들을 하나로 묶어 주는 역할을 하며 과거로부터 전수됩니다. 그러나 저절로 전수되는 것은 아니며 각 세대마다 새롭게 그 문화를 배워야 합니다. 이러한 현상은 사회적 환경으로부터 문화적 유산을 흡수하는 과정에 의해 폭넓게 이루어지고 있는데 특히 세계 정보화 시대를 맞으면서 다양한 문화를 이해하고 받아들이는 속도가 빨라지고 있습니다.

3

강석진 그러면 문화에 대한 성경적 해석을 어떻게 정의할 수 있을까요?

선우숙 창세기 1장 26-28절 말씀에 하나님은 사람을 남자와 여자로 지으시고 하나님을 영화롭게 하기 위한 영적인 능력을 부여하셨습니다. 또한 하나님은 인간에게 생육하고 번성하여 땅에 충만하고 땅을 정복하라고 명령하셨는데 문화의 시작은 하나님께서 부여하신 명령에서 출발하여 인간 활동의 결과라고 볼 수 있습니다.

이러한 하나님의 명령은 인간 문화의 기원이 되었고, 인간이 자연 환경을 지배하고 다양한 문화를 창조하여 사회 조직을 발전시키고 소통해 나아가기를 원하십니다. 그러므로 그리스도인의 문화 활동은 하나님의 뜻에 따라 창의적인 능력을 복음적 가치에 반영하도록 해야 하는 것입니다. 그 이유는 하나님 명령에 근본적으로 순종하는 것이고 우리는 하나님을 영화롭게 하는 존재이기 때문이죠.

4

강석진 그러면 본론으로 들어가 보죠. 금년이 이제 남과 북의 분단이 된 지 70년이 되었습니다. 우리 민족은 그동안 남과 북이 다른 체제와 다른 문화 속에서 두 세대에 걸쳐 살아왔습니다. 이로 인해 민족의 동질성조차 이질화된 점이 원만한 통일을 이루는 데에 많은 문제를 안고 있다고 봅니다. 이러한 남북 간에 이질적 차이점을 해소하는 데에 다양한 방법이 있겠지만, 선우숙 교수님이 연구하고 계신 '문화통로'가 매우 영향력이 있지 않나 생각되는데, 이점에 대해 말씀을 듣고 싶습니다. 민족의 동질성 회복을 위해 이질화된 점을 극복하고 통일을 이루는 데 어떤 방법이 있을까요?

선우숙 네, 70년이라는 긴 시간 속에 한국은 끝없이 세계를 향해 뻗어 나가는 자유로운 삶의 전진이었고, 북한은 단절된 시간 속에서 인간을 절대 우상화하는 이 지구상에서 찾아보기 힘든 삶을 살아가고 있지 않습니까? 그렇다면 사람들과의 이질감이란 당연한 일이지요.

제가 생각하기에는 분단 이후 끊임없는 노력으로 통일을 기다려 온 시간이 광복 70주년을 맞이하는 동시에 선교 130주년의 역사의 의미를 되돌아보며 문제와 해결 방법을 구체적으로 생각할 때가 되었다고 봅니다. 2000년 이후 세계화 시대, 정보화 시대 등을 시작으로 지구 구석구석 전파가 가지 않은 곳이 없습니다. 더 나아가 다양한 사람들이 만나고 섞여 살면서 문화로 소통하고 있는 시대에 여성들의 인격에 대해 폐쇄적인 인도까지 유튜브를 통해 그들의 삶을 동영상으로 전 세계에 알리는 놀라운 일도 일어나고 있으며, 북한의 특수한 지역까지도 시공간을 뚫고 들어가고 있는 것이 현실입니다.

이제는 모두가 문화의 흐름을 다양한 정보 매체를 통해 실감하고 있죠. 이런 시대에 "통일 대박"이라는 단어가 등장했고 수면 아래서 통일을 작업하며 기다리던 것이 수면 위로 올라왔습니다. 어느 곳, 어떤 일을 하든지 간에 통일이라는 말은 더 이상 특정 계층만이 필요한 것이 아닌 대한민국 모든 국민의 과제가 되어 가고 있지 않습니까? 정보와 문화를 통해 보이는 장벽과 보이지 않는 장벽까지도 무너지는 문화의 힘을 보면서 70년이란 폐쇄적인 북한의 체제를 와해시킬 수 있고, 문화와 각종 정보통신을 통해 북한 주민 스스로 깨어 변화를 받아들일 수 있는 기회로 여긴다면 바로 이때가 통일을 이룰 수 있는 기회가 아닌가 생각합니다.

5

박성배 북한에 대해서는 우리가 잘 알고 있듯이 정치체제와 사상과 삶이 지도자 한 사람을 우상화하는 것으로 사종교화되었습니다. 그러다 보니 북한 주민들은 우리와는 너무도 다른 환경과 문화 속에 살아왔기에 정치, 사회적 통합의 통일이 되기 전에 지금 우리가 누리고 있는 보편적 문화매체를 이용하여 북한 동포들에게 접근하는 것이 통일을 만들어 가는 데에 순리가 되지 않을까 생각합니다. 이에 대한 선우숙 교수님의 견해를 듣고 싶습니다. 그렇다면 보편적 문화매체를 어떻게 이용할 수 있을까요?

선우숙 통일의 문제는 정치나 경제로 풀어 나가는 것보다 서로 공유하고 공감할 수 있는 문화를 통해 접근하는 것이 우선이라고 봅니다. 현재 우리나라와 세계적인 흐름을 볼 때 문화를 삶의 한 가운데 놓고 경제와 정치가 이루어지고 있고 문화를 통해 자아 실현과 창의성으로 새로운 신지식이 문화로 나타나며 각종 생산성을 만들어 내고 있습니다.

문화가 삶이 되어 버린 현실에서 다양한 문화를 누릴 수 있도록 정부는 정책으로 돕고 국민은 다양한 문화를 체험하는 것으로 문화 접근의 기회를 확대해 나가는 국민행복, 국민복지를 하려고 노력하고 있습니다.

그렇다면 북한에도 이러한 문화복지를 정책으로 하여 북한의 고유한 전통문화를 복원, 보존하면서 관광을 유치하여 경제를 만들어 낼 수 있습니다. 또, 다양한 채널을 통해 전해지는 대중 문화와 새로운 문화 매체를 통해 닫혔던 마음을 치유하면서 자신의 자아 정체성을 회복할 수 있다고 봅니다. 이러한 과정에서 새로운 창의성이 나와 북한 사회에서도 새로운 생산성이 이루어질 수 있는 것이고 북한과 문화 교류를 통해 사고의 간극을 좁혀 가는 것은 통일을 위한 가장 빠른 방법이 될 수 있다고 봅니다. 유네스코에서도 세계 모든 사람들은 문화의 접근을 확대하며 참여하고 누릴 수 있도록 해야 한다고 하였습니다.

6

강석진 우리는 70년 동안 자유민주주의와 시장경제체제 속에서 북한과는 비교가 되지 않을 정도로 삶의 질과 환경이 압도적으로 우위를 점하고 있습니다. 특히 생활환경이 이제는 상당 수준으로 우리의 삶과 의식을 지배하고 있습니다. 문화도 역시 상위문화가 하위문화를 지배한다고 볼 수 있는데, 그렇다면 요즘 우리가 흔히 말하는 "한류문화"가 우리만의 문화가 아니라 이제는 세계 문화 속에 한류문화가 점차 그 영향력을 주고 있는 현상을 북한에도 전략적으로 이식시킨다면 민족의 동질성 회복에도 큰 영향을 주지 않을까 생각됩니다. 한류가 주는 의미는 어떤 것일까요?

선우숙 한류문화는 중국을 비롯하여 아시아에서 세계로 지속적으로 뻗어 나가고 있습니다. 한국 드라마 내용 안에는 외국인들이 느끼지 못하는 독특한 정서의 스토리가 있습니다. 우리나라만의 정서겠지요. 그런 스토리에 매력을 느끼면서 배우들이 입고, 먹고, 행동하는 모든 것들이 관심과 호기심의 대상으로 바뀌고 있습니다. 이로 인해 한국음식, 한국어, 한국 전통문화, 한국인에 대한 관심을 새롭게 하고 있습니다. 한류는 대중문화에서 K-Culture로 변화되어 부르고 있는데 드라마와 K-POP 이외의 한국문화_{K-Culture} 경험이 늘어나면서, 한국의 대중문화는 물론이고 한국문화 전반에 대한 세계인의 경험과 관심을 뜻하는 의미로 이행되고 있습니다.

이러한 한류의 바람은 경제적 파급 효과를 가져왔고, 관광유치를 비롯하여 각종관계 되는 산업에 영향을 미치고 있습니다. 그 외에도 IT산업, 자동차, 제조업 전반의 동반 성장을 가져왔지요. 이것은 국가 브랜드 상승으로 이어져 능동적인 세계 소비자들에 의해 형성된 자연 발생적인 현상입니다.

한류드라마의 영향이 중국에서 한국음식과 식품에도 선호성이 높아지고 있고, 북한에도 한국식품 중 라면이나 과자도 인기가 높아 암암리에 거래되고 있다고 합니다. 한류드라마, K-POP의 힘은 동남아시아에서의 그 파괴력은 정신과 삶을 변하게 만들었고, 중국에서의 한류드라마의 힘은 새로운 경제 흐름과 인식의 변화를 가져왔습니다.

북한에서 대규모 아사 사태가 있었던 90년 말부터 많은 북한 주민들이 압록강과 두만강을 넘어 중국으로 탈북을 시도했을 때 탈북자들과 중국 및 북한의 밀수업자들이 한류문화를 제일 먼저 접하면서 자연스럽게 그들을 통하여 남한의 한류문화가 북한으로 유입되기 시작했기 때문입니다. 한류문화는 갈수록 북한 내에 더 확산되면서 지금은 북한 젊은이들이 말투, 의복, 노래와 춤에 이르기까지 남한식 유행을 만들어 낼 정도로 광범위해졌습니다. 그런가 하면 중국에서의 한류는 북한 주민들에게도 영향을 주어서 탈북을 시도하는 데에도 가장 큰 영향을 주고 있다는 것이 현실입니다.

남북한의 음식문화로 교류가 이루어진다면 더욱 북한에도 적지 않은 변화를 줄 것 같습니다. 최근의 관광의 흐름을 살펴보면, 과거에는 각종 명소를 구경하는 단순한 호기심의 여행이었다면 요즘은 '테마여행' 또는 '체험여행'과 같이 내러티브적인 각자의 관심분야를 새롭게 경험하고 거기서 무엇인가 의미와 가치를 찾으려고 합니다.

이러한 흐름에서 다양한 관광객들에게 우리나라의 음식에 대한 관심과 소비가 증가하면서 글로벌 시장에서 음식은 관광상품으로서의 역할뿐만 아니라 국가나 지역의 이미지를 대표하는 상품으로도 인식되고 있을 만큼 그중요성이 커지고 있습니다. 뿐만 아니라 한국의 음식점들이 세계 도시에 진출하면서 한류는 빠르게 전 세계인이 한식에 입맛을 맞추어 가고 있습니다.

최근에 남과 북을 아우르는 한식 세계화 추진 필요성이 제기되고 있습니다. 이를 위해 남북 공동이 운영하는 해외 합작식당 개설과 세계 요리 경연대회 공동 참가 등이 세부 추진 사항으로 제시되고 있습니다. 이것은 음식문화를 통한 남과 북이 서로의 동질성을 찾으며 하나라는 인식으로 통일의 문을 열 수 있는 한 부분이 될 수 있다고 봅니다.

7

박성배 우리가 삶 속에서 누리고 있는 문화의 영역도 매우 다양하다고 봅니다. 대중문화 중에도 민속문화도 있고 보편적인 세계문화도 있는데 북한에 다양한 문화의 내용을 접근시키고 함께 공유하는 전략도 필요하다고 생각합니다. 그런 의미에서 볼 때에 어떤 전략이 필요하다고 보시는지요?

선우숙 다양한 대중문화를 통해 '북한'은 날이 갈수록 변하고 있는 것이 현실입니다. 이제까지 뉴스나 다큐멘터리를 통해서 알게 된 북한의 소식을 영화나 드라마 그리고 예능 프로그램을 통해 소개되고 있습니다. 일반적으로 북한 주민들의 변화에 있어서 막연하게 생각했던 것들이 다양한 프로그램으로 소개되니까 국민들의 관심도 달라지고 있음을 알 수 있습니다.

북한에서의 한류 열풍은 북한의 20-40대 사이의 신세대들 사이에서 개혁과 변화에 대한 욕구가 빠르게 확산되고 있습니다. 대중문화 중에 북한 젊은이들에게 가장 인기를 끌고 있는 것은 드라마와 가요인데 드라마에 출연하는 배우들의 옷차림이나 머리 모양을 따라하고 있습니다. 평양의 멋쟁이들 중에는 머리를 염색하는 젊은이도 있고, "가을동화", "겨울연가" 등은 북한 젊은이들 사이에서도 인기를 누리고 있습니다. 드라마 주제가들도 북한 젊은이들에게는 인기가 있습니다. 이런 시점에서 북한 주민들이 다양한 채널을 통해 문화를 접한다는 것은 정신적 가치와 의식이 바뀌고 있다는 것입니다. 이러한 흐름은 지극히 개인적이고 자율적인 사상과 공동의 이익을 중시하는 북한 내부의 가치관 사이의 충돌이 일어날 수 있는 부분이고 앞으로 확산되리라 봅니다. 언젠가부터 북한에 대한 종편방송 매체들의 소개로 인해 북한 주민들이 달라지고 있다고 느꼈는데 이런 변화에 의해서 그런가 봅니다.

이제는 냉전시대 종식으로 각종 첩보영화들이 사라지게 되면서 헐리우드는 새로운 시나리오를 통해 북한을 공공의 적으로 영화가 만들어지고 있습니다. 반면 우리나라 영화계에서도 북한이탈 주민들 속에 각종 직업에 종사하였던 특수한 각종 이야기와 증언을 소재로 하여 영화와 다양한 프로그램이 만들어지고 있습니다.

젊은 탈북 여성들이 출연해 북한의 생활상과 한국 사회에서 경험한 삶을 이야기하는 토크쇼 "이제 만나러 갑니다"가 오랜 시간 인기리에 방송 중에 있습니다. 프랑스의 모 일간지에서는 "이제 만나러 갑니다"라는 프로그램에 대해 "북한 이탈주민 여성들이 한국 TV 방송을 통해 자신들의 경험들을 리얼하게 표현하면서 지금의 삶을 감사하게 받아들이고 새로운 미래를 꿈꾸고 있다."고 소개할 정도로 주변 국가들도 관심 있게 보고 있음을 알 수 있습니다. 우리는 북한 이탈 주민들의 출연을 통해 그들이 탈출하기까지의 두려움과 고통을 알게 되었고 또한 사회에 잘 적응해서 긍정적인 생각과 새로운 의지로 살아가려는 모습을 볼 수도 있었습니다. TV로 시청하는 실향민의 가족들은 누구보다도 공감을 많이 할 것이며, 일반 시민들도 같은 민족이고 이웃이라는 공감대가 만들어지고 있다고 봅니다. 이는 남과 북이 하나가 될 수 있다는 가능성과 필요성을 더욱 느끼게 되는 부분이지요.

8

강석진 그러면 민족문화를 통한 동질성 회복에도 큰 도움이 될 수 있는 다른 분야를 생각한다면 어떤 문화 분야가 있을까요?

선우숙 가장 대표적인 것을 든다면 민족 유산에 대해 함께 조사하고 복원과 보존의 필요성에 대한 인식을 같이 하자는 데 뜻이 있습니다. 그것은 그 어떤 이유도 달 수 없는 같은 민족이라는 뚜렷한 명분이 있기 때문입니다.

대표적인 무형문화재로는 판소리, 가야금이 있는데 그중에 "아리랑"은 유네스코에 등재된 것을 계기로 같은 민족 고유의 문화 정체성을 확인할 수 있는 부분입니다. 북한에는 봉산탈춤, 강령탈춤, 북청사자놀음, 꼭두각시놀음, 배뱅이놀이 등 다양한 무형문화재가 있으며 고구려, 고려의 도성과 발해의 유적지도 있습니다.

더 나아가 남북한이 공유할 수 있는 민족문화 유산을 자국의 문화로 유네스코에 등재하려는 중국의 움직임에 대해 공동으로 협력해 나갈 수 있는 좋은 기회이기도 합니다. 문화적 소통을 통해 민족 동질성 회복을 위한 구체적이고 실천가능한 전략이면서 통일을 이루어 나갈 수 있는 작은 문이 될 수 있습니다.

9

강석진 대중문화의 영향이 우리의 삶과 의식에 상당한 영향을 주고 있죠. 그러나 우리 기독교인들이 이러한 대중문화를 모두 수용할 수는 없다고 보아야겠죠. 사실 우리는 세속문화와 기독교문화의 틈 속에서 늘 선택해야 하는 환경 속에 있는데, 우리가 북한선교라는 큰 명제를 충족하기 위해서는 우리 기독교인들이 북한 사람들이 세속적 문화의 홍수에 휩쓸리도록 방치할 것이 아니라고 봅니다.

선제적인 전략적으로 기독교문화를 북한 주민들에게 통일을 이루기 이전과 이후의 전략이 필요하다고 봅니다. 이에 대한 선우숙 교수님의 의견을 듣고 싶습니다.

선우숙 통일을 이루기 전의 전략으로는 통일을 위한 바른 가치관, 의식구조, 행동 등 통일문화를 건전한 방향으로 재정립해야 합니다. 우선 한국 교회 내에서 개교회주의로 가는 특성으로 인해 통일에 대한 생각도 하나로 이루지 못하고 있는 현실입니다. 일부 뜻이 분명한 교회말고는 통일이라는 의식조차 없습니다. 이제 교회와 신학교 그리고 성도들이 통일에 대한 인식을 달리하는 것이 우선되어야 합니다. 그리고 같은 민족이고 가까운 이웃인 북한 주민을 사랑하는 마음으로 간절히 기도로 준비해야 한다고 봅니다.

그리고 이에 못지않게 중요한 과제는 토착화된 선교 인재를 양성해야 한다는 것입니다. 통일 후 북한 주민을 불쌍하게만 본다든지, 부담스런 존재로 보는 것이 아니라 그들의 삶과 영혼까지도 사랑할 수 있는 마음이 선제될 때에 이질화된 문화를 극복할 수 있습니다. 통일의 문이 열리면 제일 먼저 북한 이탈주민이 그 사역의 주인공이 될 수 있습니다. 현재 2만 8천여 명의 북한 이탈주민에게 복음을 전하여 그들 스스로 고향 사람들을 생각할 수 있는 마음을 갖게 하는 것입니다. 그들에게 직업훈련교사, 직업인, 기술전문가, 다양한 자격자, 사업가, 공무원, 교수, 교사, 의사 등의 전문가로서 북한 주민을 교육하고, 지도하는 역할을 키워 나가는 것도 한 부분입니다.

북한 이탈주민이 남한의 문화생활과 삶에서 터득한 다양한 이해를 통해 북한 동포들에게 가교 역할을 하고 자신의 신앙생활에서 체득한 하나님의 은혜를 간증한다면 살아 있는 복음 증거가 될 것입니다. 그러면 그들이야말로 이미 준비된 북한 사역자들로서 복음과 문화의 전령들이 될 수 있다고 봅니다.

맺는말

강석진 오늘은 통일을 앞당기고 통일을 만들어 나아가는 데에 문화라는 매체를 통해 우리가 어떻게 분단으로 인한 민족의 이질성을 극복하고 문화를 통한 전략적 접근과 해법에 대해 말씀을 나누어 보았습니다. 이 주제가 너무 광범위하기에 선우숙 교수님을 다음 시간에 다시 한 번 모시고 문화를 통한 통일에 대해 구체적인 말씀을 듣도록 하겠습니다.

우리가 통일을 만들어 가야 하는 시대적 요청에 하나님 나라의 문화가 선제적으로 북한을 변화시켜야 될 것이라는 생각을 다시 한 번 해 보게 됩니다. 주님의 크신 은혜가 극동방송의 모든 가족들과 북녘의 동포들에게도 늘 함께하시기를 주님의 이름으로 축원드립니다. 안녕히 계십시오. 감사합니다.

문화와 통일 비전 2

강석진 지난 한 주간도 주님의 은혜 가운데 평안하셨습니까? 지난 시간에는 우리가 문화라는 개념과 통일을 이루는 데 문화 매체를 어떻게 접근시켜 남과 북의 이질화된 우리 민족을 동질화하는가, 그 외에도 상당히 포괄적으로 말씀을 나누어 보았습니다. 그래서 이 시간에는 현실적으로 북한선교라는 큰 개념 속에서 어떻게 우리의 다양한 문화를 접목시키고 실용화시킬 것인가와 문화를 통한 복음의 전달에 대해서 짚어보도록 하겠습니다.

1

강석진 한국의 현대사에서 가장 존경받는 인물 중에 김구 선생님 하면 독립운동가라는 고정된 인식이 있는데 사실은 정치적인 면만 아니라 사상적으로나 신앙적으로도 존경받는 분이시고 문화 면에도 상당히 앞선 선각자적인 분으로 알고 있습니다. 백범 김구 선생님께서 문화에 대해 상당히 의미 있는 말씀을 주셨는데, 그 말씀이 한국 교회가 통일을 지향하는 데에도 사표가 될 수 있는 말씀이라고 생각됩니다. 선우숙 교수님께서 이에 대해 많은 연구를 하신 것으로 알고 있습니다.

선우숙 백범 김구 선생님은 『백범일지』에 "내가 꿈꾸는 우리나라가 세계에서 가장 강한 나라가 되기보다는 가장 아름다운 나라가 되기를 원한다. 내가 남의 침략에 가슴이 아팠으니 내 나라가 남을 침략하는 것을 원치 않는다."라고 하셨습니다. 또 "우리의 부력富力이 우리의 생활을 풍족히 할 만하고 우리의 강력強力이 남의 침략을 막을 만하면 족하다. 오직 한없이 가지고 싶은 것은 높은 문화의 힘이다."라고 하시면서 "문화의 힘은 우리 자신을 행복하게 하고 나아가서 남에게도 행복을 주기 때문이다."라고 말씀했습니다.

세계 강대국들의 힘이 어디서 나오는가를 김구 선생님은 잘 아셨던 것입니다. 문화는 그 나라의 정신이며 힘이었기에 문화의 힘이 바탕이 되어 군사력과 경제력까지 힘이 될 수 있었다는 것을 말하는 것입니다. 우리나라 역시 유구한 역사를 가지고 있고 그 역사 속에 흐르는 문화는 정신 속에 자리하고 있다고 봅니다. 군사력과 경제력이 아무리 강해도 문화의 정신이 흐르지 않고 간직한 문화가 없다면 지켜 주지도 못합니다. 반면에 군사력과 경제력이 약해도 고유한 문화의 정신이 흐르고 삶이 만들어진다면 그 문화는 끝없이 시대를 이어 발전되고 이어갈 것입니다. 통일 이후의 북한은 서서히 문화의 맥을 찾아 회복되어질 것이고 남한에서 일어나는 한류문화의 흐름을 북한과 손잡고 함께 세계에 뻗어나간다면 놀라운 문화 강대국이 되리라고 봅니다.

2

박성배 우리 민족은 오랫동안 많은 외침과 고난이 있어 왔지만 우리는 우리 고유의 문화를 만들며 이어져 내려왔고 현대사에 들어서는 산업화와 민주화를 성취한 선진국이 되었습니다. 그래서 무역 강국으로 우뚝 서게 되었고 20여 년 전부터는 자연스럽게 한류문화가 형성되어 이제는 세계 곳곳에 한국의 영화, 음악, 드라마, 음식 등 다양하게 세계인이 알고 즐기는 세계 문화의 중심권으로 들어가는 문화강국이 되었습니다.

그런데 정작 북한만이 그러한 한류문화에 가려져 있습니다. 북한을 복음화하는 측면과 북한을 기독교 문화권에 접근시키는 선교 전략이 절실히 필요하다고 생각됩니다. 그렇다면 우리가 좀 더 능동적으로 한류문화를 북한에 보급시키고 그로 인해 민족의 동질성 회복과 자긍심을 갖도록 하는 전략이 필요하다고 봅니다. 그런 측면에서의 북한을 향한 효율적인 문화선교라면 어떤 콘텐츠가 있을까요?

선우숙 우리는 선교를 생각하면 먼저 전도해야 한다는 것을 생각합니다. 그 이유는 개개인이 하나님을 만나 인식의 전환을 통해 새로운 생각을 하면서 현실을 바꾸려는 의지를 만들어야 한다는 것이죠. 하지만 현재의 북한 상황은 직접적인 전도를 할 수 없는 많은 제약이 있습니다. 그렇다면 이러한 현실 속에서 가장 효과 있는 선교접근 방법은 바로 사랑과 섬김에 기초한 문화를 통한 봉사라는 접근 방법입니다. 이 봉사는 정치와 경제와 달리 국경을 쉽게 넘을 수 있고 사상의 한계성을 극복하면서 그리스도의 복음의 핵심을 말이 아닌 몸과 삶으로 변화된 시대의 현실을 보여 줄 수 있기 때문입니다. 더욱이 북한 사회처럼 폐쇄된 사회에 주체사상으로 쇄뇌된 이들에게는 현 단계에서 가장 효과적인 선교의 접근방법이 될 수 있는 3가지를 제시하고 싶습니다.

3

강석진 그러면 그 세 가지 방법의 내용을 구체적으로 설명해 주시기 바랍니다.

선우숙 예, 첫째는 전파 매체를 통해 북한 지하 교회를 돕는 것입니다. 극동방송이나 다른 매체를 통해 공급되는 다양한 정보와 문화를 통한 복음의 전달은 그들에게 살아 있는 이유가 되면서 사명감을 갖게 합니다. 그 사명은 기도의 힘으로 통일을 이룰 수 있다는 확고한 의지로 바뀌게 되면서 결국 하나님이 일하고 계신다는 믿음을 갖게 하는 것입니다. 기도와 소망은 새로운 변화의 시대를 통해 이루어진다고 봅니다.

둘째는 중국과 조선족 교회와 선교사들의 역할이 크다고 봅니다. 자본주의 국가는 학교를 세우고 병원을 세워서 선교를 할 수 있지만, 사회주의 국가는 체제 유지가 중요하기 때문에 쉽게 개방하지 않습니다. 통일의 시기에 맞추어서 90년대 말부터 불어오는 한류문화 바람은 중국을 통해 북한 주민을 위한 준비된 흐름으로 볼 수밖에 없습니다. 따라서 광범위하게 중국에 불고 있는 한류문화 바람을 통해 중국 교회와 조선족 교회들을 훈련시켜서 북한 전도를 준비해야 합니다. 거리상으로도 북한과 최접근의 지리적 이점을 가지고 있죠. 북한의 보따리장수, 밀수입자들, 탈북하는 사람들이 빈번하게 드나드는 곳이기 때문입니다.

북한 사람들이 제일 먼저 듣고 보고 경험하는 것들이 그들 자신들의 사고를 변화시키기 때문입니다. 그리고 다시 북한으로 들어가 삶의 저변에서 전해지는 소식은 변화라는 바이러스를 심어 주는 것입니다. 신앙과 자유가 없는 곳에 오직 주체사상만이 있었지만, 그 사상이 한류문화라는 매체와 중국과 조선족 그리고 선교사들의 사역으로 인해 세상이 변화되고 있다는 사실을 저들이 공감하게 될 때 놀라운 새로운 변화가 나타날 것입니다. 복음과 한류문화의 바람과 더불어 북한의 문화를 연결시켜 그 상황에 맞게 접근하는 기막힌 방법이 지금의 통일을 바라볼 수 있는 놀라운 가능성을 갖게 하는 것입니다.

셋째는 북한 이탈 주민들의 도움을 받아야 합니다. 현재 남한에서 살고 있는 북한 이탈주민들은 대부분 하나님을 만나 새로운 삶을 살고 있는 분들이 많습니다. 이들의 경험은 살아 있는 경험이고 그 경험에서 오는 신앙은 현지에 가서 복음을 전하는 토착화된 전도가 될 것입니다. 누구보다도 북한의 문화를 잘 알고 있는 상황에서 다양한 문화를 체험하고 느껴지는 것들을 전할 때 변화의 흐름에서 하나님이 계시다는 것을 확증할 수 있다고 봅니다.

복음 전달의 과정은 복음이 유래한 문화 또는 그 복음이 선포될 지역의 문화와 분리될 수 없기 때문입니다. 해방 이전에는 남한보다 북한의 신앙인이 더 많았다고 합니다. 그들 중 일부가 북한에 남아 대를 이어가며 통일의 소망을 품고 살아온 지하 교회의 성도들과 미리 보냄을 받아 훈련받고 다시 돌아가 전도할 북한 이탈주민들의 역할은 이미 준비된 사역자들이라는 것을 알 수 있습니다.

결국 북한을 복음으로 전도할 사역자들은 북한에 남은 자들과 미리 와서 훈련받고 돌아가는 북한 이탈주민과 70년 가까이 기도하며 염원하였던 남한으로 피난 온 이산가족들의 기도와 간절함의 결실이 가까이 오고 있지 않나 조심스럽게 생각해 봅니다.

4

박성배 제가 생각하기에는 통일전략에는 통일 전의 활동과 통일 후에 북한 주민들과 그 땅에 남아 있는 소수의 기독교인들을 대상으로 기독교 문화를 다양하게 접근시키고 그들의 삶속에 잘 적용시키며 실용화하는 전략도 필요하다고 봅니다. 우리가 100여 년 전에 서구의 선교사들이 들어와 복음만 전한 것이 아니라 의료와 서구 학문과 다양한 문화를 전해 줌으로 이 땅에 기독교 문화와 서구 문화가 우리 민족을 기독교화하는 데 결정적인 역할을 했습니다. 그렇다면 통일 후에도 우리가 북한 주민들에게 복음사역과 함께 문화사역을 만들어 널리 대중화하여 보급하는 것이 북한의 복음화의 저변을 크게 확산시키는 중요한 사역이 될 것이라 봅니다. 그 당시에 외국 선교사들을 통해 기독교의 복음이 들어옴으로써 우리 민족에게 어떤 영향을 주었다고 생각하시는지요?

선우숙 올해가 선교 130년이 되는 해입니다. 이 시점에서 우리에게 복음을 전해 준 처음을 상기할 필요가 있습니다. 복음은 우리와 전혀 다른 곳에서 온 사람들에 의해 전해졌습니다. 단순한 전달이 아닌 복음에 근거한 그들의 삶 전체를 가져왔습니다. 그리고 그들은 극한 상황에서는 아낌없이 순교까지도 했습니다.

그들이 전해 준 것이 단순한 문화만 있을까요? 그때 그 상황에서는 그들의 삶이 우리에게는 획기적인 것이었습니다. 의료와 구제, 교육 등 서양 문화는 현재 우리가 누리는 삶의 전반을 만들어 주었습니다. 샤머니즘과 불교, 유교 등이 삶과 정신에 깔려 있는 상황에서 복음이 들어 온 새로운 삶은 우리의 눈을 뜨게 해 주었고 미래를 바라보는 안목도 만들어 주었습니다. 종교의 자유가 보장되는 우리나라에서는 부인할 수 없는 기독교 문화가 초석이 되어 지금까지 발전되어 온 것은 부인할 수 없는 사실입니다.

5

강석진 2000년 이후에 세계화와 정보화로 인해 문화의 이동은 급속히 변하는 것 같습니다. 이러한 새로운 변화의 물결을 어떻게 통일과 접목시켜야 할까요?

선우숙 우리가 생각해야 할 것은 지금의 문화는 지난날과는 확연히 다르다는 것입니다. 정보과학의 발달로 전 세계인들이 빠르게 왕래하면서 하나님을 모르는 곳에서의 습관과 관습이 전통문화라는 이름으로 쏟아져 유입되는 현실입니다. 기독교 문화라는 것은 근본적으로 하나님을 아는 것에서 출발하는 것입니다. 하나님을 사랑하고 하나님께 순종하며 삶 속에서 표현되는 것들이 문화로 나타나야 하는 것인데, 오늘의 현실에서는 기독교 문화가 소수로 전락되었고 심지어는 없어도 전혀 무관한 느낌마저 들게 합니다. 그러나 평양에서 시작된 기독교 부흥이 지금도 분명히 계속되고 있는 것을 부인할 수 없습니다. 모든 것은 변하여도 복음은 살아 있고 통일의 때에 다시 북한에 복음의 물결이 평양과 북녘을 변화시킬 것이라 봅니다. 그렇게 되면 그 회복이 점화되어 다시 북한 주민들의 삶과 의식 속에 복음적 문화로 바꾸어지리라고 봅니다. 그러기 위해서는 한국 교회는 다양한 복음적인 문화를 위해 하나님이 부여하신 창의적인 능력을 발휘해야 합니다. 그래서 북한 주민들에게 적합한 문화와 생활 프로그램을 만들어 전략적으로 북한의 변화와 복음화를 위해 힘을 모아야 한다고 봅니다.

6

박성배 선우숙 교수님께서는 목회상담학도 공부하신 전문가이시도 한데, 북한 동포들이 70년 동안 세계에서 가장 혹독한 인권 사각지대에서 많은 고통과 시련을 겪어 오지 않았습니까? 그렇다면 당연히 북한 주님들 대부분이 정서적, 정신적으로 많이 피폐해져 있을 것입니다. 그러한 저들의 감성과 인성에 많은 치유가 필요하다고 봅니다. 독일의 경우도 보면 특히 상류층 사람들이 통일이 된 후에 자신들의 존재감의 상실과 서독인들에 대한 열등의식이 생겼고, 상처를 받은 사람과 상처를 준 가해자 등 모두가 사회병리학적으로 심각한 갈등과 문제들이 있었음을 알고 있습니다. 아마 남과 북이 통일되면 이러한 문제들이 독일보다 더 표출화되어 사회적으로, 가정적으로 심각한 문제가 될 것 같습니다. 통일 이후에 준비된 목회돌봄사역과 상담사역의 필요성이 있지 않겠나 생각됩니다.

선우숙 네, 그렇습니다. 다양한 목회돌봄과 상담역할이 절실히 필요할 것이라고 생각합니다. 북한 주민은 누구를 막론하고 처절한 불안과 공포심과 싸우고 있습니다. 서로를 믿을 수 없는 관계는 조직을 넘어 가족관계에서도 이루어지고 있는데 통일 이후에는 새로운 삶에서 불안이 가중될 것입니다. 우선 통일 이후의 새로운 사회의 변화 앞에서 북한 주민들은 정서적, 심리적으로 혼란을 경험하게 될 것입니다. 가족 역할의 변화, 결혼, 성 역할과 같은 생활 면에서 다양한 위기에 직면하게 됩니다. 이때 슬픔, 소외와 외로움, 자존심 손상, 편집증, 죄책감, 왜곡 등이 수반되는데 슬픔grief은 난민과 이주민들이 경험한 것과 같이 북한 주민들 또한 수많은 고통과 상실감에 대한 정서적 반응이 올 것입니다. 죄책감 역시 새로운 사회에 대한 적응을 어렵게 하는 심리·사회적 문제라고 할 수 있는데, 그것은 꿈에도 그리던 자유와 새로운 삶의 시작을 앞에 두고 자신만이 누린다는 생각에 미안함이 큰 것입니다.

그리고 가난과 억압 속에서 죽음을 경험한 가족들은 존 볼비John

Bowlby가 말하는 애착의 불가피성 inevitability으로 슬픔과 많은 관계가 있다고 합니다. 애착관계에서 분리나 상실로 인해 공포와 죄책감이 생긴다면 애도 과정을 통해 자아를 재구성해야 합니다. 그러나 적절한 애도를 하지 못한 채 가슴에 묻고 살아왔기에 혼란과 두려움, 우울증, 고통, 불안, 공포의 감정들을 표현할 수 있도록 관계적인 돌봄으로 도와주어야 합니다.

마르틴 루터는 "우리는 슬픔이 절제되어야 하지만 본능적인 긴장을 나타내는 것은 수치스럽거나 믿음이 없는 것은 아니다. 우리는 목석이 아니며 목석이 되어서는 안 된다. 인간의 애착은 모든 만물에 대한 하나님의 의도이다. 그러므로 애통해하지 않는 것은 불신앙의 표시라고 할 수 있다."고 했습니다.

이러한 총체적인 문제에서 통일 이후 제일 중요시되는 것은 북한 주민들의 고통과 심리가 조금은 차이가 있을 수 있지만 심리적 위기와 정신적 위기 그리고 가족 위기, 문화 적응 위기 등에서 어떻게 도울 수 있나 하는 것입니다.

따라서 통일로 인한 새로운 사회에서의 적응을 위해 각계각층의 배려와 전문가들의 생애 맞춤 프로그램에 의한 치유와 미연에 방지하는 상담이 많이 이루어져야 한다고 생각합니다.

7

강석진 선우숙 교수님은 선친들이 이북 지역에서 신앙생활을 하셨다고 하는데 앞으로 통일이 되면 어떤 사역을 하시고 싶으신지요? 마지막으로 본인의 선교 계획에 대해 말씀해 주시죠.

선우숙 우리나라에서 복음의 시작은 복음 전도와 함께 구제와 교육으로 이어지지 않았습니까? 복음을 통한 영혼 구원은 삶을 새롭게 살아가게 만드는 시작이 되는 것이지요. 그런 면에서 볼 때 긴 시간의 단절과 폐쇄적인 삶 속에서 많은 것을 잃어버린 북한 주민의 삶은 그야말로 병든 자들이고, 억눌린 자들이고, 상처받은 자들입니다. 북한체제에 대한 공포심, 생존의 처절한 열등감에 갇혀 부적절한 자신을 방어하기에 급급하고 강박관념에 사로잡혀 있는 이들의 삶은 전적인 하나님 사랑으로만 회복이 가능하다고 볼 수 있습니다.

지금 자신의 모습 그대로를 사랑하는 하나님을 인격적으로 만나 자신의 병리적 상태를 객관적으로 보는 내적 힘을 키울 수 있게 만드는 것이 치유의 핵심이라고 생각합니다. 이러한 흐름에서 통일이 이루어진다면 전인적인 치료가 가능한 성령께서 함께하시는 목회 돌봄과 실존적인 상담을 통해 북한 주민들이 하나님을 만나 자신의 존재를 회복하고 새로운 삶에서 기회를 찾을 수 있도록 돕는 사역을 하고 싶습니다.

우선 통일이 되면 아버지의 고향인 평북 정주를 가 보고 싶습니다. 평북 정주를 중심으로 하얼빈까지 살펴보고, 가능하면 그곳에서 선교 사역을 하고 싶은 생각도 듭니다. 더 나아가 유럽으로 향하는 철도를 타고 해외 선교까지 내다보면서 북한 주민들을 훈련시켜 새로운 복음의 사역자들로 만들어야겠다는 계획을 해 봅니다. 그들 자신이 지역적인 환경에서 누구보다도 공감하며 하나님 사랑을 전할 수 있기 때문입니다.

또 한 가지는 상담치유 교육센터를 만들어 연령층에 맞는 돌봄 상담과 다양한 교육을 통해 그들 스스로 치유방법을 터득할 수 있도록 하는 사역입니다. 복음과 상담교육을 통해 자신의 경험을 토대로 같은 처지의 이웃을 위해 돕고 위로할 수 있도록 봉사할 수 있게 하는 교육사역을 하려 합니다.

맺는말

강석진 선우숙 교수님께서 2회에 걸쳐 문화를 통한 통일전략과 북한선교의 비전에 대해 말씀해 주셨습니다. 이 땅에는 고향을 이북에 두고 오신 세대들이 이제 거의 소멸되어 가고 있고, 그 후세들이 실향민 2세와 3세로 이어져 가고 있습니다. 한반도가 분단되고 절반이 공산화되어 북한에도 역시 분단의 고통 중에 있는 세대들이 많을 것입니다. 이제는 분단의 70년 고통의 아픔을 종식시키고 다시 싸맬 수 있도록 통일이 속히 와야 될 것입니다.

하나님께서는 고난과 절망 중에 있는 택하신 백성들에게 이와 같이 희망적인 말씀을 주고 계십니다. 예레미야 33장 6-9절까지 말씀입니다.

> 그러나 보라 내가 이 성읍을 치료하며 고쳐 낫게 하고 평안과 진실이 풍성함을 그들에게 나타낼 것이며 내가 유다의 포로와 이스라엘의 포로를 돌아오게 하여 그들을 처음과 같이 세울 것이며 내가 그들을 내게 범한 그 모든 죄악에서 정하게 하며 그들이 내게 범하며 행한 모든 죄악을 사할 것이라 이 성읍이 세계 열방 앞에서 나의 기쁜 이름이 될 것이며 찬송과 영광이 될 것이요 그들은 내가 이 백성에게 베푼 모든 복을 들을 것이요 내가 이 성읍에 베푼 모든 복과 모든 평안으로 말미암아 두려워하며 떨리라.

하나님께서 이 말씀과 같이 북녘의 모든 성읍이 치료되는 그날을 간절히 소망합니다. 안녕히 계십시오. 감사합니다.

채원암

프로필
- 서울대 신문대학원 석사
- 파리대학 정치학 석사
- 주 영국대사관 1등 서기관
- 주 베를린 총영사 역임
- 외교부외교안보연구소 명예연구위원
- 고양시 사회복지 분과위원장
- 하늘비전감리교회 장로

수상
- 1979년 모범공무원
- 2000년 황조근정훈장

독일 통일의 교훈과 한반도 통일

대담: 채원암 외교연구원
진행: 강석진, 박성배
방송일: 2015년 10월 3일, 7일

독일 통일의 교훈과 한반도 통일 1

강석진 안녕하십니까? 〈통일을 앞당겨 주소서〉 진행을 맡은 강석진 목사입니다. 오늘도 진행을 함께해 주실 한우리미션벨리 대표이신 박성배 박사님이 함께하셨습니다. 이 시간에는 오랫동안 외교관으로서 활동하시는 가운데에 1990년에 독일 베를린 총영사로서 독일의 통일을 이루는 역사 현장에 계셨던 채원암 외교연구원님을 모셨습니다. 누구보다도 외교관으로서 남다른 정치와 역사에 대한 통찰력을 가지고 독일의 통일을 지켜 보셨기에 한반도의 남과 북의 통일에 대한 전문적인 통찰력과 통일 비전을 가지고 계시리라고 생각합니다. 또 고향을 북녘에 두고 오셨기에 통일에 대한 열망이 크실 것으로 봅니다. 2회에 걸쳐 우리보다 먼저 통일을 이룬 독일 통일이 우리에게 주는 교훈과 통일전략에 대해 귀한 말씀을 나누어 보도록 하겠습니다.

먼저 통일에 많은 관심을 가지고 계신 극동방송 가족들과 북녘에서 통일을 갈망하면서 이 방송을 듣고 계시는 북한 동포들에게 인사 부탁드립니다.

채원암 안녕하십니까? 라디오를 통하여 문안드립니다. 주님의 은혜가 이 방송을 들으시는 남과 북의 모든 분들의 가정과 일터 위에

늘 충만하시기를 축원드립니다. 감사합니다.

1

강석진 채 연구위원님께서는 요즘도 외교·통일·안보 강사로서 많은 활동을 하고 계시는데, 먼저 자신의 공직 이력과 25년 전에 통일을 이룬 독일이 한국과는 어떤 관계인지에 대해 소개해 주시면 감사하겠습니다.

채원암 예, 저는 1968년 외교부에서 임용을 받고 1972년 첫 해외 근무지로 주 독일 한국 대사관에 파견되어 3년을 근무했습니다. 그후 1990년에 주 베를린 총영사로 부임하여 1993년까지 3년간 근무하였습니다. 이때가 바로 독일 통일이 시작되는 시기였습니다. 외교관이 같은 나라에 2번 근무하는 경우는 흔치 않은 일입니다. 두 번에 걸친 독일 근무를 통하여 독일에 대하여 많은 것을 보고 공부했습니다. 독일 통일을 보면서 한반도 통일에 대하여 많은 것을 생각했습니다. 특별히 독일 통일은 한반도 통일의 반면 교사라고 많은 사람들이 이야기합니다.

독일은 전통적으로 우리나라와 친밀한 관계를 유지하고 있는 주요 우방국 중 하나입니다. 박정희 정권은 집권 초기에 조국 현대화와 산업화의 시동을 걸기 위하여 많은 돈이 필요하였습니다. 한일협정 체결을 서둘렀으나 여러 가지 난관으로 진척이 늦어지자 1964년 12월, 박정희 대통령은 서독을 방문하여 재정차관을 교섭하여 차관 도입에 성공합니다. 이때 서독 정부의 요청으로 양국이 간호사와 광부 파견에 합의하고 1965년부터 1980년까지 15년 동안 약 3만여 명의 간호사와 광부가 서독에 진출하게 되는데 이것이 소위 '산업형 이민'의 효시가 되었던 것이죠. 이후 한국과 서독은 여러 가지 어려운 국제 정치적 문제가 있었음에도 서독은 한국 산업화에 경제적으로 많은 도움을 주었고 또한 냉전체제 속에서 분단이라는 공통의 고통을 공유하면서 유엔 등 국제정치 무대에서 언제나 한국의 손을 들어주었습니다. 1990년 주 베를린 총영사로 부임하여 1993년까지 약 3년간 독일 통일의 모습을 직접 보았고 많은 것을 보고 공부할 기회가 있었습니다.

지금 우리나라의 화두는 한반도 평화통일입니다. 이 한반도 평화통일은 지금 이 시대에 지속적으로 제기될 시대 정신이기도 합니다. 앞으로 남은 생을 한반도 평화통일을 위한 통일 전도사로서 모든 열정을 바치려고 생각하고 있습니다. 또 개인적으로는 저의 부모님 고향은 함경남도 북청이고 처가도 평안북도 신의주입니다. 저의 집안 선대들이 모두 고향이 이북이기 때문에 한반도 통일에 대하여 특별한 관심과 열정을 가지고 있습니다.

2

박성배 그러면 본론으로 들어가서, 독일의 통일이 어느 날 갑자기 이루어진 것은 사실이지만 많은 사람들이 독일의 통일은 준비된 통일이었다고도 평가하고 있습니다. 사실상 독일은 통일 이전에는 주변의 독일을 둘러싼 미·소와 유럽강국들의 외교 관계라든지 또 독일은 1, 2차 대전의 전범국이었기에 독일 통일에 대한 많은 저항이 있었던 것으로 알고 있습니다. 역대 독일 정부는 이러한 문제들을 어떻게 해결했나요? 역사적인 관점에서 설명을 부탁드립니다.

채원암 1948년 8월, 2차 대전 전승국인 미국·영국·불란서의 점령 지역에서 전승 3국의 승인 아래 독일연방공화국 소위 서독정부가 출범하였습니다. 그리고 소련 군정 지역에서도 1949년 10월 독일사회주의 인민공화국, 즉 동독정부가 수립됩니다. 그러나 서독은 서독만이 자유선거에 의해 수립된 유일한 합법 국가로서 독일을 대표할 수 있는 권한이 있다고 주장하면서 동독 정부는 민주적 절차에 의해 세워진 정부가 아니라는 이유로 동독 정부를 인정하지 않았습니다. 대한민국이 한반도에서 유일한 합법 정부이며 북한을 합법적인 국가로 인정하지 않는 것과 같습니다.

1955년, 서독은 소련의 두 개의 독일론에 맞서고 할슈타인 원칙을 발표하게 되는데 할슈타인 원칙이란 소련을 제외하고 동독과 외교관계를 맺는 나라와는 수교하지 않는다는 원칙을 말합니다. 우리나라도 이 할슈타인 원칙, 즉 북한과 외교관계를 갖는 나라와는 수교하지 않는다는 원칙을 1970년까지 유지했습니다.

1968년, 사회당의 빌리 브란트 수상이 집권하면서 추진한 소련, 동유럽 및 동독에 대한 화해, 협력정책을 "신동방정책"이라고 부릅니다. 이 신동방정책으로 동구권과 수교를 하게 됨으로써 할슈타인 원칙을 폐기하게 됩니다. 이 신동방정책이 동서독 통일에 결정적 영향을 미쳤다고 주장하는 국내학자들이 있으나, 이 정책은 동독의 변화에 긍정적인 영향은 미치기는 하였으나 통일에 직접적인 영향을 미치지 못하였다는 것이 독일내 학자들 간에 정설로 되어 있습니다.

서독의 통일정책은 몇 가지 특징을 지니고 있습니다. 첫째, 통일이 기본법상의 명제로 설정되어 있었지만 1989년 베를린 장벽 붕괴 이전까지는 어느 정부, 어느 정당도 통일을 현실적인 정책 목표로 설정하거나 적극적인 통일 정책을 추진하지 않았습니다. 1,2차 세계대전에 원죄가 있는 독일은 정치인들이나 언론인들은 통일을 언급하면 나치의 민족주의로 회기하는 것으로 금기시하였습니다. 또한 냉전체제 하에서 통일이 사실상 불가능할 것이라고 생각하는 데다가, 통일의 열쇠를 쥐고 있는 2차 대전 전승국들이 독일 통일을 원하지 않았고 독일 국민들은 "통일을 외칠수록 통일이 멀어질 것"이라는 생각을 가지고 있었습니다. 베를린 장벽이 무너진 1989년에도 독일 통일이 실현될 것이라고 믿는 사람은 별로 많지 않았습니다.

둘째, 서독의 양대 정당인 기독교민주당과 사회민주당은 서로 명확히 다른 통일 노선을 추구하고 있어 집권당이 바뀔 때마다 내독정책의 기조가 상당히 변화하였습니다. 친미 보수 정당인 기민당은 "힘의 우위"에 바탕을 둔 통일정책을 추진한 반면에 사회주의 정당인 사민당은 통일이 사실상 어렵다고 보고 "접근을 통한 점진적 변화"의 정책 아래 동독과 교류 협력을 증진함으로써 사실상의 통일을 이루는 것을 목표로 하고 있었습니다.

서독의 동독 내부에 대한 몰이해 및 과도한 낙관적 평가, 통일 시나리오 부재 등 통일 준비 부족으로 인해 필연적으로 통독 이후 엄청난 후유증을 자초하게 된 것입니다. 기민당의 '힘의 우위' 이론과 사민당이 주장하는 '접근을 통한 점진적 변화'가 우리나라에서도 비슷한 양상으로 통일 논의가 전개되고 있는 것에 주목해야 합니다. 독일 통일의 원동력은 "힘의 우위정책"이었다는 것을 대부분의 학자들이 인정하고 있습니다.

3

강석진 독일 통일이 정치·외교 측면에서 볼 때에 시대적 시행착오가 있었고 정당 간에 통일정책에 대해서는 반목이 있었지만 결과적으로는 통일을 성취한 점은 국력의 힘이 크게 작용된 것 같습니다. 분단된 동안에 서독 정부와 민간단체와 교회 차원에서는 통일 준비와 과정이 있었다고 하는데 우리에게 좋은 귀감이 될 수 있는 사례들이 있으면 말씀해 주시죠.

채원암 서독 정부는 1962년부터 1989년 11월 베를린 장벽이 무너질 때까지 27년 동안 총 34억 6,400만 마르크_{약 17억 3천만 불} 상당의 대가를 지불하고 동독 정치범 33,755명과 그 가족 25만여 명을 서독으로 데려왔습니다. 정치범 1인당 약 10만 마르크_{약 5만 불}를 지불한 셈입니다. 이것을 자유를 사온다라는 Freikauf라고 합니다. 인권 내지는 인도적 차원의 교류입니다. 동서독 정치범 석방 거래는 1962년 서독 개신교 연합회가 옥수수, 석탄 등 트럭 3대 분의 물품을 몸값으로 지불하고 동독에 수감되어 있던 반체제 성직자 150여 명을 서독으로 데려온 것을 계기로 시작되었습니다. 서독정부는 이 "Freikauf 정책"을 긍정적으로 평가하고 정부가 예산을 지원하고 개신교 단체 책임 아래 이 사업을 진행합니다. 이와 같이 시작된 인권정책은 시간이 지나면서 반체제 인사 또는 정치범 뿐만 아니라 간첩 등 범죄자들도 포함하게 되었습니다. 동독 측은 Freikauf 대금을 현물이 아닌 현금 지불을 요구하였으나, 서독 측은 27년간 세 번을 제외하고는 몸값을 곡물, 바나나 등 소비재 중심으로 지급하였고 몸값의 규모가 점차 커지면서 원유, 구리, 은 등 원자재를 공급하였습니다. 27년간 단 세 차례만 현금을 지불하였다는 대목은 우리가 눈여겨 보아야 할 점입니다. 서독 정부가 막대한 대가를 지불하면서 동독 정치범을 서독으로 데려온 것은 인도적, 도덕적 측면을 중시했기 때문이다.

대북지원에 원칙이 있어야 합니다. 예를 들어 작년 10월에 방한

한 브란트 수상의 동방정책 설계자인 에곤바 대통령 특별보좌관은 북한에 경제지원을 할 경우 지켜야 할 원칙이 세 가지가 있다고 하였습니다.

첫째는 북한의 요청이 있을 때, 둘째는 반드시 대가를 받는다, 셋째는 북한 주민이 한국이 지원한 사실을 알 수 있는 방법으로 지원한다.

이 세 가지 조건이 충족되지 않으면 대북지원은 북한 공산정권의 강화에 이용될 뿐이라고 지적한 바 있는데 명심할 필요가 있습니다. 그동안 한국정부가 대북지원 차원에서 현금과 현물을 지원한 자료를 살펴보면 이렇습니다. 김대중 정부시에 24.9억 불 현금 13.3억, 현물 11.6억, 노무현 정부 때에 44.7억 불 현금 15.7억, 현물 29.0억, 이명박 16.8억 불 현금 9.7억, 현물 7.1억 로서 모두 86.4천만 달러에 달합니다.

4

강석진 그러면 이번에는 독일이 통일을 계획하고 진행하면서 드러난 문제점들은 무엇이었나요. 아무래도 통일을 꼭 이루어야 하는 우리 입장에서 볼 때 반면교사로 삼아 그에 대한 대안을 세워야 한다는 생각이 듭니다.

채원암 예, 그렇습니다. 독일 통일은 한반도 통일의 거울입니다. 이 거울을 보면 우리가 해야 할 것과 하지 말아야 할 것을 구별하는 지혜가 생긴다고 생각합니다. 2014년 1월 6일 서울을 방문한 메이지에르 동독 마지막 총리는 조선일보 인터뷰에서 동서독 통일의 실패한 정책을 다음 3가지를 들었습니다.

첫째로 화폐 통합으로써 동독 경제 붕괴의 가장 큰 원인이 되었습니다. 1990년 7월 1일에 화폐 통합은 독일 통일의 방향을 결정하는 핵심 요소인 만큼 이를 둘러싸고 뜨거운 논쟁이 있었습니다. 초기에는 선 경제개혁 그리고 후 화폐 통합이라는 단계적 통합론이 우세하였습니다. 베를린 장벽 붕괴 당시의 동서독 마르크의 공정 환율은 1:4.4였으며 암시장은 1:8이었습니다. 연방 은행장을 포함한 금융계 전문가들은 환율을 1:5 정도를 주장하였습니다. 그러나 콜 수상은 1:5 환율 주장을 굽히지 않는 연방은행장을 파면하는 강수를 둡니다. 콜 수상은 동독 주민들의 서독행 대량 이주 차단 등 정치 논리를 앞세워 동독 경제에 대한 정확한 실사 작업 없이 1:1 화폐 통합을 결정합니다. 결국 콜 수상의 통일 의욕과 통일 수상이 되려는 정치적 욕망이 이와 같은 결과를 가져오게 되었다고 많은 학자들은 주장하고 있습니다.

　서독 마르크의 전면 도입은 동독 통제 경제가 아무런 완충 장치나 과도기 없이 곧바로 냉혹한 자본주의 시장 경제체제로 전환되면서 동독 경제는 곧바로 무너지기 시작하였습니다. 동독산 수출 상품의 가격이 졸지에 330% 상승하고 수출이 국내 총생산의 40%를 차지하였던 동독 경제가 수출 시장을 일거에 상실하게 되어 통일 1년 만에 수출이 반토막 나는 참담한 결과를 가져왔습니다. 또한 이와 같은 화폐의 1:1 등가교환은 필연적으로 물가와 임금이 동반 상승을 유발하여 대량 실직 사태를 초래하게 되었습니다. 결국 동독 경제는 통일 1년 만에 성장율 31.4%라는 유례없는 경제 추락을 합니다. 경제 문제를 정치 논리로 풀려고 한 콜 정부의 실수로 엄청난 경제적 후유증을 겪게 됩니다.

　둘째로는 동독 내 기업 매각과 토지 등 소유권 분쟁이 발생하므로서 동독 인프라 구축에 걸림돌이 되었습니다. 신탁청은 1990년에 설립되어 1994년 업무 종료시까지 동독기업 15,102개, 상점, 식당,

호텔$_{25,030개}$, 부동산$_{46,552건}$을 처리하였습니다. 동독 붕괴 직전 동독 정부는 국영기업의 재산 가치를 총 5,800억 마르크로 추정했으나 실제 그의 10분의 1도 안 되는 400억 마르크에 불과하였습니다. 동독 내에 있는 기업을 헐값으로 매각함으로써 결국 2,044억 마르크의 채무가 발생하였습니다.

한편 토지, 임야, 주택, 대지, 공장 등 각종 부동산을 대상으로 동독 정권 수립 시기와 나치 시대에 국유화 또는 몰수된 재산을 원칙적으로 원소유주나 그 상속인에게 현물 반환하고 예외적으로 현금 또는 여타 방법으로 보상한다는 '선 반환 – 후 보상' 원칙이 수립되면서 소유권 분쟁이 속출합니다. 이러한 원칙이 발표되자 주로 서독 거주 원소유주 110만여 명이 237만 건의 각종 재산권 심사 청구서를 제출하고 소유권 반환을 요구하게 됩니다. 이와 같은 현상은 통일 후 지역사회 개발과 투자에 치명적인 장애 요인으로 나타나게 되었습니다.

셋째로 성급한 서독 행정제도와 복지제도를 시행하므로 이해충돌과 경제적, 사회적인 갈등을 유발시킨 것입니다. 45년간 중앙집권체제로 운영되어 온 동독 내 행정 시스템에 이질적인 서독식 체제가 이식되면서 각종 문제점이 발생했습니다. 특히 복지 제도가 동독 지역에 곧바로 이식된 점도 많은 논란을 불러일으켰습니다. 동독 지역의 높은 실업률과 이에 따른 사회 보장 비용 발생은 독일 사회 보험 재정 적자의 요인으로 작용했습니다. 동독 내 임금 상승 속도를 예측하지 못하고 사회보장 제도를 확대 적용함에 따라 재정 부담이 증가하여 통일비용 확대에 큰 악영향을 미치게 됩니다. 이와 같이 사회복지 지출, 다시 말하여 연금, 임금, 실직수당, 육아비 보조 등 사회 보장성 지출이 전체 통일 비용의 49.2%를 차지하고 있고 정작 지출되어야 하는 인프라 투자 등을 위한 경제 개발에는 불과 19.5%밖에 사용하지 않습니다. 즉 막대한 예산을 매우 소모적인 분야에 집중함에 따라 그에 대한 부작용을 낳게 된 것입니다. 통일을 준비하는 우리는 이와 같은 독일의 실책 사실에 깊이 주목해야 할 것입니다.

5

박성배 한국도 불원간에 통일이 분명히 올 것입니다. 박 대통령께서도 작년에 "통일은 대박이다"라고 선포했는데, 이는 모든 통일 조건이 갖추어질 때를 전제한 것이라 생각됩니다. 일부에서는 통일정책이 잘못되거나 준비되지 않은 통일은 "쪽박이다"라는 말까지 합니다. 통일을 준비하고 성취하는 데에는 어마어마한 예산이 드는 것은 사실인데, 독일의 경우는 동서독의 통일 비용이 얼마나 소요되었으며 그로 인한 경제적 부작용은 어떠했나요? 그러한 문제를 대비하고 우리가 가장 효율적인 통일을 위해 준비를 많이 해야 한다는 생각이 듭니다.

채원암 준비 없는 통일이 얼마나 큰 재앙을 불러오는지를 우리는 독일 통일을 보면서 살펴보지 않았습니까? 통일 비용이라는 말은 독일 통일 이후 일정 기간 동안 동독 지역의 경제력이나 동독 시민의 1인당 국민 소득이 서독 수준에 도달하게 하기 위해 지출되는 비용을 의미합니다. 동서독 통일 당시 경제 통합의 입안자인 바이겔 재무장관은 통일 비용으로 1991부터 1994년까지 4년간 총 1,150억 마르크$_{575억 불}$가 소요될 것으로 추산하였습니다. 이것은 서독정부가 국내외 전문 연구기관의 평가를 근거로 하여 동독 총자산 규모를 1조 2천억 마르크$_{6,000억 불}$로 추산하면서 재정 문제에 관해 낙관하였습니다. 서독의 건실한 공공재정, 동독 국유 재산의 매각수익, EU의 투자재원, 더 이상 지출할 필요가 없는 분단 유지 비용 등을 활용하고 민간 투자까지 가세한다면 통일 비용은 별 어려움 없이 해결될 것처럼 보였습니다. 그러나 그것은 어림도 없는 환상에 불과하였습니다.

통일 후, 실사 과정에서 동독의 자산 가치가 1/10도 안 되는 1,000억 마르크에 불과한 것으로 드러났고 동독 기업들은 앞에서 말한 대로 예상보다 훨씬 싼 가격으로 매각되었습니다. 게다가 동독의 낙후된 사회 간접 시설을 확충하고 기업의 경쟁력을 강화하기 위해서는 엄청난 규모의 재정 지원이 불가피했습니다.

통일 후, 동독지역 재건을 위해 통일 비용으로 20년 동안 약 2조 유로_{약2,500조원}가 들어간 것으로 추정되고 있습니다. 즉 동독 지역에 매년 약 1,000억 유로가 지원된 셈인데 이것은 독일 GDP의 약 4%에 해당하는 거액입니다. 이와 같은 거액이 동독 지역에 투입되었으나, 상당 부분이 연금, 실업수당 등 적자성 지출에 통일 비용의 49.5%가 투입되었고 도로, 철도 등 인프라 투자와 경제재건을 위한 투자는 19.5%에 불과했습니다.

그 이외에도 통일 부수 비용으로 소련 고르바초프 당서기의 요청에 의해 170억 불의 원조를 제공하고 통일 합의를 이끌어 낸 것과 동베를린 주둔 소련군 35만 명 그리고 동독 주둔 15만 명의 철수를 위하여 25억 불을 투자하여 하모니카주택 5만 호를 모스코바 인근에 건축하여 주었습니다. 그때 현대건설이 공사를 수주하죠.

6

강석진 독일이 금년 들어 통일된 지 25년이 되었는데 그동안 엄청난 경제적, 사회적 대가를 치루었음에도 통일된 독일은 막강한 경제 강국으로 재탄생했습니다. 유럽의 금융위기에도 독일의 상당한 재정적 능력이 유럽의 경제와 금융을 지탱하는 역할을 하고 있음을 볼 수 있습니다. 이러한 독일정부의 능력의 근원이 어디에 있다고 보는지요? 독일이 통일을 이루었기 때문에 그만한 힘을 갖춘 것이 아닌가 하는 생각이 들기도 합니다.

채원암 예 그렇습니다. 동서독 통일의 열매가 현재 독일이 유럽연합의 최강국으로 기관차 역할을 하게 한 원동력입니다. 1990년 동서독이 통일되기 이전까지 서독은 GDP 세계 3위 경제대국의 지위를 누려 왔습니다. 이와 같이 탄탄하던 경제대국이 통일비용 부담으로 성장률이 후퇴하고 재정 적자가 급증하게 됩니다. 원인은 준비 없는 통일 때문이라는 전문가들의 분석입니다. 통계를 보면 통일이 되던 1990년부터 2005년까지 15년 동안 경제성장률이 평균 2.1%에 불과합니다. 통일 전에 유럽 경제의 견인차 역할을 했던 독일 경제는 점차 하락하고, 2001년부터는 이태리, 포르투갈과 같은 저성장 국가 그룹에 속하게 됩니다. 독일은 탄탄한 경제 대국에서 유럽의 병자로 추락한 것입니다.

독일은 경제 회복을 위한 과감한 구조 개혁이 필요했습니다. 독일 통일을 이끌었던 콜 수상은 1998년 총선에서 패하고, 사회민주당의 쉬뢰더 수상이 집권하게 됩니다. 재선에 성공한 쉬뢰더 수상은 2003년 3월 전후 최대의 개혁 정책으로 평가되는 'Agenda 2010'을 발표합니다. 개혁의 주요 골자는 노동시장의 유연성, 단축 근로제 그리고 사회보장 지원의 축소입니다. 노동시장의 유연성을 도입하여 노동자 해고 금지 조항을 완화하고 사회보장 제도 개혁을 도입하는 것이었습니다. 노동자와 노조 등 서민층의 지지를 바탕으로 하는 사회민주당 출신인 쉬뢰더 수상의 이 개혁 추진은 정당의 이익을 벗어나 국가 발전을 위한 과감하고 용기 있는 개혁 정책으로 평가되고 있습니다. 사민당은 인기 없는 개혁정책 때문에 2005년 총선에서 패배했고, 쉬뢰더도 낙선합니다. 정권을 넘겨받은 기독교민주당 메르켈 수상은 당내의 강력한 반대에도 전 정부의 인기 없는 'Agenda 2010' 개혁 정책을 이어받아 계속 추진했습니다. '독일병'은 점차 해소되고, 독일경제는 상승세로 돌아서게 됩니다. 현명한 두 지도자의 리더십이 돋보이는 대목입니다.

독일은 유럽의 병자에서 경제 개혁정책을 통하여 경제난을 극복하고 EU의 선장으로 등극합니다. 서부 지역의 기업들은 가파른 성장을 하고 특히 BMW의 경우 주가가 20년 사이에 10배 상승합니다. 독일 경제 발전의 근간을 이루는 기업은 중소기업입니다. 약 340만 개의 중소기업이 전체 기업의 99%에 달하며 전체 일자리의 70%를 차지합니다. 제조업 그러니까 굴뚝 산업이 강한 독일은 세계 경제 위기에도 영향을 적게 받습니다. 그 이유는 수백 년 동안 내려오는 "명장 Meister" 전통을 바탕으로 새로운 기술을 개발하고 발전시켜 최고의 상품을 생산하기 때문입니다.

2008년 미국발 재정 위기를 시작으로 유럽 전역에 경제 위기가 도래하고 독일의 경제도 많은 타격을 받았으나 독일 기업들은 정리해고 대신 근무 시간을 단축하고 단축한 그 시간을 직원들의 기술 향상을 위한 교육 시간으로 대체합니다. 정부는 기업의 직원 교육 비용을 회사와 공동으로 부담하고 경제 상황이 좋아지면 능력이 더욱 향상된 직원들을 재투입되는 방식이었습니다. 15년여 동안 서쪽의 막대한 경제지원으로 구동독 지역은 완전히 시장경제화되었고 개인의 경제 수준도 현저히 높아졌습니다. 도로, 철로, 공항 등 교통망과 통신망은 초현대식으로 구축되어 오히려 서쪽보다 더 현대적이고 건물은 계속 개축, 신축되었습니다. 특히 지역 산업 특성화 추진으로 재생에너지, 바이오산업, 광학산업 등 첨단산업 단지, 관광단지 활성화 등 지역별 특성화 발전 정책이 구동독에서 좋은 결실을 보이고 있습니다.

마지막으로 주목해야 할 대목은 독일의 저력은 모든 국민의 전문성에서 비롯된다는 것입니다. 빵을 굽는 사람은 최고로 좋은 빵을 만들려고 노력하며, 기계를 만드는 공장에서 최고의 상품을 생산하려 노력합니다. 공무원과 외교관은 국익을 위해 열심히 노력하고 정치가는 국민을 위한 올바른 정책을 펴기 위해 최선을 다합니다. 언론인은 해박한 지식과 시각으로 정치가들에게 질문을 들이대며 진실을 규명하고 국민의 안목을 향상시킵니다. 국민은 모두 자기 분야의 전문가인 사회입니다. 독일 사람들이 즐겨 사용하는 말이 있습니다. *"Mach Deine Hausaufgaben!* 네가 맡은 책임을 하라.*"*

지금까지 드린 말씀의 내용을 다시 요약하겠습니다. 첫째는 미래를 내다보는 현명한 지도자의 리더십, 둘째는 중소 기업을 중심으로 한 든든한 산업기반, 셋째는 독일 국민의 책임의식입니다.

맺는말

강석진 오늘 채 연구원님을 통해 독일의 통일과정 및 그 문제점과 경제적·사회적 위기를 지혜롭게 극복하고 동독과 서독의 모든 시민이 그 통일의 열매를 함께 거두어 통일 이전보다 더 강해지고 더 부요해진 독일 통일에 대한 이야기를 매우 구체적으로 듣게 되었습니다. 다음 시간에 다시 한 번 더 모시고 좀 더 심층적인 독일 통일과 한반도의 통일에 대해 듣도록 하겠습니다.

독일 통일의 교훈과 한반도 통일 2

강석진 안녕하셨습니까? 지난 시간에는 독일 베를린에서 통일 전과 통일 후의 독일을 체험하셨던 채 연구위원님을 통해 독일의 통일 과정에서 드러난 문제점과 그들이 어떤 과정을 통해 마침내 통일을 이루어 내었는지를 역사적인 관점에서 살펴보았습니다. 오늘은 독일 통일에서 반면교사 삼아야 할 점과 평화통일을 어떻게 준비해야 하는지에 대해 말씀을 듣고 나누는 시간을 갖겠습니다.

1

강석진 우리가 통일에 선사례가 된 독일을 보면서 한국이 통일을 성공적으로 이루기 위해서는 독일 통일을 반면교사로 삼아야 된다고 생각합니다. 그렇다면 그 점에 대해 구체적으로 분석해 주시고 또 어떻게 적용해야 하는지를 말씀해 주셨으면 합니다.

채원암 예. 그렇습니다. 독일 통일은 한반도 평화통일의 반면교사입니다. 또한 독일 통일은 한반도 평화통일의 거울이기도 합니다. 거울 속에 비춰진 독일 통일을 면밀히 바라보면 한반도 통일의 길이 보입니다. 독일과 한반도의 통일 여건은 서로 차이가 많아서 독일 통일의 경험을 그대로 한반도 통일에 적용하기는 쉽지 않습니다. 그러나 또 한편으로는 독일 통일과 한반도 통일의 모습이 여러 면에서 공통된 점이 많다는 것도 알 수 있습니다. 독일 통일과 한반도 평화통일의 주요 공통점을 살펴보면 첫째는 공산 독재체제에서 자유민주주의 체제로 전환된다는 점, 둘째는 사회주의 중앙 계획경제에서 시장경제체제로 바뀐다는 점, 셋째는 적대적이고 이질적인 체제에서 살아온 국민이 하나의 체제 밑에 통합되는 과정이라는 점입니다.

이러한 세가지 공통점을 가지고 있습니다. 또한 20세기 동서냉전의 체제 속에서 당사자들의 의사와는 무관하게 동서 강대국들의 이해 관계에 따라 국가가 동서로 갈리고 남북으로 갈라졌습니다. 이는 동서냉전의 산물이지요.

토지에 관련된 문제를 비교하여 본다면 독일 통일 과정에서 나타난 주요 정책 중에서 토지 및 부동산 보상 문제가 있습니다. 독일은 1928년 나치정권이 집권하면서 유대인과 반정부 세력의 재산을 몰수합니다. 그리고 1945년에 패전하고, 1948년에 공산정권이 들어서면서 또다시 동독 전 국토가 국유화됩니다. 우리나라도 이와 비슷한 양상입니다. 1910년 한일합방이 되면서 일제에게 전 국토의 45%를 강탈당하였고 특히 조선 왕가의 소유 토지는 모두 빼앗기지 않았습니까? 광복을 맞이하면서 북한의 모든 토지는 국유화되고 협동농장체제를 만들면서 집단 소작권만 인민에게 나누어 줍니다. 이와 같은 상황은 독일과 우리나라가 똑같이 겪었던 문제입니다. 한반도 통일이 이루어지면 독일에서 벌어졌던 똑같은 상황이 우리나라에서도 다시 나타날 것입니다.

독일 통일에 대한 오해가 있었는데 이에 대해 잠시 말씀드리겠습니다. 그동안 우리 사회가 독일 통일의 배경을 잘못 이해하고 독일 통일이 주는 교훈을 잘못 받아들이고 있었습니다. 우리나라에서는 서독이 브란트의 신동방정책 이후 동독과 적극적인 교류와 협력이 통일의 원동력이 되었다고 생각하는 사람이 많았습니다. 이와 같은 오해로 노태우 정부는 1991년 북한과 '남북기본합의서'를 체결하였고 김대중 정부는 '햇볕정책'을, 노무현 정부는 '포용정책'을 추진하면서 북한에 대폭적인 경제지원을 했습니다.

그리고 조급한 통일, 흡수통일은 안된다고 강조하다 보니 가장 모범적인 평화통일 사례인 독일 통일이 우리 사회에서는 '경계해야 할 모델', '회피해야 할 모델'로 인식하였습니다. 이와 같이 독일 통일 후 5년여 동안 독일 통일의 내막이 제대로 밝혀지지도 않은 시기에 봇물같이 조사단을 보내서 독일 통일의 교훈과 시사점을 찾고 사실 관계를 검증하지도 않은 채 성급하게 결론을 내린 것입니다. 1989년 11월 9일에 베를린 장벽이 무너졌을 때 대부분의 한국 언론이 브란트의 '동방정책의 승리' 또는 사민당의 '화해, 협력의 산물'이라고 보도했습니다. 독일 통일의 배경에 관해 보도된 국내 어느 일간지 사설도 대부분 통일을 가능하게 한 가장 중요한 요인으로 "동방정책"과 동서독 간의 화해, 교류, 협력을 지적한 바 있습니다. 독일 통일에 대한 '대한민국의 집단 오류'를 한 것이었습니다.

독일 통일 25주년을 맞이한 2015년을 전후하여 독일이 경제, 사회적으로 통일의 후유증에서 벗어나고 독일이 "유럽의 병자"에서 "EU의 선장"으로 변신하면서 독일 통일의 진실이 하나 둘씩 밝혀지기 시작하였습니다. 독일 통일은 브란트의 "동방정책"이 이룬 성과도 아니고 독일 통일은 사민당의 동서독이 화해, 협력에 의해 이루어진 것도 아닙니다. 독일 통일의 가장 큰 요인은 첫째, 공산주의 종주국인 소련이 경제 정책에 실패하여 붕괴함으로써 가능하였던 사건입니다. 둘째, 동독 공산정권이 주민의 시위로 무너지고 셋째, 동독 국민들이 서독연방정부에 가입을 원하여 이루어진 것입니다. 이에 대한 대한민국의 집단 오류는 점차 해소되고 있습니다. 늦은 감이 있으나 지금부터라도 "선발자의 영광은 독일에게, 후발자의 이득은 우리에게"라는 생각으로 우리는 독일정부가 통일과정에서 저지른 정책적 실책이 무엇이며 성공 사례로써의 정책이 무엇이었는지를 심층적으로 연구해야 합니다.

1871년, 독일 통일을 이룩한 비스마르크_{Otto von Bismarck} 재상은 이런 유명한 말을 남겼습니다. "자신의 실수로부터 무언가를 배우는 사람은 어리석은 사람이다. 나는 다른 사람들의 실수로부터 배운다."라는 말 속에서 한반도 평화 통일을 코앞에 둔 우리에게 이 명언은 많은 것을 시사해 주고 있습니다.

2

박성배 독일 통일이 한반도 평화통일의 반면교사라는 말을 두 가지 방향으로 생각할 수 있다고 봅니다. 하나는 통일과정에서 실패한 정책들이 어떠한 것이 있는지와 그리고 또 한편으로는 성공한 사례, 그러니까 우리가 받아들여야 할 부분들이 있을 것입니다. 지난 시간에는 실패한 사례 중심으로 말씀하셨는데 이번에는 독일 통일에서 성공적인 사례로 우리가 벤치마킹해야 할 사례들이 있다면 어떤 것이 있을까요?

채원암 독일 통일에서 서독이 보여 준 성공적인 정책들도 많이 있습니다. 서독은 무엇보다 먼저 안정되고 부강한 국가와 사회를 건설한 나라였습니다.

첫째로는 동독 주민들이 동독을 버리고 서독과의 통합을 선택한 것은 서독이 동독 주민들이 가장 동경하는 모델이 되었기 때문이었습니다. 2차 세계대전이 끝난 후 서독은 선진적 민주주의 제도, 풍요한 경제, 안정된 사회를 이룩하여 동독 주민들은 물론 세계적으로도 선망의 대상이 되었습니다. 이러한 우월한 조건을 갖춘 서독의 존재는 동독 공산정권의 정통성을 약화시키고 공산정권에 대한 주민들의 환멸을 심화시켰던 것이었습니다. 이런 점이 동독 주민들이 공산정권을 무너뜨리고 서독에의 편입을 선택하도록 하는 데 결정적인 요인으로 작용되었던 것이죠.

둘째로 서독 정부는 국내외의 많은 저항에도 대외 정책의 기본원칙을 고수한 것이 통일의 밑거름이 되었습니다. 국내의 반대와 소련의 중립화 유혹에도 확고한 친미, 친서방 노선을 견지했습니다. 그리고 기본법 국적 조항을 유지하면서 동독 탈출자를 전원 수용함으로써 동독 혁명과 독일 통일의 발판을 만들었던 것입니다. 또한 동독에 대하여 경제지원을 할 때 "대가 없는 지원은 안 한다."는 방침을 고수하여 동독의 정책 변화를 유도할 수 있었습니다.

셋째로 화해정책이 성공하려면 '힘의 우위' 정책이 뒷받침되어야 한다는 확신과 믿음이었습니다. 국제관계에서 특별히 공산권과의 적대적 상대와의 교섭은 선의와 호의만으로는 성공하기 어렵다는 것을 독일은 잘 알고 있었습니다. 우리는 그동안 북한과의 관계에서 원칙 없는 관용 등으로 대북정책이 일관성을 상실함으로써 북한이 잘못된 기대를 갖게 하거나 무리한 요구를 반복하도록 빌미를 주는 경우가 많았습니다. 따라서 원칙 없는 유화정책을 반복하기보다는 한미동맹, 북한인권, 경제교류, 인도적 지원 및 북한의 도발 등의 문제에 대해서는 확고한 원칙을 고수해야 한다고 생각합니다.

넷째로 동독에 대한 경제적 지원은 전략적 고려 하에서 추진되었습니다. 서독 정부는 동독과의 교류 협력을 적극 추진하면서도 대 동독 지원이 동독 공산정권 강화에 기여하지 않을지 여부를 신중히 고려했습니다. 아울러 동독에 경제지원을 할 때에는 반드시 대가를 받아내는 등 전략적 고려 하에서 교류 협력을 추진하였습니다.

다섯째로는 통일을 위한 국가 최고 지도자의 확고한 통일 의지가 가장 중요합니다. 독일 통일 과정에서 콜 총리의 확고한 통일 의지와 적극적 노력은 동독 주민들의 절망과 분노를 통일 에너지로 전환시켰고, 2차 대전 전승 4개국_미·프·영·러의 동의를 이끌어 내는 데 결정적인 역할을 했습니다. 한반도 통일에는 독일보다 훨씬 큰 위험과 희생이 수반될 수도 있기에 확고한 의지와 결단력 그리고 정확한 판단력을 지닌 국가 지도자의 리더십이 무엇보다도 중요하다고 생각합니다.

3

강석진 지금 우리나라에서는 "통일은 대박이다"라는 말이 회자되고 있습니다. 독일 통일 당시 통일이 그렇게 빨리 독일 국민 앞으로 다가올 것이라고 생각한 사람은 그렇게 많지 않았다고 합니다. 우리의 한반도 통일이 언제 어떻게 다가올지 예측하기는 어렵겠지만 이에 대해서 어떻게 준비를 해야 할지 말씀해 주셨으면 합니다.

채원암 이 프로그램이 〈통일을 앞당겨 주소서〉인데 우리가 기도를 많이 하면 하나님께서 시기를 앞당겨 주시지 않겠습니까? "독일 통일은 도둑같이 왔다."라고 마파엘 주한 독일대사는 한 인터뷰에서 말하였습니다. 독일 통일이 가능하리라고 생각하지도 않았고 통일의 기회가 그렇게 빨리오리라고 생각한 독일 사람은 거의 없었다고 합니다. 베를린 장벽이 붕괴된 후 콜 총리도 통일에는 4-5년의 시간이 소요될 것으로 생각했습니다. 그러나 동독 이주민이 급작스럽게 증가하고 동독경제의 붕괴, 동독주민의 조기통일 요구, 소련의 개혁정책 후퇴 가능성 등 급격한 정세 변화가 있었습니다.

이와 같이 예상 밖으로 신속하게 통일이 됨으로써 독일은 많은 시행착오 과정을 겪게 됩니다. 준비 없는 통일을 맞이한 독일은 20년 동안 2조 유로, 한국화폐로 환산하면 2,500조 원이라는 막대한 통일비용을 쓰면서도 통일을 극복하는 데 많은 시간과 어려움을 겪었습니다.

우리의 한반도 평화통일의 경우 조급한 통일이 불가피한 상황으로 들이닥칠 가능성은 독일에 비하여 크지는 않을 것이라고 전문가들이 분석하고 있습니다. 그러나 북한 내부의 급변사태 발생 등 갑작스러운 환경 변화에 대처할 다양한 시나리오를 사전에 준비해 둘 필요가 있습니다.

2014년 10월 작년이지요. 현대아산 통일문제연구소가 한반도 평화 통일에 대한 여론 조사를 했습니다. 통일전문가 20인에게 설문 조사를 했는데 통일 가능 시기를 물어보았습니다. 3-5년 이내가 10%, 5-10년 사이가 45%, 10-20년이 30%, 20년 이후가 15%로 나타났습니다. 이는 20년 이내에 통일될 것이라는 답변이 전체의 85%를 차지했습니다.

통일의 기회가 왔을 때 무리없이 통일비용을 감당할 수 있도록 국가경제와 재정기반을 튼튼히 해 두는 것이 무엇보다 가장 중요합니다. 또한 통일에 대비해서 별도의 재원을 지속적으로 축적해 나가는 노력이 필요합니다. 최근 논의되고 있는 '통일세' 문제도 본격적으로 공론화해 둘 필요가 있을 것입니다. 통일에 대비한 조세 부과는 통일 비용을 축적한다는 의미를 넘어서서 통일을 위해 반드시 필요한 전 국민이 고통 분담을 함께한다는 자세를 일상화하는 데 도움이 될 수 있기 때문입니다.

통일 후유증은 불가피하게 수반될 것입니다. 사전 준비를 통해 이를 완전히 극복한다는 것은 현실적으로 불가능하지 않겠습니까? 따라서 나눔과 고통 분담의 자세가 무엇보다도 중요합니다. 독일의 경우 세금 인상, 사회 복지혜택의 축소, 연방정부와 주정부 간의 통일비용 분담, 공채발행을 통해 세대 간의 통일비용 분담 등으로 나눔과 고통분담이 이루어졌습니다. "분단은 분담을 통해서만 극복될 수 있다."라는 메이지어 동독 마지막 총리의 언급은 고통분담 자세의 중요성을 적절히 묘사한 것이라고 보입니다.

4

강석진 이번에는 독일 교회가 통일에 어떠한 영향을 미쳤는지 알아보도록 하죠. 우리는 독일 통일의 시발점을 동독 지역의 라이프치히 "니콜라이교회"의 평화기도회에서 비롯되었다고 알고 있습니다. 이 교회의 평화기도회에 대해서 말씀해 주시죠.

채원암 말씀하신 대로 라이프치히에 있는 니콜라이교회 평화기도회의 역할이 베를린 장벽 붕괴의 결정적인 역할을 했습니다. 이 기도회는 니콜라이교회에서 1982년에 시작되었습니다. 이 기도회는 반전·평화·인권·여성을 위한 기도회였습니다. 1983년 가을에는 라이프치히 광장에서 50여 명의 청년들이 동·서독에 핵무기가 배치되는 것을 반대하는 촛불 시위를 합니다. 경찰이 체포하려 하자 청년들은 니콜라이교회당으로 피신합니다. 여기서 시작된 평화

기도회는 그 후 니콜라이교회에서 매주 월요일 6시에 기도회와 집회로 이어집니다. 저도 1990년에 라이프치히 니콜라이교회를 방문해 보았습니다. 교회 바로 앞에 라이프치히 시청 광장이 있는데 서울시청 광장보다 조금 큰 것으로 기억됩니다. 광장이 넓어서 집회하기가 아주 좋아 보였습니다.

기도회에서는 예배와 함께 여러 가지 정보를 교환했고, 노래와 성명서 등이 작성되었습니다. 1989년 여름까지는 100명 정도가 모이는 소규모 집회였습니다. 이듬해 가을에 동독 젊은이들이 동유럽을 통하여 탈출하는 사건이 발생하면서 참석자 수가 급격하게 증가하기 시작합니다. 이곳에서 9월 11일에는 목사, 재야 민주 운동가들이 모여 "새로운 논단"이라는 운동 단체를 조직합니다. 10월 2일에는 2만 명, 9일에는 7만 명, 16일에는 20만 명, 23일에는 36만 명, 30일에는 57만 명으로 기하급수적으로 모였습니다. 라이프치히 인구는 당시 55만 명이었으니까, 대다수의 시위자들이 인근 도시에서 모여들었습니다. 이 반정부 시위는 드레스덴을 포함해 전국으로 확산되었고, 11월 4일, 동베를린 알렉산더 광장에는 100만 명의 시위대가 몰려들었습니다. 여기에서 군중들은 자유로운 인간을 위한 자유언론, 민주주의를 요구합니다. 이 모든 과정이 비폭력과 무혈로 이루어졌습니다. 결국 이러한 혁신 요구로 말미암아 18년간 동독을 지배했던 호네커 정권이 물러났고, 베를린 장벽이 1989년 11월 9일에 무너짐으로 독일 통일의 신호탄이 되었고 동독과 서독인들은 통일의 가능성을 현실로 느끼게 됨으로 통일역사를 새롭게 하는 20세기 말의 기적을 이루는 현장이 되었던 것입니다. 이 일로 인해 우리도 통일의 가능성을 갖게 되었고 국내에서도 통일론이 본격적으로 일기 시작하였던 것입니다.

5

박성배 그렇다면 마지막으로 독일이 통일된 이후의 독일 교회는 어떤 변화가 있었나요? 통일 전에 서독 교회가 동독 교회와 사회에 상당한 지원과 영향을 주었던 것으로 알고 있습니다. 동독 지역의 교회와 서독 교회의 변화상이 어떻게 나타났는지 궁금하군요. 아울러 지금의 한국 교회가 통일을 위해 어떻게 기여해야 된다고 보시는지도 말씀해 주시죠.

채원암 기독교는 독일 사람들의 철학, 인생관의 기초를 이루고 있습니다. 생활 내면의 깊숙한 곳에 자리 잡고 있는 허물어뜨릴 수 없는 확고한 기둥입니다. 독일 정당에는 기독교민주당, 기독교사회당이 있습니다. 정당 이름에 '기독교'라는 단어가 들어간 나라는 독일밖에 없을 것입니다. 또 독일에는 종교세가 있습니다. 액수는 소득세의 약 8% 정도인데 본인이 스스로 교회세 부담을 선언하는 경우에만 세금을 부과합니다.

1945년 8월, 독일 개신교회는 냉전의 첨예한 대립 속에서도 동, 서 양 지역을 아우르는 27개 주 교회로 구성된 하나의 단일 교회를 구성합니다. 이것은 개신교의 단합과 협동의 결과입니다. 좁은 의미의 복음적 에큐메니칼 운동이지요. 앞에서 말씀드린 대로 27년 동안 Freikauf 정책을 통하여 동서독 교회가 중단 없이 교류가 지속됩니다. 라이프치히 니콜라이교회에서 시작된 평화 기도회가 1989년 11월 베를린 장벽을 무너뜨리는 결정적 역할을 하게 됩니다.

우리 한국 교회의 통일에 대한 역할에 대해 생각해 본다면 남한에 53,000개 교회가 있습니다. 개신교 교회는 교단별로 연합하고 힘을 모아 통일에 대비해야 합니다. 지금까지 한국 교회는 북한 선교에서 개교회 각자가 개별적으로 선교활동을 하였습니다. 많은 돈과 인력을 투입하고 공은 드렸지만 그 결과는 지금 보는 바와 같이 열매가 별로 없습니다.

북한 선교를 위해서 우리는 한 손에는 식량과 의료, 다른 한 손에는 교육과 복음을 들고 나아가야 합니다. 또 많은 재정적 뒷받침이 있어야 북한 선교가 가능합니다. 북한 선교는 아주 큰 프로젝트이기 때문에 개교회가 각기 감당하기 어렵습니다. 여러 교회가 모여 힘을 합하고 연합할 때에만 성공적인 열매를 기대할 수 있습니다. 각 교회는 성도들을 통일 교육을 통하여 통일 일꾼으로 양성해야 합니다. 그 주요 대상이 바로 3만여 명의 북한 탈북민들입니다. 이들을 잘 훈련하여 통일의 마중물 역할을 할 수 있도록 준비해야 합니다. 이들만큼 북한을 잘 아는 사람들이 없기 때문입니다. 사실 우리는 폐쇄 사회인 북한에 대하여 잘 모릅니다. 통일이 되어 이들이 각자의 고향으로 돌아가 복음을 전한다면 이들보다 더 적합한 북한선교의 일꾼은 없을 것입니다. 이들이 바로 통일의 때를 위해 하나님께서 앞서서 보낸 전도 사역자라고 봅니다.

한국 교회는 흔히 통일이 되면 북한 곳곳에 교회를 건축하는 것이 가장 중요한 선교 목적이라고 생각합니다. 또 이를 위해 교회 건축헌금을 지금부터 모으고 있는 교회들도 있습니다. 그러나 이는 북한의 실정을 제대로 모르고 있는 것입니다. 서독도 통일 전에 동독의 여러 가지 통계와 지표로 상황 파악은 했지만 막상 통일 후 뚜껑을 열고 보니 실상과는 너무 많은 차이가 있었으며 이것이 통일에 큰 장애물이 되기도 하였습니다. 우리는 북한의 실상을 파악하는 데 많은 노력을 기울여야 합니다. 지피지기해야 합니다. 북한에는 지금 35,000개의 김일성 동상이 있습니다. 동상 옆에는 50-100여 명을 수용할 수 있는 김일성 혁명 기념관이 반드시 있습니다. 남북통일이 되면 새로운 교회 건축을 할 필요 없이 이 기념관에 십자가를 걸고 교회당으로 활용하면 될 것입니다. 이러한 계획을 바로 탈북자들이 제시하고 있는 것입니다.

평양 만수대에 김일성, 김정일 부자의 동상이 서 있습니다. 만수대 동상이 있는 이 자리는 1907년 평양대부흥운동이 일어났던 저 유명한 장대현교회가 있었던 바로 그 자리입니다. 남북통일이 점차 다가오고 있습니다. 이 만수대 동상 터에 장대현교회의 십자가가 다시 걸릴 그날을 위하여 기도하며 준비해야 할 것입니다.

맺는말

강석진 하나님께서는 한 나라의 흥망성쇠를 주관하시며 우리의 생사화복을 주장하십니다. 독일을 통일시켜 주신 하나님께서 한반도의 남과 북의 통일도 역시 전능하신 하나님의 손에 있습니다. 우리가 분단의 70년의 사슬에서 벗어나 통일을 이루기 위해서는 교회뿐만 아니라 온 국민들의 관심과 참여가 분담으로 이어져야 할 것입니다. 분단의 시대에 선도적으로 한국 교회가 통일을 이루는데 시대적 선지자의 사명이 있다고 봅니다.

분단된 북이스라엘 왕국과 남유다 왕국 시대에 하나님께서는 에스겔 선지자에게 이와 같이 소망의 말씀을 주셨습니다.

> 그 땅 이스라엘 모든 산에서 그들이 한 나라를 이루어서 한 임금이 모두 다스리게 하리니 그들이 다시는 두 민족이 되지 아니하며 두 나라로 나누이지 아니할지라(겔 37:22).

주님의 은혜가 늘 함께 하시기를 축원합니다. 감사합니다.

손윤탁

프로필
- 부산교육대 학사
- 장신대 신학대학원 석사
- 장신대 대학원 신학박사
- 영남대 대학원 철학박사
- 장신대 신대원 외래교수
- 한국선교신학회 회장
- 현 한국선교교육재단 이사장
- 현 남대문교회 담임 목사
- 현 장로회신학대학교 겸임교수

저서
- 『선교 교육과 성장 목회』(1994, 한국장로교출판사)
- 『모든 무릎을 예수 앞에』(2000, 성지)
- 『복받는 길』(2015, 따스한이야기) 외 다수

선교교육과 통일

대담: 손윤탁 목사
진행: 강석진, 박성배
방송일: 2015년 8월 22일, 29일

선교교육과 통일 1

강석진 안녕하십니까? 〈통일을 앞당겨 주소서〉 진행을 맡은 강석진 목사입니다. 함께 진행할 한우리미션벨리 대표이신 박성배 박사님께서 나와 주셨습니다. 오늘은 한국 교회의 장자교회라 할 수 있는 서울 남대문장로교회 담임 목사님이신 손윤탁 목사님을 모시고 통일과 선교이야기를 나누어 보도록 하겠습니다. 손 목사님께서는 목회 사역뿐만아니라, 현재 장신대에서 후학들을 지도하고 교계에서도 다양한 학술 활동을 하고 계십니다.

1

강석진 2015년 6월에는 남대문교회 개교 130주년을 맞이하여 축하 기념행사가 있기도 하였습니다. 손 목사님께서 남대문교회의 역사에 대해 잠깐 소개해 주셨으면 합니다.

손윤탁 남대문교회의 역사는 한국 교회의 역사라고 말할 수 있습니다. 1884년 9월에 중국 상해에서 사역하던 알렌 선교사가 처음으로 한국에 입국하였으나 당시 한국에는 선교의 길이 막혀 있었습니다. 그러나 그해 12월에 갑신정변으로 고종황제의 처남인 민영익이 우정국 사건으로 칼에 맞아 죽게 된 것을 미영사관의 공의로 들어와 있던 알렌 의사가 긴급 수술하여 생명을 살려 냄으로 그 보답으로 고종의 어명으로 1885년 4월, 제중원이라는 한국 최초의 근대식병원이 세워졌습니다. 그해 6월 21일에 처음으로 서울에 들어와 있던 알렌, 언더우드, 아펜젤러 등 몇몇 선교사들이 연합하여 공식적인 주일예배를 드림으로 한국 교회의 역사가 태동된 것입니다. 그 예배 모임이 바로 남대문교회의 역사가 된 것입니다. 바로 그 제중원 병원에서 시작된 남대문교회는 그 후 130년에 걸쳐서 역사의 고비마다 중요한 역할을 감당해 왔습니다.

1919년에는 3·1운동의 근거지로 민족운동의 산실이 되었고, 해방 후에는 "서울역 앞 남대문교회"가 바로 피난민들과 실향민들의 만남의 약속 장소가 되었습니다. 1950-60년대의 보릿고개와 90년대 후반의 외환위기와 같은 위기 때에는 어려운 사람들의 기도처가 되기도 하였습니다.

2

박성배 남대문교회가 우리나라 교회 역사의 산 증인 교회로서 한국 교회의 어머니 교회라고도 합니다. 한국에 최초로 들어온 알렌 선교사에 의해 세워졌다는 것은 그만큼 해외 선교의 사명이 있는 교회가 아닌가 생각되는데, 지금까지 남대문교회의 해외 선교 사역에 대해 소개해 주셨으면 합니다.

손윤탁 남대문교회의 선교사역은 크게 국내선교와 해외 선교로 나누어 있습니다. 초기 선교사들의 선교정책은 소위 삼각형 선교 전략이라하여 세 가지 방향으로 나아갑니다. 첫째로는 하나님의 말씀을 선포하는 교회입니다. 당시 고종황제는 병원과 학교는 허락하되 교회는 허락하지 않았습니다. 그러나 선교사들은 제중원을 중심으로 예배드리기 시작함으로 교회 사역을 시작하였습니다. 그래서 제중원에서 물리, 화학 선생으로 오신 언더우드 선교사에 의해 "새문안장로교회"와 아펜젤러 선교사에 의해 "정동감리교회"가 세워졌고, 그 후 장로교와 감리교 연합의 제중원 신앙 공동체가 에비슨 의사 선교사에 의해 장로교에 가입하여 기라성 같은 교회들을 세우게 됩니다. 그리고 하나님 나라를 가르치는 연희전문학교와 사람들을 치료하는 세브란스가 오늘날은 연희의 '연', 세브란스의 '세'를 따서 연세대학교가 되었지만 모두 제중원에서 시작된 130년의 역사를 가진 중요한 선교 공동체로서의 역할을 감당하였던 것입니다. 즉 남대문교회는 국내 선교의 기반이 되었던 것입니다.

해외 선교 역시 남대문교회가 정식으로 선교사들로부터 분리 독립된 후에 동일한 선교의 전통을 이어받아서 같은 방향에서 전개되었습니다. 알렌 의사가 평신도였던 것처럼 주로 평신도 사역으로부터 시작됩니다. 1917년 중국 산동성 "래양현"에서 계림병원을 마련하고 의료사업과 선교 사역을 감당하였던 김윤식 선교사는 세브란스의학전문학교 학생이면서도 남대문교회의 주일학교 교사였습니다. 그가 최초의 남대문교회 파송 선교사였습니다.

그 후에는 우즈베키스탄에 이승률 목사를 파송하여 사마르칸트 지역에 선교한 일이나 인도네시아 서성민 선교사, 베트남의 산지족인 "쥬루족"을 입양한 사역 등 주로 남대문교회의 초기 선교사들은 평신도 선교사들이었습니다. 이어서 네팔에 간호사인 이춘심 선교사를 파송한 일이나 외항선인 로고스호에 이재명 선교사를 파송한 것도 모두 평신도입니다. 최근에는 획기적인 해외 선교의 새로운 패러다임의 선교를 실행하였는데, 인도네시아의 현지 교회인 "찌드라가든"교회와 공동으로 케냐에 선교사를 파송한 사례가 있습니다. 저희 교회의 선교의 기본적인 정신과 정체성은 130주년 기념행사를 통한 선포된 "알렌의 선교 정신, 헤론의 순교정신, 남문 밖 봉사정신"이었습니다.

3

강석진 우리가 한국 교회의 뿌리를 생각한다면 평양의 신학교를 빼놓을 수 없다고 봅니다. 장로교뿐만 아니라 타 교파도 역시 이북 지역의 신학교와 그곳에서 배출된 걸출한 사역자들이 한국 교회에 미친 영향이 매우 크다고 봅니다. 이 점에 대해 손 목사님께서는 어떻게 평가하시고 계신지요? 한국 교회의 자립과 현지화에 '하나됨'이라는 관점에서 말씀해 주셨으면 합니다.

손윤탁 먼저 해외 선교사들이 1885년 4월 5일, 인천 재물포로 들어오기 전에 이미 중국과 일본을 통해 우리에게 복음이 전래된 역사부터 살펴보아야 할 것입니다. 사실 한국의 복음은 두 개의 루트를 타고 들어왔습니다. 하나는 중국에서 들어온 북방 루트입니다. 만주 심양봉천으로부터 존 로스John Ross 역의 성경을 가지고 들어옴으로 자생적 공동체로 형성된 황해도 장연군의 소래교회는 1883년 5월 16일, 존 로스의 제자인 서상륜과 그의 동생 서경조가 세웠습니다. 또 하나는 일본으로부터 들어온 남방 루트입니다. 1882년 조선 말기, 일본에 신사유람단으로 갔던 이수정이 한문성경을 조선어로 토를 단 한글 성경을 들고 들어온 언더우드, 아펜젤러, 헤론과 같은 선교사로 이 두 공동체가 만나는 곳이 바로 서울의 제중원이었습니다. 결과적으로 남대문교회가 두 복음의 루트이고 합류점이었던 것이죠.

그러나 저희 남대문교회의 초기 사역자들은 모두 평양신학교 출신들이지요. 한국인으로서의 제1대 목사인 박정찬 목사는 평양신학교 제3회 졸업생이고, 1919년 3·1운동 당시에는 평양신학교 재학 중이던 함태영 전도사가 시무하다가 3·1운동을 주도하였으며 그가 3·1운동 주모자로 체포되자, 천민과 양반 출신을 아우를 수 있는 목사로 왕족 출신인 이재형 목사가 부임하였습니다. 물론 제3대 목사는 김익두 목사입니다. 이와 같은 역사를 거론하는 이유는 예나 지금이나 지역별, 직장별, 학력이나 지위나 성격에 따른 차이가 있기 때문입니다. 교회는 이 모든 것을 품을 수 있어야 합니다.

예수님도 부활 승천하신 후 성령님을 보내 주심으로 사두개인 중심의 성전파인 제사장들과 바리새파 중심의 회당파인 서기관들을 모두 품으시고 성전의 요소인 예배와 회당의 요소인 교육이 이루어지는 교회를 세우게 하신 것입니다. 우리 선배 목사님들도 마찬가지입니다. 대부분 올곧은 선비 출신의 목사님이시기에 고린도전서 1장의 말씀을 바로 깨닫고 십자가의 도를 추구하는 삶을 강조하며, 또 그렇게 사셨던 것입니다. 오늘날도 마찬가지입니다. 하나가 되는 길은 십자가의 길밖에 없습니다. 민족을 가슴에 안고 애국 충정하던 선비 기독교의 정신이 필요합니다. 우리 교회의 역사에도 "신앙과 나라 사랑은 하나였다."는 기록을 본 적이 있습니다. 기독교 전래 이후의 대부분의 민족 지도자들은 다 크리스천들이었습니다. 안창호 선생, 이준 열사, 이승훈 선생, 이승만 박사, 남궁억 선생, 조만식 장로… 등등, 다 열거할 수가 없습니다. 얼마 전에 독립 기념관에 가 보니 전시구조가 많이 달라졌더라고요. 제가 초등학교 교사 시절이니까 근 30년 전이지요. 독립기념관에 소위 종교전시관이라는 게 있었고 불교관, 천도교관에는 애국자들의 사진과 업적이 열거되어 있었는데, 기독교관에는 3·1운동이나 교회들의 만세 사건뿐이었습니다. 그러니까 따라오던 어린이가 묻습니다. "선생님 기독교인 중에는 독립 운동을 한 사람이 없는가 봐요!" 그래서 제가 대답했습니다. "아마 기독교인 중에서 독립운동을 한 사람을 개인적으로 소개하려고 한다면 독립 기념관을 하나 더 지어야할 거야!"라고 말해 주었습니다. 조선 독립을 위하여 일한 애국적인 지도자들은 거의 기독교인들이었고, 그중에서도 대다수는 이북 출신이 많았습니다. 해방 후에도 마찬가지입니다. 민족주의자로 불리는 김구 선생님이 남대문교회에서 예배를 드리고 나올 때 기자들이 몰려와서 교회의 필요성을 물었을 때에 "경찰서 열 개보다 교회 하나 세우는 것이 더 중요하다."고 하셨는데 이 말씀의 의미도 깊이 생각해 보아야 한다고 생각합니다. 사회적으로 갈등이 있고 범죄가 심할 때 필요한 것이 경찰서입니다. 그러나 교회는 하나님의 복음으로 사회나 이웃을 변화시키는 중요한 사명이 있지요. 저는 선교를 이야기할 때에 교회 안에서의 사랑이 충만하여 가득 차 넘치게 되어 세상으로 흐르게 되는 것으로 설명합니다.

한국 교회의 역사는 선교함으로 성장한 대표적인 교회가 아닙니까? 장로교만 봐도 1907년에 최초로 7명의 목사가 안수를 받았는데, 그해 이기풍 목사가 제주도로, 2년 후 한석진 목사가 일본으로, 1909년에 목사 안수를 받은 최관흘은 해삼위, 지금의 극동 지역 연해주 우스리스크로 선교사를 떠났으며, 1912년 최초로 총회가 구성되면서도 김영훈, 사병순, 박태로 세 사람을 중국으로 파송하였습니다. 저는 지금 걱정을 많이 합니다. 교회의 형편이 어려워지고 여건이 힘드니까 선교 사업을 줄이겠다고 하는 데 매우 우려스럽습니다. 이전에는 형편이 좋아서 선교사를 파송한 것이 아니지요. 선교를 하니까 하나님께서 부흥시켜 주신 것입니다. 어려울

수록 선교는 해야 합니다. 한국 교회는 성장해서 선교한 교회가 아니고, 선교함으로 성장한 교회입니다. 북한 선교도, 해외 선교도 마찬가지입니다.

4

박성배 한국 교회의 역사를 보면 이남 지역보다는 이북 지역의 교회 부흥이 상대적으로 매우 월등한 것으로 나타나 있습니다. 교회역사 자료를 보면 장로교 같은 경우, 이북 지방의 교회 수나 교인 수에서 7대 3이상으로 앞선 것으로 나타나 있습니다. 이북 지역 교회가 이남 교회보다 그와 같이 부흥된 사회적 또는 지역적 원인이 무엇이라고 보시는지요?

손윤탁 사회적 또는 지역적 원인을 말씀하셨는데 저는 사회적 또는 지역적 특성 때문이라고 생각합니다. 주로 이 지역 사람들의 성격부터가 매우 대륙성향의 적극적성이 있습니다. 저는 종종 선교지를 돌아보면서도 적도 지역 사람들의 삶의 모습과 우리의 모습을 비교해 봅니다만 좁은 나라이지만 이남 지역과는 분명히 성격적인 차이가 있는 것 같습니다. 더구나 이북 지역 사람들은 일찍부터 지리적으로 국제적인 감각이 탁월했습니다. 남쪽 지역이 일본과의 관계로 인하여 주로 폐쇄적인 반면, 바다가 육로로 연결된 중국과 만주, 더 멀리 중앙아시아와 러시아 등 대륙과의 연결된 활동무대 자체가 일찍부터 복음을 긍정적으로 받아들이게 하였다고 봅니다. 당시의 남쪽 지방은 단순한 농수산업에 종사하고 있었지만 북쪽 지역은 상공업이 발달했습니다. 조선 시대만 하더라도 대부분의 선비들은 기호파와 영남파로 상공업에 종사하는 서북파에 대해 천시하는 경향이 있었지만 성격적으로도 매우 적극적이고 활동적이었습니다.

그래서 이북 지역의 교회가 남쪽에 비하면 상대적으로 크게 성장하였고, 전도와 선교의 열정도 남쪽에 비하면 훨씬 앞서 있었습니다. 사실 남쪽 지방의 교회 성장은 거의 해방 후에 이북 지역이 공산화됨으로 월남한 목회자들과 성도들에 의하여 이루어졌다고 해도 과언이 아닙니다. 그렇게 보면 이북 지역의 교회가 크게 부흥한 것도 하나님의 뜻이었다고 대답할 수밖에 없습니다. 적극적인 성향의 북쪽 지역의 기독교인들을 남쪽으로 쏟아져 내려오게 하셔서 오늘의 한국 교회로 성장하는 데 큰 힘이 되게 하신 것으로 생각합니다. 실제적으로 주기철, 손양원 목사와 같은 분들은 남쪽지역 선비 출신들이시지요. 그러나 그분들이 북쪽 지역의 역동적인 힘과 조화를 이루게 됨으로 오늘의 한국 교회라는 모습을 갖추게 된 것이 아닌가 생각합니다.

5

강석진 제가 알기로는 지금의 한국 교회의 태생이 크게 두 양상을 가지고 있다고 봅니다. 하나는 남한 지역에서 개척되어 세워진 교회들이 있는데, 그 대표적인 교회가 남대문교회와 새문안교회, 정동교회 등이 있죠. 둘째로는 그에 반해 1945년 해방되면서 바로 공산화가 이북 지역에 이루어짐으로 이북 지역의 목사님들과 그곳 교인들이 신앙의 자유를 찾아서 월남하여 이남 지역에 새롭게 정착된 교회들이 상당수가 있습니다. 그 대표적인 교회를 든다면 신의주 제2교회 목사님이시었던 한경직 목사님께서 그곳 교인들과 함께 월남하여 세운 영락교회가 있습니다.

그렇다면 이제는 이북에서 월남하여 세워진 교회이든 애초에 이

남 지역에 세워진 교회든지 모두가 분단되어 있는 상황에 이 나라의 시대적 요청인 남·북의 화합과 통일을 위해 함께 힘을 합쳐서 나아가야 되는 것이 아닌가 생각됩니다. 손 목사님께서는 이북 지역의 교회 회복과 재건을 위해서는 이남에 있는 교회가 가장 먼저 해야 할 일들이 무엇이라 생각하시는지요?

손윤탁 맞습니다. 아주 중요한 지적을 하셨습니다. 방금 하신 말씀대로 남,북 교회의 조화가 하나님의 뜻이라고 말씀드릴 수 있는데요. 두 가지 이야기를 하신 것 같습니다. 금년_2015년_ 들어서 해방 70년, 분단 70년을 이야기합니다만, 남한에 뿌리를 내린 교회들은 전통적이면서 든든한 신앙을 배경으로 터가 견고한 교회였다고 하면, 이북에서 내려온 성도들과 이들에 의하여 세워진 교회들은 부흥과 성장을 주도한 교회들이라 할 수 있을 것입니다. 그러나 그 내용을 구체적으로 구분하기는 어렵습니다. 다만 전쟁으로 인하여 고향을 잃은 실향민들이 먼저 깨달은 바는 이 세상에서 소유하고 있던 그 재산들이 다 내 것이 아니라는 것을 알게 되었기 때문에 교회를 통한 하나님 나라 건설을 위하여 선교에 더욱 많은 힘을 기울였다고 보아야 할 것입니다. 그러나 사회자께서 말씀하신 대로 오늘의 한국 교회는 어우러져서 함께 이룬 것입니다. 그래서 어느 누구보다 그리스도인들이 더욱 통일을 열망하고 있는 게 아닌가 생각됩니다.

둘째, 한국 교회는 특히 남한의 교회가 통일을 위하여 해야 할 일이 무엇인가를 말씀하셨습니다. 경솔하게 북한 선교를 이야기하지 않았으면 합니다. 북한 선교를 하지 말자가 아니고 무턱대고 북한 선교를 이야기하지 말자는 것입니다. 제일 걱정스러운 것이 오늘날 남한 교회와 같은 모습이 북한에서 재현되어서는 안 된다는 생각입니다. 먼저 우리부터 교회다운 교회가 되게 해야 합니다. 모든 교회는 주님의 교회입니다. 예수님도 베드로의 신앙고백 위에 나의 교회를 세우겠다고 하셨습니다. I will build My Church! 주님이 교회의 주인이시고, 주님의 소유인 교회가 되어야 합니다. 제가 걱정하는 것은 주님의 방식이 아닌 나의 방식입니다. 북한 동포 여러분 오해하지 마십시오. 혹 북녘 동포들이 남한 사람보다는 성경을 잘 모를 수도 있습니다. 아마 찬송가도 남한 사람들이 더 많이 알겠지요? 기독교는 2천 년의 역사를 가지고 있습니다. 폐쇄적인 북한 땅에서 신앙의 자유를 누리지 못하고 있기에 교리나 신학이 우리보다 부족할 수도 있습니다. 그러나 성경과 찬송가를 상대적으로 모른다고 해서 그들의 신앙까지도 열등하다고 보면 안 됩니다. 그래서 드리는 말씀입니다. 하나님의 일은 하나님이 하십니다.

그러므로 북한 선교를 위하여 가장 먼저 해야 할 일이 있다면 겸손하게 무릎 꿇고 기도하는 일일 것입니다. 그리고 자신을 돌아보며 통일 이후에도 부끄럽지 않은 남한 교회, 복음을 마음껏 전할 수 있는 상황이 오면 남한 어느 교단이나 교파의 교회가 아니라 주님의 교회임을 확실하게 보여 주어야 하지 않을까 생각합니다. 예수님만 믿으면 구원을 받습니다. 지금 죽어도 우리는 천국에 갑니다. 더 중요한 것이 이미 구원받은 우리가 북한의 형제들을 위하여 해야 할 일이 있습니다. 그것은 남을 정죄하고 자기주장을 내세우는 것이 아니라 더욱 주님의 뜻을 알고 그 뜻을 행하는 것입니다. 그것이 바로 생명을 걸고 북한 땅에서 이곳 남한까지 내려와 교회를 부흥시킨 옛 선배들의 은혜에 대한 보답이 되지 않을까 생각합니다. 그래서 드리는 말씀입니다. 북한 선교뿐만 아니라 세계 복음화를 위해서도 구체적인 전략이 필요합니다. 물론 하나님의 일은 하나님이 하신다는 절대적인 믿음이 필요하지만 우리가 감당해야 할 부분이 있습니다. 왜냐하면 하나님은 사람을 통하여 일하신다는 것입니다. 그래서 통일 이야기를 하는 우리도 이 부분은 꼭 짚고 나가면 좋겠습니다.

맺는말

강석진 한국 교회는 선교 130년을 맞이했고, 이제 선교 2세기로 접어들었습니다. 금년 2015년이 해방과 분단 70년이 되었습니다. 요즘 정계나 학계와 교계에서도 통일에 대한 관심뿐만 아니라 통일 운동이 활발하게 일어나고 있습니다. 그렇다면 이제 한국 교회가 나아갈 방향이 정해진 것이라고 봅니다. 하나님께서 이스라엘 백성이 40년 고난의 광야 훈련을 끝내고 약속의 땅 가나안에 들어가기 직전 새로운 지도자인 여호수아에게 이처럼 말씀하셨습니다. 여호수아 1장 2절입니다. "

> 내 종 모세가 죽었으니 이제 너는 이 모든 백성과 더불어 일어나 이 요단을 건너 내가 그들 곧 이스라엘 자손에게 주는 그 땅으로 가라.

이 말씀이 지난날 이북에서 내려온 교회나 이 땅에 있는 모든 교회에 명하신 북녘 교회 재건과 회복을 위해 준비하라는 말씀이라고 생각합니다. 오늘 〈통일을 앞당겨 주소서〉 인터뷰에서 귀한 말씀을 해 주신 남대문교회 손윤탁 목사님께 감사드립니다. 다음 주에 다시 한 번 더 모시고 통일과 선교에 대해 말씀을 구체적으로 듣도록 하겠습니다. 감사합니다. 평안하십시오.

선교교육과 통일 2

강석진 평안하셨습니까? 지난 시간에는 남대문교회 소개와 한국의 교회역사와 선교역사에 대해 손 목사님과 많은 이야기를 나누어 보았습니다. 오늘은 두 번째로 다시 모시고 한국 교회가 통일을 위해 어떻게 준비해야 하며 통일시 북한지역의 교회 회복과 부흥을 위한 전략 그리고 통일 이후 한국 교회의 선교 사명과 역할에 대해 말씀을 나누어 보도록 하겠습니다.

1

강석진 우리 한국 교회는 근대사와 현대사의 격랑 속에서 교회 역사를 이어 왔다고 봅니다. 조선 말기인 1882년 5월에 인천 제물포에서 조선과 미국이 조·미 수호통상조약을 맺음으로 서방의 선교사들이 어둠의 조선 땅에 들어올 수 있게 되었습니다. 그 후 1908년 대한 제국은 일본의 강점으로 인해 나라가 없는 교회가 되었고, 그 후 36년 만에 일본의 식민지에서 해방되었으나, 바로 38선을 중심으로 남과 북이 갈라지고 이북 지역은 공산화가 됨으로 그 땅의 교회들은 다 훼파당하고 신앙인들은 핍박과 환난을 당하는 지하교회가 되었습니다.

그 후 세월이 이제 70년이 지났는데, 우리나라의 분단 역사가 이스라엘 솔로몬 왕이 죽은 후 북이스라엘과 남유다 왕국으로 갈라진 역사와 매우 유사하다고 봅니다. 손 목사님께서는 이 같은 한국 교회의 고난사와 남과 북으로 갈라진 교회 역사를 우리 민족을 향한 구속사적인 시각으로 본다면 어떻게 해석해야 한다고 보시는지요? 우리 민족이 제2의 이스라엘 민족이라고도 하는데 어떤 의미로 보아야 하나요?

손윤탁 성경의 역사와 우리의 민족의 역사가 어떻게 그렇게 유사하냐고 이야기하는 사람들이 많습니다. 유사하다는 말은 비슷하다는 말이지요? 저는 유사하다고 표현하지 않고 똑 같다고 봅니다. 하나님께서 세상 만물을 만드셨다는 사실을 믿는 신앙을 '창조 신앙'이라고 합니다. 그러나 하나님께서 만드신 모든 세계를 운행하시고 다스리시는 것을 우리는 '섭리 신앙'이라고 합니다. 성경은 하나님의 창조 사역만 기록되어 있는 것이 아니고 그의 섭리하심도 함께 있습니다. 우리의 옛 선배 신앙인들은 이 섭리 신앙이 분명했습니다. 억울하고 고난을 당하고 핍박을 받고 순교를 해도 하나님의 뜻과 섭리를 믿고 순종했습니다. 전쟁으로 자녀와 남편을 잃고, 가정이 파괴되고 극한 슬픔 가운데에서도 그들은 하나님의 섭리하심이 있다는 사실을 믿고 이 모든 고통을 이겨 내었습니다.

저는 한국 교회의 고난과 남북 분단의 역사 가운데에서도 하나님의 섭리를 볼 수 있어야 한다고 생각합니다. 그 구체적인 기록과 근거가 성경이라는 사실을 분명하게 말씀드리고 싶습니다. 이스라엘과 유다의 남북 분단의 역사나 주변에 있는 앗수르와 바벨론의 위협 그리고 팔백만 신을 섬긴다는 일본 못지않은 우상의 나라 애굽, 그 사이에서 전개되는 남북 왕조의 역사는 꼭 우리나라의 역사

책을 읽는 것 같지 않습니까? 이스라엘 민족은 아브라함이후부터 선민적 역사의 배경을 가지고 있습니다. 이는 하나님의 주권적 섭리이죠. 그 이유를 우리는 알 수 없는 하나님의 신적 작정이기에 "왜?"라는 의문을 제기할 필요가 없다고 봅니다. 이는 하나님의 계획과 섭리 속에 진행되어 온 하나님의 축복과 죄악에 대한 징계와 용서와 자비와 긍휼함이 이스라엘 민족사 속에 면면히 진행되어 온 것을 성경과 인류사를 통해 분명히 입증된 인류의 문명사이기도 합니다. 지금까지 아브라함 이래로 약 4천 년 이상을 하나님은 이스라엘 민족을 이끄셨습니다.

그런데 19세기 말에 이르러서는 하나님께서 사망과 저주에 앉아 있던 우리 민족을 구원하시고 택함 받은 민족으로 삼으시기 위해 서방의 선교사들을 이 땅에 보내 주셔서 구원의 반열에 세워진 민족이 되었고 세계 선교 역사상 그 유래를 찾아볼 수 없는 가장 성공적인 선교 한국이 이처럼 성장하게 된 것입니다. 우리 한국 교회는 선교 1세기에 걸쳐서 전 인구의 약 20%가 기독교인이 되었고, 세계에서 가장 역동적으로 온 세계 170여 개 나라에 약 3만여 명의 선교사를 배출하여 선교국으로 자리매김을 확실하게 하였다는 것은 매우 경이로운 역사입니다. 베드로전서 2장 9절에 이같이 말씀하고 있습니다. "그러나 너희는 택하신 족속이요 왕 같은 나라요 제사장들이요 거룩한 나라요 그의 소유가 된 백성이니 이는 너희를 어두운데서 불러내어 그의 기이한 빛에 들어가게 하신 이의 아름다운 덕을 선포하게 하려 하심이니라." 이 말씀이 곧 우리 민족을 두고 하신 예언의 말씀이라고 확신합니다.

이는 하나님의 강권적인 인도하심과 축복이고 금세기에 우리 민족을 선민으로 택하셨다는 우리 민족을 향하신 엄청난 축복입니다. 한국 교회의 성장과 해외 선교는 한국의 경제 성장과 맞물려서 함께 해 왔습니다. 우리는 60년대 초만하여도 세계에서 가장 못사는 희망이 없는 나라였는데, 이제는 세계가 부러워하는 기적적인 선진 경제를 이루고 정치도 자유민주정치를 굳건히 하였습니다. 한국처럼 정치민주화와 경제선진화의 두 마리 토끼를 잡은 나라는 유일하게 대한민국뿐입니다. 한국 교회는 경제의 고도성장과 함께 교회성장도 초고속 성장을 하였습니다.

이스라엘은 1948년 5월에 2천 5백 년 만에 독립 국가를 세웠고 한국은 1945년 8월에 독립을 하였는데 이스라엘이나 한국은 주변의 강대국들과 끊임없는 전쟁과 충돌이 있음에도 나라가 성장하고 건재하고 있다는 것은 신비로운 일로써 이는 하나님의 섭리와 축복이라는 이유 말고는 설명이 될 수 없는 일입니다. 이스라엘은 중동의 강국이고 한국은 동북아의 강국입니다. 뿐만 아니라 신앙적인 열정이 한국이나 이스라엘이나 동일합니다.

2

박성배 손윤탁 목사님께서는 신학자이시면서 많은 책을 저술하였는데 그 가운데에 한국 교회에 대한 저서도 있습니다. 몇 년 전에 출간하신『한국 교회와 선비정신』이라는 책 속에 "독립 운동과 기독교 선비들의 활동"에 대한 내용이 있습니다. 그렇다면 통일을 위한 한국 교회의 시대적 역할도 기대됩니다. 어떤 역할을 한국 교회가 통일을 위해 감당해야 된다고 보시는지요? 지난날 한국 교회의 선배님들의 그 시대의 활동도 먼저 언급해 주시고 이 시대에 한국 교회의 지도자들의 역할이 무엇인지에 대해서도 말씀해 주셨으면 합니다.

손윤탁 보십시오. 성경에 보면 바벨론의 포로도 70년 만에 돌아옵니다. 소련의 공산주의도 70년 만에 무너집니다. 누가 무력 혁명이나 전쟁을 일으켜서 소련 공사주의가 무너진 것이 아니지 않습니까? 한국 교회를 불쌍히 여기신 하나님은 1910년부터 1945년까지 연수로는 36년이라 하나 70년의 절반인 만 35년 만에 해방을 주셨습니다. 어설픈 예언이라 할지 모르지만, 지금이 해방 70년입니다. 38도선으로 이야기하면 올해, 정부수립일을 기준으로 하면 3년 후, 6·25전쟁을 기준으로 하면 5년 후입니다. 물론 휴전선을 기준으로 하면 아직도 8년이나 남았지만 우리 민족의 통일도 멀지 않았습니다. 지금 말로만 통일을 준비하자고 이야기할 때가 아니고 구체적으로 통일을 위한 준비를 해야 할 때입니다.

어느 날 갑자기 통일이 이루어져서 우왕좌왕하는 교회가 되어서는 안 됩니다. 그래서 하나님께서는 통일을 앞두고 북한의 현실을 가장 잘 아는 탈북자들을 남한으로 보내실 뿐만 아니라 어느 때보다 많은 목회자들과 선교사들을 배출시키셨습니다. 한국 교회는 북한에서 많은 고난을 받은 동포들 가운데서 통일의 지도자와 북한의 복음화를 위해, 지도자 양성을 위해 다양한 통일전략과 북한의 교회 회복과 재건을 위한 전략을 준비해야 하고 실천하여 하나님께서 통일을 허락하실 때에 준비된 복음의 일꾼들과 정치, 사회, 문화, 경제, 과학, 체육 등 모든 다양한 분야의 리더들이 들어가서 새로운 하나님의 나라를 그 땅에 재건해야 합니다.

탈북인들 가운데에 수십 명의 신학교 졸업자들이 배출되었고 북한 선교를 준비하고 있고, 한국 청년들 가운데서도 통일을 위해 많은 분들이 뜻을 가지고 준비하고 있습니다. 하나님께서는 하나님의 일을 이루시기 위해 앞서서 반드시 지도자들과 일꾼들을 준비시키십니다. 모세가 그러했고 다윗도 그러했습니다. 한국 교회 지도자들은 어느 문제보다 통일을 준비하는 이 일이 가장 시급한 일이라는 것을 깨닫고 나서야 하며 그 구체적인 방안들을 제시해야만 합니다. 그 방안 가운데 하나가 방금 박성배 박사님이 지적하신 우리의 고결한 선비정신, 그것도 그냥 피상적인 세속적인 선비정신이 아니고 바른 성경적 선비 정신을 회복하는 길이라고 생각하였기 때문에 책을 저술한 것입니다. 그러나 이 시간에 말씀 드리고 싶은 것은 선비정신은 도를 찾는 것인데, 그 도라는 것 중에서도 '십자가의 도'입니다. 희생과 고난과 고통 가운데에서도 주님의 정신을 따르는 길을 이야기하는 것입니다. 사도 바울도 오직 십자가의 도만을 전하기 위해 순교까지 하였습니다.

특히 최근 들어 북한 땅에는 신앙의 문제로 고난 받는 지하 성도들이 많다는 이야기를 듣고 있습니다. 북한 동포들에게 부탁드리는 것은 통일이 늦어질지라도 인내하셔야 하며 그들의 기도의 분량이 채워지면 하나님께서 반드시 통일을 이루어 주십니다. 2천 년의 기독교 역사는 순교의 역사입니다. 고난과 핍박의 역사였습니다. 조금만 더 인내하시며 기다리시되 신앙을 잃지 않으셔야 합니다. 저는 하박국 3장 2절 말씀으로 북한 동포들과 지하 성도님들에게 위로의 말씀을 전하고 싶습니다.

여호와여 내가 주께 대한 소문을 듣고 놀랐나이다 여호와여 주는 주의 일을 수년 내에 나타내시옵소서 진노 중에라도 긍휼을 잊지 마옵소서.

3

강석진 이번에는 북한의 기독교인들의 순교에 관한 내용을 짚어 보도록 하겠습니다. 터툴리안은 이런 말을 하였습니다. "순교의 피는 그 지역 교회가 성장하는 데 자양분이 된다."라고 하였습니다. 이 말이 한국 교회 역사에도 적용된다고 봅니다. 한국 장로교 역사학회에서 발간한 2014년 한국 교회사 특강 자료에 보면 1953년부터 2006년까지 약 2만 9천여 명이 북한에서 순교한 기독교인의 자료가 기술되어 있었습니다.

또 정치범 수용소에서 탈북한 어느 분의 간증에 의하면 북한 전역의 정치범수용소에 약 20만 명 이상이 수용되어 있는데, 그중 약 20% 이상이 잡혀 들어온 북한 지하 성도들이었다고 증언한 바가 있습니다. 그렇다면 지구상에서 21세기에도 가장 많은 순교자들을 배출한 나라가 바로 북한이라고 단정지을 수 있다고 봅니다. 이처럼 북한 공산정권이 북한 내에 기독교 세력을 척결하는데 사활을 걸고 북한의 지하 성도들을 핍박하고 있는 데에는 분명한 이유가 있다고 봅니다. 손 목사님께서는 이런 순교와 핍박을 성경적으로 어떻게 해석해야 된다고 보시는지요? 성경에는 많은 믿음의 의인들과 예수님을 비롯해서 많은 선지자들과 성도들이 순교의 피를 흘렸고 고난과 핍박의 역사를 겪으면서도 구속사가 진행되고 교회가 성장했던 역사를 볼 수 있지 않습니까?

손윤탁 예수님께서도 종말의 징조를 말씀하셨습니다. 요즘도 처처에 지진과 기근이 있습니다. 나라와 나라가 대적하며 전쟁과 난리의 소문이 끊이지 않고 있습니다. 내가 그리스도라고 하는 적그리스도들이 나타나고 있습니다. 그중에 성도들이 겪게 될 고난에 대해서도 이야기하셨습니다. 부모가 자식을, 자식이 부모를 죽는 데에 내어 줍니다. 큰 환난과 핍박이 따른다는 이야기입니다. 과거에도 이러한 사례들은 있었습니다. 그러나 오늘날과 같지는 않았습니다. 점점 그 강도가 심해지고 있습니다. 이러한 현실은 우연이 아닙니다. 저는 오히려 이러한 시련을 겪으면서도 신앙을 지키는 북녘 땅 동포들이야말로 하나님이 남겨 두신 성경 속의 '남은 백성들'이 아닌가 생각합니다. 순수하고 정결한 믿음으로 그날이 오기를 바라는 '기다리는 사람들'이 틀림없습니다. 성도라는 말을 우리말로 번역하면 '거룩한 사람들'이지요. 그러나 저는 성경적으로 성도란 "기다리는 사람들"이라고 해석합니다. "주님을 기다리는 사람, 좋은 날 오기를 기다리는 사람, 하나님 나라를 기다리는 사람, 더구나 조국의 통일과 신앙의 자유를 기다리는 사람들"이 바로 북녘 땅 동포들이 아닐까요? 순교자들이 하나님께 신원하시는 것을 늘 듣고 계시고 하나님의 때에 저들의 기도가 마침내 이루어질 것입니다. 요한계시록에서도 거룩한 성도들의 그러한 소원을 응답해 주신다고 하셨습니다.

4

박성배 이번에는 통일 이야기를 해 보겠습니다. 한국 교회가 통일을 준비하기 위해서는 선제적으로 교회의 제도 개선과 신학적 노선의 재정립이 필요하다고 봅니다. 근래에 들어서 외국의 진보적 해방신학이니, 인본적 신학과 이단과 사교들의 침투와 확장이 크게 일어나고 있습니다. 과거에 우리 한국 교회 내에서도 해방을 전후해서 교회 내에 공산주의자들도 있음으로 매우 혼란했던 역사가 있지 않았습니까? 손 목사님께서는 목회자이시고 신학자이시므로 어느 누구보다도 이점을 잘 파악하고 있다고 생각됩니다.

손윤탁 저는 신학자이기도 하지만 초등학교와 중등학교에서 반공도덕을 가르치던 윤리학자 중의 한 사람입니다. 기독교와 공산주의는 한 자리에 앉을 수가 없습니다. 반드시 공산주의자는 변화되어야 할 대상입니다. 이미 남북 분단 이전부터 공산주의자들은 교회를 핍박했습니다. 중국 만주 종성 예배당에서 목사 형제를 교인들이 보는 앞에서 면피를 하는가 하면 기독교인들을 무참하게 학살하는 일을 서슴치 않았습니다. 그러나 꼭 한 가지 유념할 것은 공산주의자들의 이러한 만행을 저지르게 된 계기, 곧 그 빌미를 제공하는 것은 언제나 교회였다는 사실을 간과해서는 안 된다는 것입니다.

막스나 레닌이나 스탈린, 심지어 김일성까지도 교회와 무관한 인물들이 아니었다는 점입니다. 교회가 타락하거나 사사로운 인본주의적인 논리에 빠져 있으면, 오늘날도 이단과 사이비는 물론 혼합주의나 종교다원주의와 같은 거짓된 사상들이 교회에 그 틈을 노리고 함께 들어왔습니다. 공산주의자들은 아예 하나님이 없다고 주장하였습니다. 그런데 교회 간에 또는 교회 내에서도 서로 자기 교단이나 교파의 신학은 건전하고, 타 교파나 타 교단을 혼합주의나 종교다원주의로 정죄하고 비난하는 것을 보면서 이것 역시 작은 문제가 아니라고 생각합니다. 이렇게 되면 진짜 혼합주의가 무엇이며, 진짜 종교 다원주의가 무엇인지 모르게 됩니다. 이러한 현상과 상황을 정확하게 판단하고 가르쳐 주어야 할 사람들이 신학자들이고 교회 지도자들입니다. 이러한 점에 있어 한국 교회가 가장 복음적인 성경적 신학을 확립하고 분별력 있는 선지자적 사명의식을 갖춘 차세대 지도자들을 세워 나가서 장차 통일의 시대에 쓰임 받도록 해야 한다고 생각합니다.

5

강석진 그러면 통일된 후에는 한국 교회가 북한 교회의 재건과 부흥을 위해 가장 비중 있게 해야 할 사역이 무엇이고 어떻게 해야 되는 지를 말씀해 주시죠. 예를 들면 평양의 지난날 한국 교회의 목회자들을 배출한 평양 신학교가 교회의 산실이었는데, 신학교 재건과 북한 지역의 복음화와 현지 사역자 양성이라든지 많은 사역들이 준비되어야 된다고 생각됩니다. 그 외에도 몇 가지 더 있다면 말씀해 주셨으면 합니다.

손윤탁 북한 교회의 재건에는 적어도 몇 가지의 원칙이 있어야 합니다. 북한 교회의 재건은 북한에서 70년 동안 고난을 받고 핍박을 받아 온 북한의 성도들에 의하여 이루어지게 해야 합니다. 그렇지 않으면 북한뿐 아니라 온 한국 교회가 또 한번 큰 혼란에 빠지게 될 수 있습니다. 갈기갈기 찢어진 교회가 되게 해서는 안 됩니다. 물론 남한의 교회들이 필요한 것들을 공급해 줄 수 있도록 준비해야 할 것입니다. 동시에 북한의 교회들은 독립적인 조직과 역할을 수행할 수 있게 해야 합니다.

거듭 말씀드리지만 교회는 주님의 교회입니다. 북한의 성도들도 나름대로의 신앙을 지키기 위하여 몸부림쳐 왔습니다. 역시 요청이 있다면 인적인 자원은 물론 다른 모든 것도 지원해야 하겠지만 남한의 교회 지도자들이 북한의 교회를 주도하려고 하는 일은 없어야 합니다. 그렇게 되면 통일 후에 남과 북의 교회는 대립 관계가 될 수도 있습니다. 즉 통일 후에 북한의 교회를 남한 교회에 종속화하려는 의도는 처음부터 제외되어야 합니다.

그러나 지금 극동 방송에서 북녘 동포들을 위하여 방송을 통해 전도뿐만 아니라 양육 프로그램을 운영하는 것도 미리 북한의 교회 재건에 큰 역량을 불어넣고 있는 것이며 통일을 준비하는 것이라 생각됩니다. 강 목사님께서 아주 중요한 문제를 지적해 주셨습니다. 말씀하신 대로 신학교의 재건과 현지 사역자의 양성을 위한 준비가 가장 시급합니다. 자립의 원칙이나 독립의 원칙 못지않게 자치적인 지도력을 행사할 수 있도록 도와야 합니다.

저는 지금 남한의 신학교들이 북한 선교 사역을 위하여 일꾼을 양성한다는 이야기를 들을 때마다 놀랍니다. 맞습니다. 일꾼을 양성해야 합니다. 그러나 북한 선교를 위한 전문적인 지도자를 양성해야 합니다. 북한 교회의 독립적이면서 자치적인 지도자들을 도울 수 있는 사역자들이어야 하기 때문에 남한의 교회 사역자가 남아돈다고 해서 그들을 북한 교회의 사역자들로 투입한다는 것은 너무나 위험한 발상이라는 사실을 지적하고 싶습니다. 이렇게 되면 이북 지역의 교회의 분리와 난립이 이루어져 엄청난 교회의 혼돈과 충돌을 야기시킬 수 있기 때문입니다.

6

박성배 선교학자들은 세계 선교 역사에서 한국 교회가 가장 성공적인 선교지로서 가장 빠른 기간에 교회의 자립과 현지화가 되었고, 바로 세계 선교를 행한 선교 한국 교회로 자리매김해 온 것으로 평가하고 있습니다. 그러면 남과 북의 교회가 하나가 되어 통일된 후에는 통일 대한민국 교회가 세계 복음화에 엄청난 상승 작용을 일으킬 것이라 예측도 하게 됩니다. 그러기 위해서는 통일된 후의 한국 교회가 어떤 모습을 갖추고 어떻게 준비해야 할지에 대해서 신학자의 입장에서 말씀해 주셨으면 합니다.

손윤탁 교회 성장학자들은 단순하게 양적인 부흥만을 성장이라고 한 적이 없습니다. 양적인 성장은 언제나 결과적인 현상입니다. 그러나 안타까운 것은 마치 교회 성장학 자체가 수적인 것만을 추구하는 것처럼 오해하는 일이 많다는 점입니다. 물론 사람들이기 때문에 결과적인 것을 봅니다. 그러나 하나님은 결과보다 동기와 과정을 더 중요하게 여기십니다. 물론 결과도 좋아야 하지만 하나님은 그 동기와 과정을 훨씬 더 귀히 여기는 분이심에 틀림없습니다.

예루살렘교회는 사도들의 가르침을 받은 교회였습니다. 성경 말씀을 통하여 질적인 성장이 이루어졌고, 또한 모여서 떡을 나누며 교제하며 기도하는 교회였습니다. 이것을 성경학자들은 내적인 성장이라고 합니다. 사도들의 가르침으로 영적인 변화를 이루어가는 것을 Growing Up이라고 하는 반면에 모여서 교제하고 사랑을 나누며 기도하는 모습을 두고 Growing Together 라고 하지요. 더구나 이러한 교회일수록 외적인 일을 등한히 하지 않습니다. 이러한 교회들은 칭찬을 받고 이웃으로부터 칭송을 받습니다. 전 세계에 나가 있는 선교사들도 한국 교회가 좋은 소문이 나고 잘 되어야 선교하는 데 힘을 얻습니다. 국내에서 비난받고 부끄러운 일들이 계속되면 외국에 나가 있는 선교사들도 담대하게 전도를 하거나 사역을 전개할 수가 없습니다. 그러나 초대교회는 칭찬을 받았습니다. 이것을 외적 성장, 곧 Growing Out이라고 합니다.

그 결과 어떤 현상이 나타나겠습니까? 믿는 사람들의 수가 늘어납니다. 수적인 성장, 흔히 이야기하는 양적인 성장, Growing More 가 이루어지는 것입니다. 남북의 교회가 하나가 되고, 통일된 나라가 되어 복음을 전하게 된다고 가정해 보십시오. 지금도 세계에서 가장 많은 선교사를 파송한 한국 교회이지만 보세요. Growing Up,

Growing Together, 게다가 Growing Out까지 이루어지면 한국 교회의 성장 정도가 아니지요. 온 세계 열방을 향한 선교는 날개를 달게 될 것입니다. 분명하게 말씀드립니다. 한국 교회는 성장하므로 선교한 교회가 아닙니다. 선교함으로 성장한 교회입니다. 그래서 우리의 선배들이 그렇게 기도한 것입니다. "삼천리반도 금수강산을 복음의 종주국으로 써 주시옵소서." 하고 말입니다.

7

강석진 2015년이 분단 70년에 이북 지역은 공산화되었지만 이 또한 하나님의 섭리 하에 허락되고 진행되어 온 우리 민족의 역사이고 한국 교회의 역사라고 생각됩니다. 불원간에 하나님께서 분명히 통일 대한민국을 만들어 주실 터인데 통일된 한국 교회가 장차 열방선교의 사명이 우리에게 있다고 보고 있습니다. 지정학적으로도 통일이 되면 반도 국가가 아닌 아시아 대륙, 유라시아로 이어지는 대륙을 향한 선교의 사명이 통일 대한민국 교회에 있다고 생각됩니다. 그러한 글로벌 선교 비전을 우리가 어떻게 준비하고 구체화 해야 될지에 대해 미래 지향적인 선교적 관점에서 말씀해 주셨으면 합니다.

손윤탁 우리 기독교는 늘 새로운 것을 이야기합니다. 미래지향적인 새로운 선교 전략을 이야기합니다. 그러나 그 기준은 언제나 성경입니다. 참 아이러니한 이야기이지만 개혁이나 갱신이나 새 사람의 기준은 세상 사람들이 가장 케케묵고 오래된 책이라고 하는 성경입니다. 마찬가지입니다. 예수님의 선교 전략을 따라야 합니다. 바울의 선교 전략도 동일합니다. 갈릴리에서 열두 제자를 선택하신 주님은 사마리아와 베뢰아를 거쳐서 예루살렘으로 향하는 지역 중심의 선교, 거점이 있는 선교 전략을 구사하셨습니다. 그리고 예루살렘과 온 유대와 사마리아와 땅 끝이라고 하셨습니다. 사도 바울도 안디옥에서 시작하여 로마에 이르기까지 갈라디아와 아시아, 마게도냐와 아가야에 집중적으로 전도하였습니다. 목표가 있고 거점이 있었습니다.

통일이 된 후 개성이 관문 도시라면 평양이 거점 도시가 되고, 여타의 주요 도시들이 중심 도시가 되는 전략을 생각해야 합니다. 그러나 예수님이나 바울의 전략 중 두 번째 특징은 팀 전략입니다. 동역자들이 있었다는 것입니다. 비록 불학무식한 어부들이라 할지라도 예수님은 열두 제자들을 그의 동역자로 선택하셨습니다. 창기나 귀신들린 여자들까지도 주님을 따랐습니다. 바울도 마찬가지입니다. 바나바와 누가와 실라와 브리스길라와 아굴라, 수없는 무리들과 함께 하였습니다. 심지어 감옥에까지도 같이 갔습니다.

북한 선교 전략은 팀 전략이어야 합니다. 독불장군은 위험합니다. 혼자하면 매끈하지만 교회는 거칠고 울퉁불퉁해도 함께 하는 것입니다. 강 목사님과 박 목사님의 팀 웍이 얼마나 보기에 좋습니까? 세 번째 전략은 융통성과 다양성입니다. 병자를 고치시고, 제자들을 가르치시고, 때로는 훈계로. 때로는 칭찬으로 주님은 그렇게 사역하셨습니다. 좌로도 우로도 치우치지 말고 이스라엘의 잃어버린 양에게로 가라고 하신 주님이 자신은 두로에도 시돈에도 나아가셨습니다. 경직된 선교가 아니라 융통성이 있었습니다. 바울은 변덕장이라고 듣습니다. 그러나 바울은 "내가 유대인에게 유대인처럼 된 것은 유대인들을 구원하기 위함이요, 이방인들에게는 이방인처럼 한 것은 이방인들을 구원하기 위함이라고…"

북한 선교는 정말 융통성이 필요합니다. 다양한 방법이 필요합니다. 그러나 마지막으로 말씀드리는 것은 예수님께서도 부활 승천하신 후 성령님을 보내셔서 교회를 세우셨지만 바울이 지나간 자리에도 언제나 흔적이 남았습니다. 교회입니다. 데살로니가 지역을 지나가면 데살로니가 교회가, 고린도지방을 거쳐 가면 고린도 교회가 세워졌습니다. 북한 선교의 목표는 분명합니다. 무너진 교회를 다시 세워야 합니다. 예수 그리스도의 교회입니다. 물론 궁극적인 선교의 목적은 하나님 나라이지만 이 땅에서 이루어지는 선교 사역의 결과는 우리 주님의 교회를 세우는 일이 중요한 선교 전략의 목표가 되어야 합니다.

맺는말

강석진 그동안 저희가 2회에 걸쳐서 남대문교회 담임 목사님이신 손윤탁 목사님을 모시고 한국 교회가 통일을 위해 어떻게 준비해야 하고 비전과 전략을 세워야 할지에 대해 귀한 말씀을 들었습니다. 하나님께서는 통일된 후에 한국 교회와 우리 민족을 어떻게 사용하실지 베드로전서 2장 9절에 이같이 말씀하고 있습니다.

> 그러나 너희는 택하신 족속이요 왕 같은 제사장들이요 거룩한 나라요 그의 소유가 된 백성이니 이는 너희를 어두운 데서 불러 내어 그의 기이한 빛에 들어가게 하신 이의 아름다운 덕을 선포하게 하려 하심이라.

이 말씀이 속히 통일 대한민국과 교회를 통해 이루어질 그날을 간절히 소망해 봅니다. 감사합니다. 안녕히 계십시오.

정성진

프로필
- 서울장로회신학대학교
- 장로회신학대학교 신학대학원
- 거룩한빛광성교회 위임 목사
- 복지법인해피월드 이사장
- 학교법인 광성학원 이사장

저서
- 『행함』 (2015, 예영커뮤니케이션)
- 『날마다 개혁하는 교회』 (2012, 예영커뮤니케이션)
- 『당신만의 꿈을 가져라』 (2007, 예영커뮤니케이션) 외 다수

북한 선교와
통일기도회

대담: 정성진 목사
진행: 강석진, 박성배
방송일: 2015년 9월 19일

북한 선교와 통일기도회

강석진 지난 한 주간도 평안하셨습니까? 〈통일을 앞당겨 주소서〉 진행을 맡은 강석진 목사입니다. 오늘도 저와 함께 진행할 한우리 미션밸리 대표이신 박성배 박사님께서 함께 하셨습니다. 이 시간에는 일산에 소재하고 있는 "거룩한빛광성교회" 정성진 목사님을 모시고 통일과 북한 선교에 대한 구체적인 이야기들을 나누어 보도록 하겠습니다.

정 목사님께서 섬기시는 교회는 근래에 한국 교회의 모범적인 교회의 모습을 보여 주면서 많은 교회에 귀감이 되고 있고 롤 모델 교회로 부상하고 있습니다. 그에 못지않게 정 목사님께서는 한국 교계에 많은 영향을 주면서 대내외적으로 활발한 활동을 하고 계십니다. 여러 일로 분주하실터인데 이같이 저희 극동방송에 시간을 내주셔서 감사드립니다. 먼저 극동방송의 애청자 분들과 북녘에 계신 성도님들에게 인사 부탁드립니다.

정성진 안녕하십니까. 일산에 있는 "거룩한빛광성교회" 정성진 목사입니다. 하나님 사랑과 예수 그리스도의 은혜와 성령의 보호하심이 극동방송 애청자 여러분들과 북녘에 계신 동포 여러분들에게 함께 하시기를 바랍니다.

1

강석진 먼저 정 목사님께서 섬기시는 교회에 대한 소개와 다양한 북한 선교를 실행하시게 된 계기에 대해 말씀해 주셨으면 합니다.

정성진 "거룩한빛광성교회"는 1997년 1월 9일 창립한 교회로서, 19년째 접어들고 있는 교회입니다. 하나님의 은혜로 크게 부흥하여 주일 출석 교인이 만 명 정도 되는 대형교회입니다. 우리 교회는 지역 사회를 섬기는 일을 열심히 하기 위해 "해피월드 복지재단"을 세워 4개의 복지관과 "해피뱅크"라는 소액대출은행, "노인주간보호센터", "새터민자녀공부방", "누리다문화학교", "다문화교육센터" 등 직원이 414명이 되는 큰 복지재단을 운영하고 있습니다. 그리고 학교를 세워 "한나래유치원", "드림초등학교. 중학교"를 운영하고 있습니다. 10년 전 지금 교회를 건축하고 입당할 때 북한과 가까운 지역에 제일 큰 교회를 세워 주신 은혜를 생각하며 북한 선교전초기지로 쓰시고자 하는 하나님의 뜻을 발견하고, 그 뜻에 순종하여 북한 선교를 본격적으로 시작하게 되었습니다.

2

박성배 정 목사님 말씀대로 "거룩한빛광성교회"는 한반도 지리상으로 볼 때 북단에 위치해 있어 통일이 되면 많은 이점을 갖게 될 것이라 생각됩니다. 그럼, 현재 섬기시는 교회에서의 북한 선교의 프로그램에 대해 구체적으로 소개해 주셨으면 합니다.

정성진 대북 사역에 대해 구체적으로 말씀드리면, 나진선봉 지역에 농장, 양로원, 우물 파주기, 랜턴 보내기, 생리대 공장, 이불 공장을 하고 있습니다. 평양에 있는 과기대에서 빵 공장, 구두 수선소, 세탁소를 운영하고 있습니다. 그리고 결핵약 보내는 사업에 동참하고 있습니다. 지금 황해남도 황주에 1,000명 수용하는 고아원이 95% 완공되었습니다. 교회 안에서 매주 50여 명의 통일선교팀이 모여 예배와 친교를 나누고, 한 달에 한 번 우리 교회에서 고양시와 파주시 지역 교회들이 모여 평화통일을 위한 쥬빌리 기도회를 하고 있습니다. 방학 기간을 이용해 청소년들이 두만강·압록강 지역 비전트립을 실시하고 있습니다.

3

강석진 정 목사님께서 섬기시는 교회가 북한 동포들의 가장 절실한 필요를 공급해 주는 사역을 하고 있다고 생각됩니다. 빵 공장을 통해 굶주린 북한 동포들에게 공급하며 목말라하는 북의 주민들에게 식수를 제공해 주는 사역이 예수님께서도 가장 기뻐하는 사역이라 봅니다. 마태복음 25장에 보면 "내가 굶주렸을 때에 너희가 나에게 먹을 것을 주었고 목말라했을 때에 마실 것을 주었다."라는 말씀을 온 교회 성도님들이 실천하고 있는 것 같습니다.

그런데 이런 사역을 하는 데에 북한이라는 나라가 워낙 통제가 심한 관계로 북한 주민들에게 실제적으로 예수의 이름을 전하지 못하고 있지만, 이러한 조건 없는 선행이 북한의 복음화에 밑거름이 된다고 봅니다. 북한을 향한 빵을 주는 구제 사역과 복음 사역에 연결이 차단되어 있는 북한의 특수한 현실의 한계가 있는데, 정 목사님께서는 이러한 점에 대해 어떻게 생각하시는지요?

정성진 북한과 같이 폐쇄된 사회에 복음을 전하는 방법은 복음에다 빵을 실으면 안 되고, 빵에다 복음을 담아야 합니다. 정치가는 정치적인 방법으로, 군대는 군대의 방식으로, 외교관은 외교로써, 기독교인은 예수의 방법으로 조건 없는 사랑으로 저들을 도와야 합니다. 예수님께서도 자신을 배반한 제자들이 고기를 잡으러 갔을 때 그들에게 다가가서 먼저 준비해 놓으신 떡과 생선을 저들에게 대접하시고 그 제자들에게 왜 배신했냐고 책망도 안하시고 오히려 격려해 주시고 다시 제자 삼아 주시지 않았습니까?

우리가 배고픈 북한 동포에게 빵을 줌으로 그들이 그 속에 담겨 있는 예수의 사랑과 남한 동포의 사랑을 깨닫게 되는 것입니다. 예수를 믿으면 주겠다는 조건적인 베풂이 아닌 그들이 배고픈 이웃이니까 조건 없이 나누어 주는 것입니다. 예수님께서 벳세다 광야에 배고픈 무리들에게 조건적으로 빵과 생선을 나누어 준 것이 아닌 것처럼 우리도 조건 없는 베풂을 주면 그들도 언젠가는 예수의 사랑과 남한의 성도들이 보내 준 그 빵에 대해 감사한 마음을 갖게 될 것이고 그로 인하여 저들도 예수의 무리가 되지 않겠습니까? 요즘처럼 정국이 경색되어 남들이 돕지 못할 때일지라도 우리는 끊임없이 그리스도의 사랑으로 돕고 있습니다. 이것이 하나님의 명령이요, 성경의 가르침이라 확신합니다.

4

박성배 거룩한빛광성교회에서는 성도님들이 "통일연합기도회"를 매월하고 있다고 소개해 주셨는데, 독일이 통일을 이루기 전에 동독의 라이프치히의 니콜라이교회가 1982년부터 매우 작은 규모의 교인들과 외부의 사람들이 평화를 위한 기도를 하였습니다. 그렇게 기도한 것이 나중에는 수만 명이 참여하는 촛불기도회로 발전되어 그 인근과 동독 전역에 많은 영향을 주어 독일 통일의 시발점이 되었다고 평가하고 있습니다.

이러한 순수한 비폭력적 비정치성의 기도가 엄청난 변화와 새로운 역사를 창출했다고 봅니다. 그러면 이러한 기도 모임과 기도 운동을 한국 교회에도 독일교회를 본 받아서 지속적인 통일기도회를 저변화해야 될 필요성이 있다고 생각됩니다. 이에 대해 성경적 관점으로 말씀해 주셨으면 합니다.

정성진 저희 교회에서는 광복 70주년을 맞이하면서 "한국 교회 평화통일기도회"를 조직하고, 제가 준비위원장을 맡아 1월 1일 임진각기도회, 3월 1일 명성교회에서 기도회, 6월 5일 거룩한빛광성교회에서 전국 쥬빌리기도회, 8월 9일 서울시청 앞 광장에서 20만 명이 모여 기도했습니다.

> 기도 외에 다른 것으로는 이런 종류가 나갈 수 없느니라(막 9:29).

이 말씀을 기억하고, 기도해야 합니다. 통일은 총으로 안 됩니다. 정치적으로 안 됩니다. 하나님께서 풀어 주셔야만 합니다. 이스라엘의 역사를 보더라도 기도를 통해 나라와 민족의 위기를 구한 예가 여러 차례 있습니다. 그 가운데에 가장 대표적인 기도운동이 바로 미스바구국기도라 할 수 있는데, 사무엘 선지자는 이스라엘 민족이 바알과 아세라 상의 우상숭배에 빠져 있는 저들의 범죄로 인해 하나님께서 블레셋을 붙여 징계하시려 하자 저들을 각성시켰습니다. 그리고 이같이 저들에게 말씀하셨습니다.

> 사무엘이 이스라엘 온 족속에게 말하여 이르되 만일 너희가 전심으로 여호와께 돌아오려거든 이방 신들과 아스다롯을 너희 중에서 제거하고 너희 마음을 여호와께로 향하여 그만을 섬기라 그리하면 너희를 블레셋 사람의 손에서 건져내시리라(삼상 7:3).

그리고 그들에게 미스바로 모여 기도하자고 하여 함께 온 민족이 모여 기도하매 블레셋 군대를 물리치어 나라의 위기를 극복하였습니다.

하나님께서는 우리 민족에게도 동일하게 역사하신 경우가 있었습니다. 6·25전쟁 낙동강 전투 때에 김일성의 적화 통일이 바로 목전에 있을 때입니다. 이승만 대통령이 부산에 모인 목사님들에게 전세가 역전될 수 있도록 온 교인들이 기도해 줄 것을 요청하였고 부산에 피난 온 성도들이 하나님 앞에 나라와 민족을 지켜 주시고 인민군들을 물리쳐 달라고 기도하므로 장마로 인해 먹구름이 뒤덮혀 있어서 폭격이 불가능한 상태에 있었으나, 하나님께서 우리들의 기도에 응답해 주셔서 먹구름이 다 사라져 낙동강 전선에 도강하기 위해 밀집된 인민 군대들에게 미 공군이 폭격기로 융단폭격을 함으로 전세를 뒤집을 수 있었습니다.

기도는 역사하는 힘이 강력한 것이고 이를 믿는 자에게는 표적과 기사가 따르는 것입니다. 남북통일도 이같이 하나님의 도우심을 믿는 기도가 선제되어야 합니다. 왜냐하면 통일은 전쟁이나 정치가들이 이루는 것이 아니라 하나님께서 이루어 주시는 것이기 때문입니다. 이는 독일 통일이 역사적으로 분명히 증거하고 있지 않습니까?

5

강석진 독일의 통일은 어느 날 갑자기 통일이 옴므로 흡수 통일이 되어 동서독 주민들 간에 많은 이질감과 괴리감이 있었다고 합니다. 아무래도 통일의 주체는 국민들인데, 그들이 느끼는 통일과 정치인들이 생각하는 통일에는 분명히 이질적인 정서가 있지 않나 생각됩니다. 정 목사님께서 독일을 방문하셨을 때, 통일을 이룬 후의 그곳 주민들은 반응은 어떠했나요?

정성진 제가 독일을 방문할 때 공교롭게도 2000년 9월, "독일 통일 10주년 기념일"에 함부르크에서 집회를 하고 있었습니다. 서독 어느 주민에게 "휴일에 왜 놀러가지 않으세요?"라고 물었더니 "기분 나쁜 날인데 뭘 놀러갑니까"하는 대답이 돌아왔습니다. 그때 제가 놀랐습니다. 서독과 동독은 경제력이 3배 밖에 차이가 나지 않았는데도 통일 비용으로 세금을 많이 냈기 때문에 기분 나빠하는 것을 보고 깨달은 바가 많습니다. 지금 남한과 북한의 경제력이 40배 정도 차이가 납니다. 지금 이런 상태에서 통일이 되면 북한 주민들은 엄청난 상실감과 열등의식으로 괴로워할 것이고 남한 사람들은 세금을 더 내야 하니까 재정적 부담감으로 불평할 수도 있는 것이죠. 문제는 통일이 몇 년에 걸쳐서 완성되는 것이 아니라 지금의 독일처럼 25년이 되었는데도 통일을 완성하기 위한 재정적 투자가 계속되고 있습니다.

우리 한국의 경우에 통일은 절대 낭만적으로 생각하면 안 됩니다. 물질을 통한 통일만 생각하면 정치적 통일이 되었더라도 서로가 큰 상처와 부담으로 지역감정이 더 첨예화하고 불신과 상대적 박탈감과 정서적 트라우마가 정말 심할 것 같습니다. 남과 북이 통일되면 한국 교회가 할 일이 참으로 많게 될 것이고 우리는 지금부터 잘 준비해야 할 것입니다. 통일은 독일처럼 갑자기 올 수도 있기에 준비가 필요한 것이죠. 북한 경제를 하루 속히 일으켜 세워야 합니다. 결핵을 치료해 주고, 영양제를 보내 키를 크게 하고, 경제협력을 통해 인프라를 구축해 주면서 점진적으로 평화 통일을 추진하는 것이 지혜로운 방법입니다.

6

박성배 통일을 이루는 일도 상당히 어려운 일인데, 통일을 완성하는 데에는 엄청난 산고와도 같은 어려운 문제들을 겪어야 된다는 생각이 듭니다. 그럼에도 우리의 통일은 꼭 성사시켜야 된다고 생각되는데, 정 목사님께서 한국의 미래사적인 측면에서 우리가 꼭 통일을 이루어야 하는 이유에 대해 말씀해 주셨으면 합니다.

정성진 통일은 먼저 거시적인 측면에서 큰 그림을 통해 보아야 합니다. 저는 크게 4가지 측면에서 말씀드리고 싶습니다. 주변의 4강 구도의 극복, 동족의 이질화 방지, 공산통치 종결, 교회 회복과 재건을 꼽을 수 있습니다.

첫째는 우리나라가 지정학적으로 대양 세력과 대륙 세력이 부딪치는 통로에 위치하고 있기 때문에 힘이 약하면 외세에 지배를 받을 수밖에 없습니다. 북으로는 중국, 러시아, 남으로는 일본, 미국이 힘을 겨루는 각축장이요 지구촌의 화약고입니다. 통일이 되면 이러한 4강 구도가 깨어지고 새로운 탈냉전시대로 진입할 수 있습니다. 둘째는 동족의 이질화를 막아야 합니다. 남과 북이 갈라진지 70년이라는 세월에 서로가 너무도 다른 체제와 사상과 문화의 차이로 언어와 의식이 점차 달라지고 있고 분단을 체험해 보지 못한 새로운 세대들은 서로가 같은 민족이고 혈육이라는 끈끈한 동족 의식이 점차 희미해지고 있습니다. 물론 그럴 수밖에 없을 것입니다. 이산가족 당 세대들은 10여 년 후에는 모두 사라질 것이며 통일을 이루어야 한다는 민족적 동질 의식은 사라질 것입니다. 그렇기 때문에 통일이 더 이상 지체되면 안 되는 것입니다. 셋째는 북한에서의 공산통치를 종결시켜야 합니다. 왜냐하면 북한의 2천4백만 우리 동포들은 세계에서 그 유래를 찾아 볼 수 없는 가장 잔악한 독재 통치하에 공산주의도 아닌 봉건적이고 비인권정치로 3대 세습 정치를 통해 수많은 북한 주민들이 희생을 당하였고 지금도 전국 20여 개 이상의 정치범 수용소에서 20만 명 이상이 짐승보다 못한 생활을 강요당하고 있습니다. 어찌 보면 통일을 꼭 이루고 속히 이루어야 할 대의와 명분을 거기서 찾아야 된다고 봅니다. 세계가 북한인권에 대해 관심을 가지고 있고 이를 유엔에서 다루고 있는데도 오히려 우리가 더 미온적인 입장을 보이고 있습니다.

고난당한 이웃에 대해 침묵하는 것은 죄악입니다. 한국 교회는 이점에 대해서도 많은 관심과 기도를 해야 합니다. 이스라엘 백성들이 애굽에서 바로의 폭정 밑에서 신음할 때 하나님께서 저들의 신음 소리를 들으시고 모세를 준비시키어 출애굽하도록 하셨습니다. 사도행전 7장 23절에 보면 "나이가 사십이 되매 그 형제 이스라엘 자손을 돌볼 생각이 나더니."라는 말씀 속에서 모세는 민족애가 있었고 그들을 위해 어떻게 해야 하나를 고민한 민족주의자 였던것입니다. 애족하는 마음이 가슴에 뜨겁게 타올랐기에 하나님의 부름심에 쓰임받을 수 있었습니다. 그렇다면 우리 한국 교회는 다른 인권단체들보다 더 북한의 인권과 통일에 대해 관심을 가지고 기도해야 합니다.

넷째는 북한의 교회와 신앙회복에 대해 우리 민족의 구속사 측면에서 절반의 강토에 십자가가 사라진 세계 최악의 종교 탄압국인 북한이 속히 신앙의 자유를 누릴 수 있도록 통일을 통해 저들을 자유하게 해야 합니다. "진리가 너희를 자유하게 하리라"는 예수님의 말씀처럼 복음의 진리로 저들이 죄악과 탄압과 굶주림에서 자유로울 수 있도록 통일이 속히 올수 있도록 힘써야 합니다. 공산화되기 전에 북한 전역에 약 3천여 교회가 있었습니다. 이러한 무너진 교회들을 우리는 재건하고 회복시켜야 할 한국 교회사적인 사명이 우리 모두에게 있는 것입니다.

7

강석진 정 목사님께서 지난 8월 9일에 시청 앞 광장에서 개최된 "광복 70년 한국 교회 평화통일기도회"의 준비위원장님을 맡으셨는데, 이번 대회가 한국 교회의 통일에 대한 열망이 뭉쳐진 성공적인 성회였다고 평가한 것 같습니다. 정 목사님께서 이번 대회를 준비하시면서 또 마치신 다음에 느끼신 점과 이번 대회의 의미에 대해 말씀해 주셨으면 합니다.

정성진 한국 교회를 하나로 묶어내는 데 얼마나 힘들었는지 모르겠습니다. 그래서 한국 교회가 하나 되면 남북통일이 되겠다는 생각을 하기도 했습니다. 대회 한 달 앞에 놓고 하나로 만드는데 성공해서 얼마나 기뻤는지 모릅니다. 정신없이 준비를 했는데 대회 당일 일기가 영상 35도 가까이 되어 큰 걱정을 하면서 기도했습니다. 하나님께서 먼 바다에 태풍을 지나가게 하셔서 시원한 바람이 불게 하시고, 구름기둥을 주셔서 20만 명 중 한 명도 더위에 쓰러지는 불상사가 없이 대회를 잘 치루었습니다.

60명의 순서자들이 등장하는 대회를 2시간 계획했는데, 2시간 3분 만에 착오 없이 끝낼 수 있었습니다. 모든 것이 하나님의 은혜였습니다. 이번 대회는 한 번으로 끝나는 것이 아니고 계속 한국 교회평화통일기도회로 이어질 것입니다. 이것이 큰 의미라고 하겠습니다. 한국 교회가 분단의 시대를 종식시키는 데에 선도적 사명이 있어야 하고 통일에 대해 정치권이 일반 사회단체보다 더 역사적 사명의식을 가지고 지속적인 통일기도회와 다양한 통일 행사를 실행하여 통일 분위기를 저변화하는 데에 힘써야 할 것입니다.

8

박성배 마지막으로 정 목사님의 교회에서 계획하고 추진하고 있는 통일을 위한 프로그램과 지역사회 봉사를 위해 시행하고 있는 사역을 소개해 주시면서 순서를 마무리해 주시면 좋겠습니다.

정성진 예, 참고로 저희 교회의 북한 사역에 대해 구체적으로 소개해 드리겠습니다. 3대 목표로는 첫째는 섬기는 교회, 둘째는 인재를 양성하는 교회, 셋째는 상식이 통하는 교회입니다. 5대 비전으로는 첫째는 지역사회 문화 중심, 둘째는 고양파주성시 본부, 셋째는 한국 교회 개혁모델, 넷째는 북한 선교 전초 기지, 다섯째는 세계 선교 중심 센터입니다.

본 교회는 행정구역상 고양시와 파주시의 경계에 있습니다. 교회에서 자유로를 따라 올라가면 금방 '통일전망대'가 나오고, 40분만 이동하면 판문점이 나옵니다. 그만큼 북한이랑 가까운 교회입니다. 그렇기에 개척할 때부터 북한 선교를 온 교인이 가슴에 품고 지금까지 달려왔습니다. "망할 자유까지 준다.", "퍼주다 망하면 성공이다."라는 모토를 온 교인의 마음에 심기 위해 노력해 왔습니다. 교회는 퍼 주다 망해도 성공하는 것입니다. 교회가 교회의 존속을 목적으로 삼을 때 언제나 타락의 길로 빠졌습니다.

부활하신 예수님께서는 "예루살렘과 온 유대와 사마리아와 땅끝까지 이르러 내 증인이 되리라_{행 1:8}."고 말씀하셨습니다. 예루살렘과 온 유대가 우리가 살고 있는 대한민국이라면, 같은 한반도에 살면서 서로 으르렁거리는 북한은 어쩌면 사마리아가 아닐까요. 한 민족이 하나님의 부름을 받은 거룩한 민족으로서 세계 선교에서 일익_翼을 담당하기 위해서 북한 선교를 등한시해서는 안 됩니다. 북한이야말로 우리가 가야할 사마리아이며 우물가의 여인처럼 목말라 갈급한 자들이 세상에서 가장 많은 땅입니다.

우리 교회의 연간 예산은 2015년 기준으로 120억 가량입니다. 이중 가용 예산의 51%를 교회 외부에 사용하고 있습니다. 경제적으로 어려운 자들을 위한 직접적인 도움의 손길 뿐 아니라 하나님 나라 확장을 위한 선교 사업에 적극적으로 움직이고 있습니다.

이런 사업 중 하나로 지난 2014년부터 "새터민 공부방"을 운영하고 있습니다. 북한이탈주민의 초, 중등학교 자녀들의 꿈을 키워 가자는 의미에서 "새꿈터"라고 명명했습니다. 평일 낮 2시부터 저녁 9시까지 아이들은 새꿈터에서 간식도 먹고 공부도 하고 저녁도 먹습니다. 3명의 직원과 40여 명의 자원봉사자들로 구성된 새꿈터 선생님들은 학교를 마치고 온 아이들을 맞이하여 한글과 영어, 수학을 가르칩니다. 뿐만 아니라 특기활동 및 체험활동, 성경공부를 함께 하고 저녁도 제공합니다. 모두 교회에서 설립한 "해피월드복지재단"과 교회 "통일선교팀"의 지원으로 운영하고 있습니다.

"물방울이 바위를 뚫는다."는 말처럼 지속적인 사랑의 사역은 결국 새터민들의 마음을 열었습니다. 시간이 많이 필요했습니다. 인내는 더 많이 필요했습니다. 지금도 새롭게 들어오는 아이들의 마음이 열리기까지 최소한 1년은 기다려 주어야 했습니다. 그러나 그런 수고로운 과정을 슬기와 인내로 견뎌준 모든 봉사자들 덕분에 이제 새꿈터를 통해 새로운 꿈을 꾸는 새터민 자녀들이 하나 둘씩 자라가고 있습니다.

저희 교회의 선교 전략은 다음과 같습니다.

첫째로 선교의 패러다임을 바꾸었습니다. 개척 초기부터 지금까지 전도 및 사회 선교의 원칙으로 고수한 것이 있습니다. '교회 이름을 내세우지 말자.'였습니다. 교회의 이름을 내세워서 선행을 하면 오히려 욕을 먹는 사회적 분위기를 일찌감치 알았기 때문입니다. 지방자치제도를 '풀뿌리 민주주의'라고 하지요. 우리 교회는 '풀뿌리 전도, 선교'를 하고 있습니다.

이런 풀뿌리 선교의 방법을 새터민 사역에도 그대로 적용했습니다. 작년부터 고양·파주시 지역에 살고 계시는 새터민을 위한 문화공연을 시작했습니다. 2회째에는 40여 명의 새터민이 참가하셨는데, 이들 중 절반 이상은 교회 자체를 다니지 않는 분들이었습니다. 이런 분들에게 어설프게 복음을 전하거나 설교하는 것은 금물입니다. 먼저 그들의 마음을 녹인 뒤에 다가가야 합니다.

이것 또한 쉬운 작업이 아닙니다. 새터민들은 모든 것을 일단 경계하는 눈으로 보든가 아니면 다른 마음으로 교회를 보곤 합니다. 이것이 새터민 사역을 힘들게 하는 가장 큰 이유입니다. 하지만 우리가 넓은 마음으로 가진 것을 나눌 때 비로소 동토凍土와 같던 마음이 녹고 봄과 같은 복음의 터전으로 변화되리라 확신합니다.

> 너는 말씀을 전파하라 때를 얻든지 못 얻든지 항상 힘쓰라 범사에 오래 참음과 가르침으로 경책하며 경계하며 권하라(딤후 4:2).

둘째는 희년이 올 때까지입니다.

> 이에 토지가 황폐하여 땅이 안식년을 누림 같이 안식하여 칠십 년을 지냈으니 여호와께서 예레미야의 입으로 하신 말씀이 이루어졌더라 (대하 36:21).

어째서 하나님께서 유다민족의 포로 기한을 70년으로 정하셨는지 밝히는 성경의 증언입니다. 하나님께서는 안식일을 지키고, 안식년을 지키고, 안식년이 일곱 번째 되는 해인 희년_{50년마다}을 지키라고 하셨습니다.

희년은 히브리 노예가 해방되고, 땅의 경계선이 회복되어 조상의 땅으로 되돌아가는 때입니다. 모든 경제적 불평등이 최소화되며, 부자와 가난한 자의 격차가 확연히 줄어드는 하나님의 원칙입니다. 하나님은 공산주의자가 아니십니다. 하지만 경제적 불평등이 하늘 끝까지 치솟는 것을 그냥 두고만 보시는 분도 아니십니다. 우리는 언제까지 북한에 '퍼 주어야' 할까요? 그 땅이 안식년을 누림같이 안식할 때까지입니다.

한국의 경제상황이 날로 심각해지면서 북한에 대한 지원사업을 바라보는 눈이 완전히 달라졌습니다. 그뿐만이 아닙니다. 더욱 심각한 것은 우리나라에 들어온 새터민을 바라보는 우리의 시선이 달라졌다는 것입니다. 이전까지 그들이 고생했고 불쌍하니 도와주어야 한다는 동정론이 있었다면 이제는 나도 먹고 살기 힘든데 왜 너희들을 도와주어야 하냐는 인식이 만연해진 것 같습니다.

그러나 이것은 결코 하나님의 마음이 아닙니다. 이것은 마치 탕자의 형과 같은 인색하고 옹졸한 마음입니다. 우리가 정말로 지금까지 지내온 것이 모두 하나님의 은혜라고 고백한다면, 내가 비록 지금 힘들지라도 더 힘든 자를 위하여 손을 내밀어야 합니다. 이것이 하나님의 마음을 가진 자의 마땅한 바입니다. 이제 와서 새터민, 북한 동포를 향한 나눔의 손을 거둔다면 우리는 지금까지 하나님의 마음이 아니라 값싼 동정론으로 이 일을 시작했음을 인정하는 꼴이 되고 말 것입니다.

왜 통일이 되지 않을까요? 당연히 하나님의 때가 이르지 않았기 때문입니다. 우리는 그때를 알지 못합니다. 그러니 통일이 되는 그 날까지, 우리는 사랑의 퍼주기를 그치면 안 됩니다. 마침내 하나님께서 원하시는 그 사랑의 분량이 찰 때가 바로 통일의 날입니다.

셋째는 함께 기도해야 그날이 옵니다. 위에서도 말씀드렸지만 한국 교회의 연합이 참 쉽지 않습니다. 그러나 우리가 함께 힘을 합치지 않으면 그날이 쉽게 오지 않을 것입니다.

역사에 만약은 없지만, 일제 강점기 독립 운동가들의 뜻이 하나로 뭉쳐졌다면 우리가 오늘날 분단이라는 현실을 겪었겠습니까? 참혹한 전쟁의 폐해를 겪었을까요? 60년 넘도록 우리를 괴롭히는 친일파 문제를 일소할 수 없었을까요? 얼마 전 개봉하여 천만 관객을 돌파한 영화 "암살"에 보면 변절한 독립운동가 역할을 맡은 이정재 씨의 대사가 있습니다. 왜 임시정부를 배신했냐는 말에 "독립할 줄 몰랐으니까."라고 대답합니다. 정말 그랬습니다.

1919년 3월 1일 독립 운동 이후 일제는 치밀한 문화통치로 기조를 바꿨고 사람들은 점차 독립의 희망을 잃어 갔습니다. 36년이란 세월은 사람의 의지를 꺾기에 충분한 세월입니다. 하지만 그럼에도 독립의 가치를 잃지 않았던 수많은 사람들에 의해 우리나라는 해방되었습니다. 분단 70년, 36년의 세월보다 거의 두 배에 이른 지금, 우리도 '통일될 줄 몰랐으니까'라고 생각하고 있었던 것은 아닐까요.

우리 교회는 오래전부터 북한 선교단체 '쥬빌리'와 연합하여 일산지역 쥬빌리 기도회를 지속해서 열어오고 있습니다. 작년에는 쥬빌리와 여러 단체가 주관하는 평화통일기도회를 우리 교회에서 주최하기도 했습니다. 2,000여 명의 사람들이 함께 모여 통일을 위해 기도하는 그 모습을 주님께서 얼마나 기쁘게 보셨을지 상상해 보면 가슴이 뿌듯합니다.

그러나 작은 행사 하나에 만족할 것이 아니라 우리의 가슴속에 민족 통일을 향한, 잃어버린 형제들을 향한 애틋한 마음이 꺼지지 않도록 사명으로 무장해야 합니다. 그리고 오늘도 도리어 우리를 위하여 기도하고 있을 북한의 지하 교회 형제자매들을 위하여 중보해야 합니다. 북한의 형제자매와 남한의 형제자매가 연합하여 기도할 때 하나 되는 한국 교회를 넘어, 통일되는 한반도교회가 될 것입니다. 그때야 말로 비로소 한반도는 하나님 나라 선교의 전초기지가 되어 세상의 어둠을 밝히는 동방의 횃불이 될 것입니다. 그날의 꿈을 품고 연합하는 한국 교회가 되길 간절히 간구드립니다.

맺는말

강석진 오늘은 휴전선 가까이에 있는 "거룩한빛광성교회"의 정성진 목사님을 모시고 하나님께서 이 교회를 통해 준비하시고 있는 통일의 비전과 북녘의 교회 회복에 대해 들어 보았습니다. 역대하 36장 21절의 말씀을 상고해 봅니다.

> 이에 토지가 황폐하여 땅이 안식년을 누림 같이 안식하여 칠십 년을 지냈으니 여호와께서 예레미야의 입으로 하신 말씀이 이루어졌더라.

이 말씀과 같이 북녘의 황무한 땅이 속히 회복되기를 간절히 기도드립니다. 감사합니다.

하충엽

프로필
- 장로회신학대 신학대학원 (M.Div.)
- 장로회신학대 대학원 선교신학 (Th.M.)
- 영국 에딘버러대 신학석사 (M.Th., 북한 선교학)
- 영국 에딘버러대 신학박사 (Ph.D., 통일신학)
- 전) 영락교회 선교전담
- 전) 장로회신학교 교수 (북한 선교학)
- 현) 숭실대 평화통일연구원 교수
- 현) 기독교통일지도자훈련센터장

저서 및 논문
- 『에딘버러 세계 선교 대회 고문서』 제8권 (역)
- 『신구이주민들』 (세계선교연구원) 외 다수

통일 일꾼 양성과 통일

대담: 하충엽 교수
진행: 강석진, 박성배
방송일: 2015년 9월 26일

통일 일꾼 양성과 통일

강석진 지난 한 주간도 평안하셨습니까? 〈통일을 앞당겨 주소서〉의 진행을 맡은 강석진 목사입니다. 오늘도 저와 함께 진행에 도움을 주실 한우리미션벨리 대표이신 박성배 박사님께서 나와 주셨습니다. 이 시간에는 장차 통일과 북한 사역을 준비하기 위한 "기독교 통일 지도자 훈련 센터"를 운영하시면서 숭실대 강단에서도 활동하고 계신 하충엽 교수님을 모시고 통일과 북한 선교에 관한 이야기를 나누어 보도록 하겠습니다. 먼저 하 교수님께서 극동방송의 국내 애청자 분들과 북한에서 통일을 열망하고 계신 동포들과 지하 교회에서 이 방송을 청취하고 계신 북한 성도님들께 인사 부탁드립니다.

하충엽 오늘 청취자 여러분들과 함께 하게 되어 반갑습니다. 저는 숭실대학교 평화통일연구원 교수로 기독교통일 지도자훈련센터장을 맡고 있습니다. 기독교통일지도자훈련센터는 교회와 학교 간의 협력체로 통일의 사람을 준비하는 목적으로 초교파적으로 기독교 대학인 숭실대학교 안에 세워졌습니다. 통일의 날에는 지난날 많은 민족의 지도자들을 양성한 산실이었던 평양에 숭실대가 다시 세워질 그날을 꿈꾸고 있습니다.

강석진 하 목사님께서는 국내에서도 북한 선교 사역을 위한 교육 사역을 하셨고 다시 영국에 유학을 가셔서 박사학위를 취득하시고 귀국하셔서 숭실대학교에서 통일과 북한 선교를 위한 전문사역을 하고 계십니다. 이처럼 통일과 북한 선교에 대한 특별한 관심과 비전을 남달리 갖게 되신 배경과 이유가 있으셨는지요?

하충엽 하나님께서는 1995년 여름에 광장교회에서 교역자로 있을 때에 북한 선교의 부르심을 주셨습니다. 부르심을 받고 보니 부모님께서 월남하셔서 자녀를 두시고 늘 가정예배를 드리실 때에 "저 북녘 땅에 무너진 제단을 수축하게 하옵시며"라는 기도를 늘 하셨던 것이 생각났습니다. 부모님의 기도는 참 중요한 것 같습니다. 2000년도에는 영락교회 목사로 부모님들의 고향 땅인 신의주를 방문하게 되었습니다. 그 이후에는 대한민국에 입국한 북한이탈주민들에게 복음을 증거하고 양육할 수 있는 사역을 하게 되었습니다. 그러던 중에 남북한 사람들의 민족 정체성이 깊게 이질화되었다는 것을 알게 되었습니다.

하나님께서는 저를 영국으로 유학을 보내시어 다시 6년 6개월 동안 이 문제를 석·박사 학위과정에서 연구하도록 해 주셨습니다. 박사학위 취득 후에 다시 영락교회로 부임을 해서 사역을 했습니다. 장신대에 잠시 북한선교학 교수로 있기도 했었습니다. 지금은 하나님께서 통일의 사람을 준비하도록 숭실대학교에서 사역을 하게 하셨습니다.

주권자는 오직 하나님이십니다. 내일 일을 물어 보면 대답하기 불가능합니다. 매일 매일 주권자께서 지시하시는 구름 방향을 따라 움직이는 원칙으로 새벽에 엎드려 하루하루를 사역하기 때문입니다. 모든 비전과 사명과 힘은 위로부터 오는 빛의 아버지이신 여호와 하나님이시기에 모든 일들은 주권자께서 이끌어 가시고 계십니다. 사역하면서 제가 하는 일은 아무것도 없다는 생각이 늘 듭니다.

2

박성배 하 교수님께서 귀국하셔서 "기독교통일지도자훈련센터"를 맡아 운영하고 계신 이 교육기관의 설립 취지와 활동에 대해 구체적으로 소개해 주셨으면 합니다.

하충엽 "기독교통일지도자훈련센터"는 초교파적으로 국내외 담임목회자와 평신도직업별, 연령층별와 북한이탈주민을 통일 후 사역자로 준비하기 위해 초교파 교회들과 숭실대학교가 함께 모여 세워진 교육기관입니다. 한반도의 당면 과제인 통일을 미리 대비하여 통일 후 질서 있게 북한 복음화를 이루기 위한 사람을 준비하고 남북한의 사회문화적인 통합을 이루어 내며 통일 국가를 세울 기독교 정신에 입각한 창의적 지도자를 배출하는 데 그 목적을 두고 있습니다. 기독교통일지도자훈련센터는 영락교회 한경직 목사님의 민족복음화 정신을 계승한 이철신 담임 목사께서 통일과 북한 복음화를 성취할 사람준비를 초교파적으로 국내외 담임 목회자, 평신도직업별, 연령층별와 북한 이탈주민을 통일 후 사역자로 준비하자는 취지로 발의하였습니다.

한편으로는 숭실대학교 총장으로 취임한 한헌수 총장께서 숭실대학교 학생들은 물론이요 한국과 한인 교회 성도들을 "통일 시대의 창의적 리더"를 세우는 대학교로서 새로운 창학을 선언하셨습니다. 이에 교학 협력으로 기독교통일지도자훈련센터는 숭실대학교에서 태어나게 되었습니다. 제일 먼저 초교파적으로 운영이사 실행위원회로 의장에 이철신 목사, 당연직 한헌수 총장, 예장 통합에 소망교회 김지철 담임 목사, 예장 합동에 수영로교회 이규현 담임 목사, 기감에 종교교회 최이우 담임 목사, 기성에 은평성결교회 한태수 목사로 구성을 하였습니다. 앞으로 여러 교단 목회자를 실행이사로 모시기로 하면서 동시에 교단별 운영이사회를 구성하기로 하였습니다. 각 실행이사들께서 교단 운영이사회를 구성하고 있는 중에 있습니다.

제일 먼저 예장통합 교단 운영이사회가 거룩한빛광성교회 정성진 담임 목사, 동숭교회 서정오 담임 목사, 온누리교회 이재훈 담임 목사, 충신교회 이전호 담임 목사, 잠실교회 림형천 담임 목사, 정릉교회 박은호 담임 목사, 문화교회 김형진 담임 목사, 영암교회 유상진 담임 목사, 염천교회 박영근 담임 목사로 구성이 되었습니다.

기독교통일지도자훈련센터는 숭실대학교 안에서는 총장과 평화통일연구원 원장 김민기 교수, 연구원 소속 조은희 교수, 김승연 교수, 김규현 교수와 함께 하고 있습니다. 센터장이 추천하고 숭실대학교 총장이 임명한 초빙교수 목회자 4분은 북한 선교 주제로 박사학위를 취득한 분들이 센터 사역을 함께 하고 있습니다. 하광민 교수 예장합동, 미국 서든 뱁티스트 선교학, 북한전도, Ph.D. , 송영섭 교수 예장합동, 미국 트리니티 신학교 선교학, 북한문화, Ph.D. , 손창완 교수 기장, 영국 에딘버러대학교 기독교윤리, 북핵문제와 교회, Ph.D. 오성훈 교수 기성, 서울신학대학교 선교학, 북한 선교, Ph.D. 입니다. 이밖에도 센터에는 전임연구원과 겸임연구원과 파트연구원과 프로젝트 연구원 그리고 전문위원들이 있습니다.

제일 중요한 사역은 "통일선교전문 사역자를 준비"하는 '기독교

통일지도자 석·박사 학위과정'의 개설과 운영입니다. 본 학위과정은 숭실대학교 기독교학과와 법학과와 행정학과의 협동과정으로 숭실대학교 일반대학원에 금년에 개설되었습니다. 본 학위 과정은 신학과 일반학문의 융합학문으로 남북한의 통일과 통합의 기본가치와 이념은 성서와 신학에서 제공하며 가르치고, 그 가치와 이념 위에 남북한의 통일과 통합의 제도적 기반은 법학과, 행정학과, 경제학과 교수들께서 가르칩니다.

기독교통일지도자학 석·박사과정의 5개 대표 과목과 교수진을 소개합니다. 먼저 주임교수는 하충엽 교수이며 통일선교신학을 가르칩니다. 김회권 교수께서는 성서적 통일신학을 가르치시고 행정학과 김성배 교수께서 '통일의 제도적 기반' 과목을 가르치시고 법학과 윤철홍 교수께서는 '통일법론'을 가르치시고 경제학과 황준성 교수께서는 '통일 국가경제론'을 가르칩니다. 5과목의 대표과목 이외에도 40과목이 더 개설이 됩니다. 이렇게 통일 통합 국가의 가치와 틀을 신학과 일반학문의 융합으로 가르치는 것은 한국 기독교 역사에서 최초입니다. 본 학위과정을 통해서 기독교 지도자들이 양성되면 기독교적인 관점에서 가장 이상적인 통일 국가, 통합 국가가 세워지게 될 것으로 기대합니다.

둘째로는 기독교통일 지도자훈련센터의 중요한 사역은 '목회자 통일준비 포럼'으로, 일명 인사이트 포럼 Insight Forum 으로 부릅니다. 목회자 통일준비포럼은 목회자들에게 통일 후 북한 땅에서 이루어질 정책과 정신을 미리 공유하기 위한 목적을 추구하는 포럼입니다. '통일 후 북한 교회를 어떻게 세울 것인가?'와 '통일 후에 복음으로 북한 젊은이들을 새롭게 변화시킬 기독교 학교를 어떻게 세울 것인가?' 그리고 '통일 후에 북한 동포들에게 그리스도의 사랑을 보여 줄 교회의 사회복지는 어떻게 펼칠 수 있는가?'에 대한 정책과 정신을 공유하는 것입니다. 첫 번째 목회자통일준비포럼은 2015년 6월 18일에 시작되었습니다. 눈덩이를 계속 굴리면 눈사람이 만들어지듯이 포럼이 계속되면 될수록 더 많은 목회자들이 참여하여 통일 후 정책과 정신을 공유하는 목회자가 더 많아질 것입니다. 그래서 한국 교회의 성장의 축복이 한반도의 분단의 빗장을 빼는 일에 모아지고 통일 후에는 북한복음화를 효율적으로 펼쳐 나아갈 귀한 통일준비가 될 것입니다.

셋째로는 기독교통일지도자 훈련센터의 중요한 사역은 각 교회의 성도들이 통일사역자로 세워지는 것입니다. 통일사역자훈련이 온 교회에 확산이 되어서 '닥치는 통일'이 아니라 '맞이하는 통일'이 되도록 교회 성도를 준비시키는 것입니다. 이를 위해서 한국 교회 담임 목사님들과 부교역자들과 장로님들이 먼저 통일사역자훈련을 충분히 이해하여 각 교회에서 실시할 목적으로 '제1회 교회지도자 통일사역자훈련'이 2015년 12월 7일부터 8일까지 1박 2일 동안 문경에 있는 숭실통일리더십연수원에서 시작했습니다. 이제 참여하신 교회지도자들께서는 다가오는 신년에 각 교회에서 통일사역자훈련을 실시하게 될 것입니다. 이러한 통일사역자 세우기 운동이 계속 확산이 되어서, 통일 후 북한에 들어가 북한 사회에 '하나님의 나라'를 세울 '통일사역자'들이 수 없이 온 교회에 세워지는 것이 센터의 비전입니다.

넷째로는 기독교통일지도자훈련센터의 중요한 사역은 기독청년들을 통일 시대의 창의적 지도자로 세우는 것입니다. 현재 숭실대학교는 2015년부터 학과별로 매주 마다 약 150명의 학생들이 참가하는 3박 4일 간의 통일캠프를 문경에 있는 숭실통일리더십연수원에서 실시하고 있습니다. 겨울방학과 여름방학에는 한국 교회와 한인 교회 기독청년들을 대상으로 통일캠프를 실시합니다. 일명 '포유캠프'라고 부릅니다. 포유캠프는 도시교회의 청년, 농어촌교회의 청년, 한인 교회의 1.5세 청년, 북한이탈주민 청년들이 함께 모여 2박 3일 동안 통일에 대한 꿈과 비전을 품는 캠프입니다. 포유캠프에 참여하는 모든 청년들이 통일 시대의 창의적 기독교 지도자로 세워지기를 소망합니다. 이것은 통일 국가의 희망입니다.

통일은 쉬운 일이 결코 아닙니다. 북한 내부와 외부의 변화들, 한반도 주변 강대국의 움직임, 남한 내에서의 남남갈등과 통일에 대한 무관심과 회의론 확산 등 풀어야 할 과제들이 쌓여 있어 큰 난제입니다.

그러나 통일과 북한복음화에 헌신한 사람들이 양성되면 될수록 통일에 대한 관심도가 높아지고, 세계 교회와 함께 한반도의 통일과 북한복음화를 위해 함께 협력하여 기도와 지지들을 모으면 어떠한 난관도 넘어서 통일을 맞이하게 될 것입니다. 통일은 한국 교회가 하나가 되고 새로워지는 기회이기도 할 것입니다. 하루 속히 대한민국이 통일이 되어서 북한 동포들의 영혼에 복음의 빛이 비춰지고 세계국가에 유익을 주며 세계 선교를 감당하는 기독교 통일 지도자들인 그 사람들을 준비하는 기독교통일지도자훈련센터가 될 것입니다.

3

강석진 통일을 대비한 지도자훈련센터의 역할이 매우 중요하다고 생각됩니다. 한국 교회 역사를 보면 구한말 시기와 일본 강점기 시기에 민족의 지도자들이 대부분 기독교인들로서 교회와 기독교학교에서 배출된 것을 알 수 있습니다. 예를 들어, 배제학당에서는 이승만, 이화학당에서 유관순, 이북에서는 숭실학교와 오산중학교 등지에서 도산 안창호, 조만식, 이상재 등 학계와 정계 등 많은 민족의 지도자들이 암울한 시대에 선구자적 역할을 하지 않았습니까? 그렇다면 장기적인 안목으로 볼 때에 통일 후의 지도자 양성도 그 시대와 상황에 적합한 인물들을 지금부터 배양하고 그들이 필요한 시대에 통일 대한민국과 복음화 대한민국을 위해 헌신할 수 있도록 준비해야 된다고 봅니다. 성경에서도 하나님께서 그 시대마다 쓰임 받은 인물들 모두가 훈련되고 준비된 사람들이었다는 것이 확실한데, 그러한 의미에서 성경적 의미와 근거를 어떻게 적용해야 하는지에 대해 말씀해 주셨으면 합니다.

하충엽 하나님께서는 성경에서 시대의 변화를 하나님의 사람들을 세우셔서 주권적으로 펼쳐 나아가셨습니다. 하나님께서 창세기 12장에서 아브라함을 등장시키시며 구속사적으로 역사를 시작하셨습니다. 창세기 마지막에서는 요셉이라는 사람을 등장시켜서 큰 구원과 생명의 보존의 역사를 펼치셨습니다. 출애굽기로 넘어가면 모세를 등판시켜서 하나님의 백성들을 애굽으로부터 구원하십니다. 하나님께서 성경에서 보여 주시는 이러한 패턴은 구약에 계속 이어집니다. 결국 하나님께서는 자신을 인류 안으로 육신을 입고 들어오심으로 인류 구원의 구속사를 완성시키십니다.

그리고 그 복음을 신약성경에서 하나님의 사람들을 등장시키셔서 구속사를 이끌어 가셨습니다. 그 복음은 각 국으로 퍼져 한국 교회를 일으켜 세웠습니다. 이제 한반도는 남북한 분단 시대의 끝에 와 있습니다. 이 분단 시대의 끝에서 남북한 통일과 통합의 시대를 열어 가실 것입니다. 동일하신 하나님께서는 같은 패턴으로 하나님의 사람을 등장시키실 것입니다. 그 하나님의 구속사적으로 한반도의 통일과 통합을 통한 세계 선교를 이루시는 섭리의 수레바퀴를 돌릴 사람을 세우실 것입니다. 이러한 관점에서 통일의 핵심은 역시 "준비된 사람"입니다.

4

박성배 금년이 한국 교회 130년입니다. 이제는 선교 2세기로 접어들었습니다. 한국 교회의 역사를 보면 개화기를 거치면서 근대사와 현대사를 함께 해 왔습니다. 한국 교회 초기는 역시 외국의 선교사들을 중심으로 한 복음 사역과 문명 사역이라 할 수 있는 교육과 복지, 봉사 활동을 해 온 것이 지금의 한국 교회의 부흥의 바탕이 되었다고 봅니다. 그렇다면 통일 후의 북한의 열악한 생활과 교육환경을 개선하고 발전시키기 위해서는 하 교수님의 준비하시는 사역이 통일 전에는 지도자 양성이지만 통일이 이루어진 후에는 북한지역으로 들어가 준비된 사역을 하게 될 터인데, 그 역할과 범위에 대해 알고 싶습니다.

하충엽 크게 3가지 영역입니다. 첫 번째로는 통일 후에 교회의 사회복지를 한국 교회가 함께 준비하는 것입니다. 북한은 기독교에 대한 인식이 부정적입니다. 그것을 바꾸는 길은 그리스도의 사랑을 2천 5백만 명에게 드러내는 것입니다. 즉 북한 사람들과 복음이 서로 소통하게 만드는 것입니다. 마음 깊숙한 곳에서 소통이 이루어지는 것입니다. 노인복지, 장애인 복지, 어린아이 복지, 가정복지로 남성의 역할과 여성의 역할, 사회적 기업 설립 등을 하는 것입니다. 통일 후 지방행정부와 사회의 사이에서 교회의 역할을 하는 것입니다. 이를 위해서는 기독교 통일 복지사 Christian Social Workers 를 양성해야 합니다.

둘째로는 통일 후에 기독교학교를 세우는 것입니다. 주체사상으로 의식화, 사회화, 제3차원적 권력화되어 있는 북한 젊은 청년들과 청소년들과 아동들에게 성경의 진리로 새롭게 하는 것입니다. 즉 사상체계의 전환을 이루어 주는 것입니다. 학습 환경의 개선, 학습도구지원, 커리큘럼 준비 등을 해야 할 것입니다. 이를 위하여 기독교 통일 교사를 양성해야 합니다.

셋째로는 북한 교회 세우기입니다. 북한 교회를 세우는 주체는 한국 교회가 아니라 북한 성도들여야 합니다. 한국 교회는 그들을 섬기는 위치이어야 합니다. 그들에 의해 교회가 세워지고 그들에 의해서 총회가 세워지고 그들에 의해서 신학교가 세워져야 합니다. 그들이 협력을 요청하면 한국 교회는 섬길 수 있는 준비를 해놓아야 합니다. 그들이 교회를 세울 때에 교회 경험이 없는 그들을 위해서 교회 경험이 충분한 한국 교회 성도들은 그들을 섬길 준비를 해야 합니다. 이를 위하여 통일선교 전문사역자를 양성해야 합니다.

5

강석진 금년이 해방과 분단 70년을 맞이했지만 통일이 우리가 의도하는 대로 될지, 그렇지 않으면 전혀 예상치 못한 엄청난 진통과 희생이 따를지 아무도 예상치 못하는 문제라 생각됩니다. 또 통일이 되더라도 그 이후에 해결할 정치적, 사회적, 경제적, 남북간에 지역 정서적인 많은 문제들이 야기될 수 있다고 예상됩니다.

우리는 그러한 문제들을 동서독의 통일과 남아공의 흑백 인종간의 화해, 잉글랜드와 아일랜드와의 갈등과 베트남의 무력 통일

등의 지난날의 큰일들을 보았습니다. 우리는 이러한 문제들을 반면교사로 삼을 것이 있고 벤치마킹을 해야 할 것들이 있다고 봅니다. 이러한 외국의 사례를 보면서 우리는 남과 북의 화해와 통일과 협력과 상생을 어떻게 해야 할지 외국의 경우를 들어서 적용하여 설명해 주셨으면 합니다.

하충엽 한반도 분단의 빗장을 빼는 일은 한국 교회의 사명인 동시에 한인 교회의 합력과 세계 교회의 지지와 동참이 있어야 합니다. 한국, 한인 교회 목회자로서 통일 후 정책과 정신을 공유하는 규모가 커지면 세계 교회 지도자들과 함께 '통일기도합주회' 및 '국제평화 화해컨퍼런스'를 통해 한반도의 통일을 위해 기도하도록 참여시키며 한반도의 평화통일에 그들의 지지를 이끌어 낼 수 있을 것을 기대합니다.

6

박성배 우리 한국 교회가 통일된 후에 북한 교회 재건과 신앙회복을 위해 해야 할 일이 매우 많다고 봅니다. 그런데 우려되는 문제가 지금의 북한에 어용교회가 평양에는 있지만 통일되면 역시 그동안 지하에서 은밀하게 신앙생활을 하던 지하교인들의 존재 인정과 그들과의 협력 관계도 매우 중요하다 생각됩니다. 그들도 역시 통일 후에 교회라는 제도권 내에 합류하여 함께 북한의 교회 재건과 복음화에 힘써야 될 것이라는 생각을 해 봅니다. 이에 대한 진지한 연구도 필요하다 봅니다.

중국이 개혁개방하면서 신앙의 자유를 허락했지만 정부의 관치하에 있는 삼자교회와 제도권 밖에 있는 가정교회와의 갈등은 지금도 지속되고 있지 않습니까? 그런 면에서 우리도 중국과 같이 동일한 문제에 처하게 될 것이라는 생각을 떨쳐 버릴 수 없군요. 하 교수님의 이에 대한 견해와 해결 방법을 듣고 싶습니다.

하충엽 남북한의 통일이 어떤 식으로 되느냐가 중요합니다. 또한 어떤 식으로 통일이 되든지 남북한 성도들은 함께 세계 선교를 위한 구속사적으로 하나가 되어 나아가야 합니다. 북한 정부에 의해서 세워진 "조선기독교도연맹" 산하에 교회와 가정교회, 그루터기 성도, 지하 성도 모두 깊은 회개와 사랑으로 서로를 안고가야 합니다. 시시비비를 가리는 것은 먼저 서로 사랑하고 안아주고 하는 것 이후에 하는 것이 좋습니다. 서로 시시비비를 가리면서 갈라져서는 안 된다고 봅니다. 서로 사랑으로 허다한 허물들을 덮으면 거기에서 진정한 신학이 세워지고 총회가 세워지고 교회가 세워지고 하나의 교단이 될 수 있으리라 봅니다.

아울러 통일은 북한 교회와 북한만 변화는 것이 아닙니다. 통일은 한국 교회가 새로워지고 정화되어지고 연합되어지고 다음 세대까지 준비되어지는 기회이어야 합니다. 통일은 한국 사회가 변화되어지는 기회이어야 합니다.

7

강석진 통일 후에 한국 교회가 국내교회의 부흥만이 아니라 거시적인 시각으로 세계 선교의 비전을 품고 북방과 온 열방을 향한 선교의 날갯짓이 필요하다 생각되는데 이에 대한 하 교수님은 비전은 어떠하신지요?

하충엽 한국 교회와 한인 교회가 통일과 함께 북한복음화_{선교, 교육,} _{봉사}를 위해 각 교회별, 노회별, 교단별로 중첩 선교를 피하고 서로 협력하며 질서 있게 북한 복음화의 전체적인 흐름을 잡아갈 수 있으므로 인해 북한 동포들의 정신을 복음으로 살려 그들의 자생 능력을 높임으로서, 그들이 주도적으로 세계를 향한 개혁과 개방, 산업화, 민주화를 이루어 어두운 북한을 밝은 북한으로 나아가게 하도록 하며 공히 해외의 한인 교회와 남한 교회와 북한 교회가 함께 하나님의 지상 명령인 세계 선교를 향해 나아가는 새 시대를 열 수 있을 것입니다. 통합정신이 복음으로 살아나서 통일과 통합에 성공하면 통합 국가는 세계에 유익을 줄뿐만 아니라 선진국 진입에 들어설 것으로 봅니다.

맺는말

강석진 이 시간에는 숭실대학교 "기독교 통일지도자 훈련센터장"이신 하충엽 교수님을 모시고 통일을 꿈꾸며 장차 이루어질 북녘의 교회재건과 기독교 지도자 교육에 대한 말씀을 들어 보았습니다.

숭실대학은 지난날 평양에 유일한 기독교 대학교였고 이 학교를 통하여 조만식 장로와 한경직 목사 등을 배출한 민족사관학교였습니다. 장차 통일에 날에는 이 학교를 다시 재건하며 통일의 지도자들을 세우는 그날을 간절히 소망합니다. 하나님께서는 예루살렘 성전을 재건하도록 한 시대의 사람인 고레스를 통해 바벨론포로들이 70년만에 다시 고토로 돌아가서 나라의 재건과 신앙 회복운동을 하도록 역사하였습니다. 지난날 남으로 내려왔던 교회들과 학교들이 통일에 날에 올라가 이 곳에 무너진 교단과 재단을 다시 세울 그날을 꿈꿔 봅니다.

에스라 1장 5절의 말씀을 상고해 봅니다.

이에 유다와 베냐민 족장들과 제사장들과 레위 사람들과 그 마음이 하나님께 감동을 받고 올라가서 예루살렘에 여호와의 성전을 건축하고자 하는 자가 다 일어나니.

이 말씀과 같이 북녘에 새 날이 오도록 간절히 기도합니다. 감사합니다. 안녕히 계십시오.

최용준

프로필
- 서울대 사회복지학과 (B.A.)
- 미국 필라델피아 웨스터민스터대 (M.Div.)
- 네덜란드 암스테르담 자유대학교 (Drs.)
- 남아공 포체프스트롬대 (Ph.D.)
- 독일 켈른 한빛교회, 브르셀한인교회 담임 목사 역임
- 캐나다 밴쿠버 기독교 세계관 대학원 / 벨기에 복음신학대학원 객원교수
- 현재 한동대 교수 (학문과 신앙연구소 소장)

저서
- 『하나 됨의 비전』(2006, 비전)
- 『응답하는 인간』(2008, SFC)
- 『세계관은 삶이다』(2008, CUP)
- 『유럽 기독지성운동과 한국의 디아스포라』(2014, 예영커뮤니케이션)
- 『그리고 우리는 거기에 있었다』(2015, 예영커뮤니케이션) 그 외 다수의
  원어본과 논문집 발표

니콜라이교회의 평화기도회와
한국 교회의 통일 비전

대담: 최용준 교수
진행: 강석진, 박성배
방송일: 2015년 10월 24일, 31일

니콜라이교회의 평화기도회와
한국 교회의 통일 비전 1

강석진 안녕하십니까? 진행을 맡은 강석진 목사입니다. 도움을 주실 한우리미션벨리 대표이신 박성배 박사님도 함께 하셨습니다. 이 시간에는 한동대의 최용준 교수님을 모시었습니다. 현재는 교수님으로 또 목사님으로 국내외 대학에서 학자로서 많은 연구 활동을 하시면서 다양한 저술과 강단의 경력을 가지고 계십니다. 최근에는 독일 통일에 결정적인 역할을 하였던 독일 라이프치히교회의 담임 목사님이셨던 크리스치안 퓌러의 자서전 『그리고 우리는 거기에 있었다』를 번역하여 출간하신 바 있습니다. 최 교수님께서는 오랫동안 해외에서 공부도 하시고, 독일에서 목회활동을 하시어서 특히 독일 통일에 대해 해박한 지식과 경험을 가지고 계십니다. 2회에 걸쳐서 통일을 이룬 독일 교회가 통일에 어떻게 기여하고 영향을 주었으며 한국 교회가 이 시대에 대한민국의 통일을 위해 어떻게 준비하고 통일 비전을 세워야 할지를 폭넓게 알아보도록 하겠습니다.

1

강석진 최 교수님께서는 어떻게 통일에 대해 관심을 갖게 되셨는지와 본인에 대해 소개해 주셨으면 합니다.

최용준 지난 10월 3일이 독일이 통일을 이룬지 25주년이었습니다. 오늘 통일에 대하여 많은 관심을 가지고 계시는 여러분과 함께 독일 통일의 과정에서 결정적인 역할을 한 라이프치히 니콜라이교회와 그 교회 담임 목회자이셨던 크리스치안 퓌러 목사님의 생애와 사상을 통해 여러 가지 교훈을 배우고 다가올 한반도 평화통일과 관련하여 독일 통일을 통해 우리가 배워야 할 부분이 무엇인지를 함께 살펴보려고 합니다. 저의 부모님 고향은 황해도 송화군이고 그리고 처가도 평안북도입니다. 이와 같이 저의 집안 모두 고향이 이북이시고 피난 오신 분들이기 때문에 한반도의 통일에 대하여 특별한 관심을 가지고 있습니다.

2

박성배 우리가 알기로는 동독 지역의 퓌러 목사님은 독일 통일의 시발점이 된 니콜라이교회의 담임 목사님이셨는데 그 목사님과 니콜라이교회에 대해 소개해 주셨으면 합니다.

최용준 네. 크리스치안 퓌러 목사님은 1943년 구동독 지역인 랑엔로이바-오버하인 Langenleuba–Oberhain 의 목회자 가정에서 태어났습니다. 초등학교를 마친 후 아이제나흐 Eisenach 에 있는 김나지움에서 공부하고 나서 1961년부터 1966년까지 라이프치히 대학에서 신학을 공부하였지요. 대학을 졸업한 후 25세라는 젊은 나이에 목사 안수를 받아 작센 주의 라스타우 Lastau 와 콜디츠 Colditz 두 군데서 12년간 목회하며 결혼하여 자녀를 낳아 기르면서 목회자로서 충분한 훈련을 받은 후 1980년에 라이프치히의 중심적인 교회인 니콜라이교회의 담임 목사로 청빙을 받아 은퇴할 때까지 사역했습니다. 이곳에서 이 퓌러 목사님은 독일 통일의 불씨가 된 "월요평화기도회"를 인도하기 시작하였고 그것은 나중에 비폭력적이고 평화적인 월요 시위로 확산되어 결국 구동독 정권이 무너지고 베를린 장벽이 허물어지는 기적 같은 결과를 낳았지요.

독일이 통일된 이후에도 이분은 동독 지역에 많이 발생한 실직 자들을 돕기 시작하였고 평화 기도회도 물론 계속 주관하였습니다. 통일 이후에는 구동독 지역에 나타난 여러 가지 사회적 이슈에 대해 성경적인 대안을 제시하면서 기도를 계속한 것이지요. 그러다가 2008년 3월 30일 마지막 예배를 인도한 후 모든 공식적인 목회사역에서 은퇴하시게 됩니다. 하지만 그 후에도 계속해서 다양한 활동을 하였습니다. 그중에서도 아내 모니카와 함께 그들의 사역을 정리한 책인 *"Und wir sind dabei gewesen: Die Revolution, die aus der Kirche kam* 「그리고 우리는 거기에 있었다: 교회에서 일어난 뜨거웠던 무혈혁명」"이라는 자서전을 출판한 것입니다. 이 자서전을 통해 당시의 격동적 상황 중에서도 소망의 끈을 놓지 않았던 믿음의 역사들을 설명하며 오늘날까지 남겨진 유산이 무엇인지를 잘 요약하고 있습니다. 그 후 2013년, 평생의 동역자요 아내였던 모니카 퓌러 사모가 소천하자 약 일 년 후인 2014년 6월 30일 퓌러 목사도 믿음의 선한 싸움을 다 싸우고 달려갈 길을 마친 후 하나님의 부르심을 받아 두 분은 지금 그의 고향인 랑엔로이바-오버하인 교회 묘지에 부모님과 함께 나란히 누워 있습니다.

그분들이 섬긴 "니콜라이교회"는 독일 중동부의 상업 중심 도시인 라이프치히의 중심에 있습니다. 라이프치히 도시가 세워질 무렵인 1165년에 지어진 교회입니다. 여기서 주목할 사실은 이 니콜라이교회 건축물에는 평화의 상징들로 가득하다는 것입니다. 제단 바로 위 천장 가장 높은 곳에는 평화의 천사가 무지개를 타고 종려나무 가지를 손에 쥐고 있으며 그 두 손 사이에 평화의 비둘기가 있습니다. 나아가 가장 독특한 것은 교회를 받치고 있는 기둥들이 모두 종려나무 모습으로 장식되어 있습니다. 저는 이 모든 실내의 모습이 모자이크처럼 합쳐져 독일의 평화 통일을 예비하신 하나님의 섭리였다고 생각됩니다. 나아가 이 니콜라이교회는 루터의 종교 개혁 이후 라이프치히의 대표적인 개신교회가 되었고 바흐는 인근에 있는 토마스 교회Thomaskirche 와 함께 이곳에서 수많은 성가곡들을 작곡하고 연주하였습니다.

3

강석진 네, 그런 대단한 역사적 배경을 가지고 있군요. 그러면 이제 독일 통일에 결정적인 역할을 한 니콜라이교회의 "평화기도회"가 어떻게 시작되었고 발전되었는지에 관해 좀 더 자세히 설명해 주시기 바랍니다.

최용준 네. 이분이 니콜라이교회에 부임한 해인 1980년부터 동독 개신교 청년들의 저항운동이 일어나면서 그는 1980년대 초반 매년 가을에 열흘간의 기도회를 개최하였습니다. 이 기도회는 매우 독특한 방식으로 진행되었는데 가령 평화를 지향하고, 군비증강을 반대하며, 군사적 행위 및 사고에 반대하는 시위를 했던 것이지요. 특히 동독 학교교육에서 의식의 군국화에 반대하는 시위를 벌였습니다. 그가 이러한 어려운 사역들을 감당하자 이 평화기도 기간은 동독 정권에 대한 분명한 반대의사를 표현할 수 있는 플랫폼이 되었던 것입니다.

나아가 중요한 사실은 퓌러 목사님은 동독 정권의 온갖 방해와 위협에도 굴하지 않고 더욱 이 기도회를 발전시켜 나간 것입니다. 1982년 9월 20일부터는 매주 월요일 저녁 5시에 청년들을 중심으로 평화기도회를 개최하기 시작했습니다. 물론 동독은 전적인 종교의 자유를 보장하는 사회가 아니었고 따라서 교회는 항상 슈타지 Stasi 라는 비밀경찰의 엄격한 감시 대상이었지요. 그러나 다행히 동독의 교회는 비교적 정권의 통제를 덜 받던 곳이었고 또한 동독 교회를 지켜내려는 서독 교회의 지원과 유럽 사회의 평화를 위해 기도회를 연다는 명분과 동독 내 자유로운 종교 활동이 보장되어 있다는 동독 정권의 대외 선전 목적 때문에 그런 활동이 가능했습니다.

여기서 제가 강조하고 싶은 점은 이분의 탁월한 목회 철학인데 1986년부터 퓌러 목사님은 "내게로 오는 사람은 내가 물리치지 않을 것이다."라는 요한복음 6장 37절을 근거로 "니콜라이교회는 모든 이들에게 열려 있다 offen für alle."는 슬로건을 내걸었습니다. 그러면서 그곳의 청년들이 심지어 팝 콘서트를 개최할 수 있도록 허용해 주는 등 동독 사회의 소외된 계층과 비그리스도인들 나아가 시위 그룹들에게도 문호를 개방하기 시작하면서 그들을 품기 시작했고 그들의 마음이 교회로 향할 수 있도록 노력했습니다 Führer, 최용준 역, 2015: 190. 이때부터 니콜라이교회에서는 진정한 의미의 자유와 복음의 능력이 체험되기 시작했고 바깥 세상에서는 벙어리와 같은 사람들이 자신들의 소리를 낼 수 있는 행사의 형식을 빌려 열린 교회와 평화기도회로 장차 있을 평화 혁명의 뿌리가 내리기 시작한 것입니다. 그 결과 니콜라이교회는 라이프치히 시민들의 영적, 정신적인 중심이 되었고 동독 정권에 대한 저항운동의 본거지가 되어 결국 평화 통일이라는 기적의 열매를 맺은 것입니다.

박성배 그렇군요. 그러면 이 "평화기도회"가 구체적으로 어떻게 독일의 통일에 영향을 주었는지와 그 결과에 대해 알고 싶습니다.

최용준 네. 기도와 함께 이분의 구체적인 행동도 주목할 필요가 있는데요. 1987년에는 "올로프-팔매Olof Palme 평화순례대행진"을 처음으로 주관하여 당국의 온갖 방해 공작에도 시행하였습니다. 팔매는 스웨덴 총리로서 한때 핵무기 경쟁을 반대하면서 동서간의 150킬로미터를 핵무기가 없는 지대를 만들자고 제안하였으나 1986년 2월 28일에 암살되었던 분인데 이분을 기념하는 평화행진이었지요. 이것은 동독 지역에서 상상할 수 없는 순례행진이었고 일종의 시위라고 할 수도 있습니다. 나아가 이듬해인 1988년 2월 19일에는 "동독에서의 삶과 체류Leben und Bleiben in der DDR"에 관한 강연회도 개최하였는데 당시 동독 정권이 해외여행을 금지하자 이에 불만을 품은 많은 재야 인사들이 참여하였고 해외 이주를 하려는 젊은이들과 동독에 체류하려는 두 그룹 간에 진지한 논쟁이 이루어지면서 오히려 더 많은 사람들의 주목을 받게 되었으며 이것이 궁극적으로는 호네커Erich Honecker 정권에 대한 저항의 구체적인 시발점이 되었던 것입니다.

이 "평화기도회"에서 퓌러 목사는 산상 수훈을 본문으로 매우 일관성 있게 평화의 복음을 선포했습니다. 이와 관련하여 당시 또 하나의 유명한 슬로건은 이사야 2장 4절과 미가 4장 3절을 근거로 한 "칼을 보습으로Schwerter zu Pflugscharen"였습니다. 즉 그의 설교는 예수 그리스도의 복음의 핵심인 '샬롬평화'에 맞추어져 있었고 이것은 결국 수많은 군중들의 마음을 사로잡았으며 심지어 완전무장하고 시위를 진압할 모든 준비가 되어 있던 경찰들과 군인들조차도 무기력하게 만든 원동력이 되었던 것입니다.

이 월요일 오후의 평화기도회로 니콜라이교회는 1982년부터 초신자들도 몰려들면서 숫자가 급증하게 되었으며 청년들은 청년회를 통해 교회와의 연결을 찾았습니다. 니콜라이교회에서는 바깥세상에서 말할 수 없는 자신들의 문제를 다시 찾을 수 있었고 거기에 대해 말할 수 있었기 때문이지요. 이 평화기도회가 동독 전역에 알려지면서 드레스덴 등 다른 지역에도 영향을 주기 시작하였습니다. 그러자 1989년 처음 몇 달 동안 동독 정권은 이 기도회를 점점 더 억압하면서 중단시키려 했지요. 그러나 결국 이것은 모두 실패로 끝났고 오히려 더 큰 반발을 불러일으켰으며 월요기도회에는 점점 더 많은 사람들이 참여하기 시작하여 마침내 철옹성 같은 동독 정권과 베를린 장벽을 여리고성 무너뜨리듯 하루아침에 무너지게 만든 월요시위의 시발점이 되었던 것입니다.

5

강석진 여리고성이 무너진 것과 비교하니 더욱 이런 놀라운 일은 하나님의 역사라는 것이 실감되는군요. 그러면 월요시위에 대해 자세히 설명해 주시겠습니까?

최용준 네. 월요시위가 시작된 것은 1989년 9월 4일부터입니다. 이 날 기도회가 끝난 후 성도들이 교회 앞 광장에 모여 들었고 시민들도 이에 합세하기 시작했지요. 슈타지의 강력한 경고에도 약 1천 명의 시민들이 거리로 행진하기 시작했고 "슈타지는 물러가라!" "여행의 자유를 달라!"는 구호를 외쳤습니다. 그러자 슈타지의 무력진압이 시작되어 70명의 재야 인사들이 체포되었습니다. 하지만 다음 주 월요일인 9월 11일에는 더 많은 사람들이 모여 들었습니다. 슈타지도 이에 맞서 체포와 강제진압으로 대응했습니다. 9월 25일, 평화기도회가 끝난 후 시작된 월요시위에는 8천 명이 합류하면서 저항 운동은 더 거세져 갔으며 10월 2일에는 2만 명이 참가하면서, 슈타지와 시위대 사이에 유혈사태가 발생하기도 했지요. 물론 이 부분을 본다면 월요시위와 처음부터 완벽한 평화적 시위라고 보기는 어렵습니다. 하지만 10월 9일부터 시작된 월요시위는 평화적으로 달라지기 시작합니다.

동독 정권은 사실 1989년 10월 7일 건국 40주년 행사를 거창하게 거행하면서 반동적 데모에 대해서는 얼마 전 천안문 사태를 진압한 중국식 해법을 적용하여 무력진압도 불사하겠다고 위협했습니다. 사태가 악화되자 10월 9일에는 8천 명의 동독 군인들과 경찰병력이 니콜라이교회 앞에 집결하였습니다. 그럼에도 그날 저녁 평화기도회는 다시 열렸습니다. 놀라운 사실은 그날 오후 2시부터 비밀경찰요원들과 당원들 600여 명이 기도회를 감시, 통제하러 들어왔으나 퓌러 목사는 오히려 그들을 환영했고 결국 그들은 처음으로 퓌러 목사를 통해 복음을 듣게 되었으며 이 복음이 그들의 마음을 사로잡게 됩니다. 기도회가 끝난 후 교회 문이 열렸는데 앞마당과 주변 거리에는 만여 명의 시민들이 손에 초를 들고 있었습니다. 한 손은 초를 들고 다른 한 손은 촛불이 꺼지지 않도록 바람을 막았기에 돌이나 몽둥이를 드는 일은 불가능했습니다. 시민들의 행렬은 시내를 관통하여 서서히 움직이고 있었습니다. 그리고 기적이 일어났습니다. 폭력을 거부한 예수님의 영이 대중들의 마음을 붙잡아 주어 평화로운 "힘"을 행사할 수 있게 되었습니다. 사람들은 근처에 서 있던 제복을 입은 사람들, 즉 군인들, 전투부대, 경찰관들을 모두 대화로 이끌어 들였습니다. 도발이 시작되려고만

하면 사방에서 사람들이 "비폭력!"이라고 외쳤습니다. 이렇게 하여 두 번이나 세계대전을 일으킨 독일에서 전무후무한 무혈 평화 혁명이 일어난 것이지요. 결국 10월 18일 호네커는 실각하였고 11월 9일 베를린 장벽은 무너졌던 것입니다.

6

박성배 네, 감동적인 드라마와도 같군요. 그러면 그런 놀라운 일들을 이룬 퓌러 목사님의 영성과 신학이 어떠했는지 궁금합니다. 우리에게도 많은 배울 점이 있지 않나 생각됩니다.

최용준 무엇보다 이분은 기도에 헌신하신 분입니다. 평화기도회가 그 증거이지요. 동시에 퓌러 목사님은 기도회를 인도한 것뿐만 아니라 구체적인 이슈도 다루면서 월요시위도 평화적인 방법으로 주도했다는 것입니다. 1989년 10월 9일 이날의 무혈 평화혁명을 기념하기 위해 교회 광장 곁에 세워놓은 대리석으로 만든 종려나무 기둥 조각은 어떤 경우에든 비폭력적인 저항과 평화는 가능하다는 사실을 웅변적으로 상기시켜 주고 있습니다. 나아가 퓌러 목사님은 말씀의 능력을 확신했던 것입니다. 월요시위가 비폭력 및 평화 혁명으로 이어지면서 단기간에 동독 정권을 붕괴시킨 사건을 두고 이분은 두 성경 구절을 인용하여 설명하였습니다. 즉, "이는 힘으로도 되지 아니하며 능력으로도 되지 아니하고 오직 나의 영으로만 되느니라슥 4:6." 그리고 "주님은 그 팔로 권능을 행하시고 마음이 교만한 자를 흩으셨으니, 제왕들을 왕좌에서 끌어내리시고 비천한 사람을 높이셨습니다눅 1:51-52." 이 두 구절의 능력을 이분은 철저히 경험했다고 강조합니다.

마지막으로 퓌러 목사님은 이 모든 것이 하나님의 은혜라고 고백합니다. 그의 자서전 서문에서 이 사건을 회고하며 이렇게 고백하고 있습니다. "니콜라이교회의 담임 목회자로서 이 모든 사건에 직접 참여한 나는, 이것이 결국 수년간 예수님의 산상보훈을 설교함으로 비폭력이라는 예수님의 정신에서 귀결된 평화 혁명이라고 말하고 싶습니다. 이러한 행동 원칙으로서의 비폭력은 교회에서 시작되어 대중들을 사로잡았고 그 결과 거리에서 실천되었습니다. "비폭력 Keine Gewalt !"을 외치자 결국 그렇게 견고하던 체제는 붕괴되고 말았던 것입니다. 우리 독일인들은 지금까지 혁명을 성공시킨 예가 없습니다. 이 평화 혁명은 피 한 방울 흘리지 않고 성공한 최초의 경우입니다. 우리 정치역사에 새로운 장을 연 사건입니다. 성경적 기준이 낳은 기적인 것입니다. 20세기가 시작되면서 양차 세계대전을 통해 독일은 무참하게 파괴되었으나 20세기 말 주님의 말씀이 이렇게 놀라운 열매를 맺은 것입니다. 저는 이것이 전적으로 하나님의 은혜라고 말할 수밖에 없습니다. 우리 교회와 참여한 모든 교회들에게 베푸신 은혜였습니다. 우리 도시와 여러 도시들과 마을에 주신 은혜였고 우리 독일 민족 전체에 허락하신 은혜였습니다. 이것은 성과의 역사가 아니라 나의 출신, 가족 그리고 교회 성도들과 모든 사람들이 함께 한 믿음의 역사입니다. 이러한 기적을 통해 더욱 내가 성숙하도록 역사한 성경에 대해 진심으로 감사합니다. 따라서 나는 가능한 것보다 더 많은 것들이 가능함을 믿습니다. 이 평화 혁명이 그 증거입니다."

7

강석진 너무도 감동적인 신앙고백인 것 같습니다. 우리 한국 교회가 귀담아 들어야할 귀한 메시지라 생각됩니다. 잘 정리해 주셔서 감사합니다. 그런데 우리가 한 가지 더 주목할 사실이 있을 것 같은데요. 즉 동서독 교회가 분단된 상태에서도 특별한 결속이 있었다고 하던데 이 부분에 대해 설명해 주시겠어요?

최용준 네. 여기서 우리가 기억해야 할 중요한 사실은 이 극적이고 역사적인 통독의 배후에는 분단의 기간에도 서독 교회 성도들이 동독 교회를 잊지 않고 꾸준히 그리고 신실하게 헌신하여 희생적으로 섬겼다는 것입니다. 동독 당시 존립했던 8개의 개신교 주회들은 원래 서독에 있던 독일 개신교회 EKD: Evangelischen Kirche in Deutschland 소속이었습니다. 그 후에 동독 교회는 1969년에 "동독 개신교회 연맹 BEK: B유엔d der Evangelischen Kirchen der DDR "이라는 단체를 만들었지요. 동독 개신교 연맹이 출범한 후에도 그들은 동독과 서독의 모든 개신교회들이 각자의 기관을 통하여 동반자적 자유를 가지고 함께 만나기 위하여 "특별한 유대관계"가 있음을 명시하였습니다.

동서독 교회는 이 "특별한 유대관계"를 지속적으로 유지시키기 위하여 "자문단"과 "협의단"을 구성하였는데, "자문단"은 교회적인 문제를 위해서, "협의단"은 사회 참여적인 세계 평화와 화해의 문제 등을 의논하기 위해 구성되었습니다. 이러한 모임 자체가 쉽지는 않았지만 그럼에도 이 모임은 통일이 이루어지는 순간까지 계속되었고 이 모임은 결국 서로를 이해하며 사랑하는 관계, 즉 서독교회가 동독교회를 돕는 프로그램으로 연결되었습니다. 사실 동독교회는 신앙뿐만 아니라, 물질적으로 극심한 어려움에 처해 있었는데요, 무엇보다도 동독정권의 교회가 스스로 자멸되도록 하는 여러 핍박 정책 때문이었습니다. 가령 교회의 유일한 재정 수단이었던 교회세 제도를 법으로 금하였고, 신도들에게는 일반 동독 시민들이 누리는 보험, 연금제도 등의 혜택을 누리지 못하게 했습니다.

심지어 신앙 활동을 범죄 활동으로 규정하여 감옥에 가두기도 했습니다.

이러한 동독교회를 서독교회는 영적, 물질적으로 도왔는데 여기엔 몇 가지 원칙들이 있었습니다. 즉 언제나 명목 있는 도움으로 상대방의 자존심을 지켜 주었고, 그러면서도 한 번도 도와준 돈의 사용처를 확인하지 않았습니다. 또한 서독교회의 지원은 단회적이거나 과시적이 아닌, 지속적이고 인격적이었는데 매년 약 300~400억 원에 달하였습니다. 이러한 도움은 금전을 지불하는 것보다 자재로 공급하기도 했습니다. 또한 서독 정부도 교회의 재정 지원 프로그램을 배후에서 도왔습니다. 가령 서독교회가 동독교회를 돕는 경우 반액을, 정치범 등의 석방을 위해서는 전액을 담당하였습니다. 이와 같이 동서독 교회는 비록 분단 기간에도 영적 일치감을 잃지 않았고 계속 기도와 물질로 교제한 것이 결정적인 순간에 동독 정권을 무너뜨리는 역할을 하였습니다.

8

박성배 서독교회가 동독교회에 대해 은밀하고도 지속적인 도움이 동독교회가 지탱될 수 있는 힘이 되어준 것이라 생각되는군요. 이제 결론을 맺어야 할 시간이 된 것 같습니다. 독일의 평화 통일을 통해 우리가 배워야 할 교훈이 무엇일까요?

최용준 네. 무엇보다 먼저 우리도 마땅히 기도해야 하겠지요. 북한 동포들을 위해, 평화 통일을 위해 낙심하지 말고 주님의 때를 기다리고 인내하면서 기도해야 하겠습니다. 요즈음에는 적지 않은 남한 국민들이 통일 비용에 대해 언급하면서 오히려 현재 상태status quo를 유지하는 것을 더 선호하는 경우도 적지 않습니다. 하지만 사실상 통일 비용보다 현재 분단 상태를 유지하기 위해 들어가는 천문학적인 비용을 고려한다면 이러한 논리는 설득력이 약하다고 봅니다. 나아가 천만 이산가족의 아픔을 치유하며 민족의 동질성을 회복하는 것은 이 시대에 우리에게 주어진 역사적 과업임을 잊지 말아야 할 것입니다.

또한 비록 독일과 한국의 상황은 매우 다르지만 원칙적으로 독일에서 일어난 기적이 한반도에서 일어나지 말라는 법은 없습니다. 따라서 한국 교회도 한국 사회에 대해 그리고 한반도의 통일을 위한 역사적 책임 의식과 사명을 새롭게 고취해야 할 것입니다. 또한 이러한 역사의식을 바탕으로 한국 내 그리스도인들이 그동안의 분열에 대해 철저히 회개하면서 연합과 일치 운동을 다시 일으켜야 합니다. 왜냐하면 한반도의 통일을 위해 기도하는 한국 교회의 모습은 아직도 너무나 많이 분열된 부끄러운 모습이기 때문이지요. 한국 내 그리스도인들과 한인 디아스포라 신앙인들이 이 부분을 깊이 반성하면서 개 교회적으로 그리고 교단적으로 화해와 하나 됨을 회복하면서 남북한의 통일을 위해 기도할 때 더 많은 시민들이 공감하며 동참할 것이며 남북한의 허리를 가로지르는 휴전선도 베를린 장벽처럼 하루아침에 무너져 평화적으로 남북이 온전히 하나 되는 역사가 일어날 수 있을 것입니다.

그 누구도 동서독이 이렇게 통일될 것으로 예측한 사람은 없었습니다. 그러나 끝까지 포기하지 않고 기도하며 성경적인 방법, 즉 평화와 비폭력으로 헌신했을 때 독일에 이 놀라운 축복을 허락하신 것입니다. 나아가 국내외 많은 그리스도인들이 개인적 혹은 여러 단체를 통해 직접·간접적으로 북한 동포들과 지하 교회 성도들을 섬기며 위해서 기도하는 것은 분명 고무적인 일이라고 볼 수 있습니다. 결국 복음에 충실한 비폭력과 평화는 이 땅의 어떤 무력보다 강하며 칼을 쳐서 보습으로 만드는 능력이 있음을 한국 교회와 그리스도인들이 잊지 않고 지혜롭게 적용할 때 한반도에도 이와 같은 기적이 일어날 수 있을 것입니다.

맺는말

강석진 오늘 우리는 성 니콜라이교회의 퓌러 목사님의 기도운동을 통해 독일이 통일되는 과정을 역사적 관점에서 상세히 들어 보았습니다. 하나님께서 이 시대에도 변함없이 준비된 믿음의 사람을 통해 한 나라와 민족과 교회를 회복시키시며 부흥케 하심과 니콜라이교회의 퓌러 목사님의 헌신적인 평화기도운동을 통해 독일 통일이 마침내 이루어졌음을 확인할 수 있었습니다. 세계 교회 역사를 보면 하나님께서 그 시대마다 선지자적 사명을 주신 하나님의 사람들을 통해 시대를 새롭게 하며 변화시킨 것을 알 수 있듯이 이제는 한국 교회가 통일의 원년을 열어가는 역할이 우리에게 있다는 것을 생각하게 됩니다. 오늘 귀한 말씀을 들려주신 최용준 교수님 감사합니다. 다음 시간에 다시 한 번 더 모시고 한국의 통일과 북한의 복음화에 대해 들어 보도록 하겠습니다. 감사합니다. 안녕히 계십시오.

니콜라이교회의 평화기도회와
한국 교회의 통일 비전 2

강석진 한 주간도 평안하셨습니까? 지난 시간에는 한동대 최용준 교수님께서 분단되었던 독일이 동독의 라이프치히의 니콜라이교회 퓌러 목사님의 평화기도회로 독일 통일을 이루는 도화선이 되어 마침내 통일을 이룬 그 과정을 마치 다큐멘터리 영화를 보듯이 매우 생생하게 들려 주셨습니다. 이 시간에는 우리가 통일을 이룬 독일교회로부터 배워야 할 리더십과 한국 교회가 헌신해야 할 통일과 북한 교회의 재건과 부흥을 이루기 위해서는 어떤 비전과 전략을 가져야 할지에 대해 심층적인 말씀을 듣도록 하겠습니다.

1

강석진 해방과 분단 70년을 맞이한 한국 교회가 25년 전에 통일을 이룬 독일 교회로부터 배워야할 영적 리더십과 신학에 대하여 말씀을 듣고 싶습니다.

최용준: 네. 한국 교회에서는 쉽게 "독일 교회는 죽어간다." 또는 "아예 죽었다."라고 말하는 것을 종종 듣게 되는데 저는 이 부분에 대해 매우 신중해야 한다고 생각합니다. 물론 매주일 예배에 출석하는 교인들의 수를 본다면 독일 교회가 전반적으로 쇠퇴한다고

말할 수 있지만 놀라운 사실이 있습니다. 첫 번째는 가장 결정적인 순간에는 그들의 뿌리 깊은 믿음이 행동과 삶으로 나타난다는 것입니다. 이것은 통일 과정에서도 나타나지만 최근 난민들을 받아들이는 자세에서도 분명히 나타나거든요. 다시 말해 한국 교회는 독일교회의 성숙한 생각과 지혜롭게 행동하는 신앙을 본받아야 한다고 생각합니다.

우선 개별적으로 니콜라이교회에 초점을 맞추어 본다면 먼저 주목할 사실은 퓌러 목사님이 인도한 기도회가 단지 기도만 하는 모임이 아니라 기도와 함께 보다 구체적인 행동을 실천하는 점에서 매우 독특합니다. 가령 이전 시간에 말씀드린 대로 "올로프-팔매 평화순례대행진"을 처음으로 시행한 일이라든지 "동독에서의 삶과 체류"에 관한 강연회도 개최하여 더 많은 사람들의 주목을 받게 되어 궁극적으로 동독 정권에 대한 저항의 시발점이 된 것입니다. 한국 교회는 기도는 뜨겁게 하지만 실천이 부족하지 않은지 반성해야 하겠습니다.

두 번째로 "니콜라이교회는 모든 이들에게 열려 있다."라는 퓌러 목사님의 목회 철학입니다. 그러면서 청년들이 팝 콘서트를 개최할 수 있도록 허용해 주는 등 소외된 계층과 비그리스도인들, 나아가 시위 그룹들에게도 문호를 개방하기 시작하면서 그들을 품기 시작했고 그들의 마음이 교회로 향할 수 있도록 노력한 것입니다.Führer, 최용준 역, 2015: 190. 이때부터 니콜라이교회에서는 진정한 의미의 자유와 복음의 능력이 체험되기 시작했고 바깥 세상에서는 벙어리와 같은 사람들이 자신들의 소리를 낼 수 있었고 그 결과 니콜라이교회는 라이프치히 시민들의 영적, 정신적인 중심이 되어 평화 통일이라는 기적의 열매를 맺은 것입니다. 한국 교회도 과감히 문호를 개방하여 일반 불신자들도 와서 함께 기도하며 공감할 수 있는 통일의 장이 되도록 해야 하겠습니다.

마지막으로 퓌러 목사님의 영적 리더십인데요. 이분은 매우 일관성 있게 예수님의 산상 수훈을 본문으로 평화에 관한 메시지를 중점적으로 전했습니다. 이와 관련하여 유명한 슬로건은 당시 핵무기 배치를 반대하면서 내세운 이사야 2장 4절과 미가 4장 3절을 근거로 '칼을 보습으로 Schwerter zu Pflugscharen'였습니다 Führer, 최용준 역, 2015: 235-244. 이 슬로건은 너무나 중요하여 은퇴 후에도 그분의 서재 벽 중앙에 말씀과 그림으로 걸려 있었음을 필자는 직접 목격하였습니다. 즉 이분의 설교는 예수 그리스도의 복음의 핵심인 '샬롬 평화'에 맞추어져 있었고 이것은 결국 수많은 군중들의 마음을 사로잡았으며 심지어 경찰들과 군인들조차도 무기력하게 만든 원동력이 되었습니다. 한국 교회도 이처럼 복음의 핵심을 분명히 붙잡아야 하겠습니다.

또한 전체적으로 첫 번째로 본다면 독일 교회가 분단 상황에도 하나 됨과 특별한 결속 관계를 유지했다는 것이 매우 중요하다고 생각합니다. 동시에 서독교회가 매우 지혜롭게 동독교회를 도와주었다는 점인데요 가령 서독교회는 동독교회를 위해 기도할 뿐만 아니라 재정 지원을 했습니다. 신앙적으로뿐만 아니라 물질적으로도 큰 어려움에 있던 동독교회를 도와주면서도 언제나 명목 있는 도움으로 상대방의 자존심을 지켜 주었고, 한 번도 도와준 돈의 사용처를 확인하지 않았다는 점입니다. 그렇게 하면 재정지원을 계속할 수 없음을 알았기 때문이지요.

두 번째로 이러한 서독교회의 재정지원은 한화로 약 300억 원에서 400억 원에 달하였는데 이러한 도움을 주면서도 직접 현금을 지불하는 동시에 물자들을 공급하기도 했습니다. 이러한 도움은 단회적이거나 과시적이 아닌, 지속적이고 인격적이었다는 점입니다. 저는 이러한 부분들 또한 한국 교회가 깊이 배워야 하지 않나 생각합니다.

2

박성배 독일과 한국의 분단의 역사가 하나님의 섭리 하에 이루어졌다면 그에 대한 성경적 해석은 어떻게 할 수 있을까요?

최용준 모든 역사는 하나님의 주권 하에 있습니다. 따라서 독일과 한국의 분단도 하나님의 섭리에 벗어나지는 않는다고 생각합니다. 하지만 우리 인간의 책임 또한 무시할 수 없겠지요. 독일은 분명히 양차 세계 대전을 통해 인류 역사에 크나큰 오점을 남겼기에 분단이라는 책임을 져야 했습니다. 하지만 한반도의 분단은 우리가 잘못한 것이라기보다는 열강의 힘의 논리에 의해 이루어진 것이라고 봅니다. 그러나 둘 다 하나님께서 합력하여 선을 이루실 수 있고 그러한 방향으로 우리가 노력해야 한다고 생각합니다.

지난 2009년 1월 셋째 주일에 전 세계 교회는 한반도의 하나 됨을 위해 중보 기도한 적이 있습니다. 그때 중심 구절은 에스겔 37장 17절 말씀 "그 막대기들을 서로 합하여 하나가 되게 하라 네 손에서 둘이 하나가 되리라."였습니다. 비록 다윗 왕국이 르호보암 시대에 남 유다와 북이스라엘로 분열되었지만 바벨론 포로 생활이 70년 만에 끝나 고국으로 돌아오면서 하나 됨을 회복하게 될 것이라는 말씀이지요. 이를 위해 주님께서는 에스겔에게 시각적인 사인을 보여 주십니다. 즉 막대기 하나를 가져다가 그 위에 유다와 그 짝 이스라엘 자손이라 쓰고 또 다른 막대기 하나에 에브라임의 막대기 곧 요셉과 그 짝 이스라엘 온 족속이라 쓰고 그 막대기들을 서로 합하여 하나가 되게 하라는 것이지요. 사람들이 이것이 무슨 뜻인지 설명해 달라고 한다면 주님께서 북이스라엘의 막대기를 가져다가 남 유다의 막대기에 붙여서 한 막대기가 되게 하여 주님의 손에서 하나가 되게 하셨다는 것입니다.

하지만 여기에 조건이 있습니다. 즉 그들이 그 우상들과 가증한 물건과 그 모든 죄악으로 더 이상 자신들을 더럽히지 않아야 한다는 것입니다. 정결하고 거룩한 백성으로 살 때 그들은 주님의 백성이 되고 주님께서 그들의 하나님이 되리라고 약속하십니다. 그러므로 우리가 먼저 주님의 말씀을 온전히 순종할 때 주님께서 우리와 화평의 언약을 세워서 영원한 언약이 되게 하시고 또한 견고하고 번성하게 하시며 주님의 성소를 그 가운데에 세워서 영원히 이르게 하실 것입니다. 즉 통일된 한반도는 주님을 섬기는 거룩한 언약 백성이 되도록 기도하며 노력해야 할 것입니다. 그리하여 주님께서 한반도에 살아 계시며 역사하심을 열방이 보고 주님께 돌아오며 통일된 한반도는 이를 통해 열방을 섬기는 축복의 통로가 되는 것, 이것이 한반도를 향하신 주님의 섭리가 아닌가 생각합니다.

3

강석진 한국 교회가 이 시대의 민족의 분단과 갈등을 해결하기 위해서는 어떤 전략으로 접근해야 하는지 장·단기적인 측면에서 말씀해 주시지요.

최용준 먼저 한국 교회의 철저한 자기반성이 필요하다고 생각합니다. 한국 교회가 그동안 받은 주님의 크신 축복들에 대해서는 마땅히 감사해야 하겠지만 그동안 잘못한 점들에 대해 깊은 회개와 실천이 따라야 하겠습니다. 그중에 가장 심각한 부분은 무엇보다 분열이라고 저는 생각합니다. 한국 교회는 예수님과 그리스도가 나누어져 있습니다. 장로교회는 예장과 기장으로, 감리교회도 예감과 기감으로 분열되어 있으며, 침례교회에도 예침과 기침이 있고, 성결교회도 예성과 기성, 하나님의 성회도 예하성과 기하성 등으로 분열되지 않았습니까? 가장 많은 분열이 이루어진 장로교회 특히 예장을 보면 에큐메니칼 운동에 대한 찬반 양론으로 합동과 통합으로 분열됩니다. 이러한 교회의 분열은 세계 교회사에 전무후무한 부끄러운 우리 한국 교회 역사의 자화상입니다. 그런 분열하면서도 이름을 합동과 통합으로 정한 것은 매우 아이러니컬하다고 저는 생각합니다.

물론 최근에 여러 교단적으로 화해와 일치를 추구하고 있고 심지어 같은 신학이라면 다시 합쳐야 한다는 움직임도 있어 고무적입니다만, 아직도 전체적으로 볼 때 주님 보시기에 가장 부끄러운 부분이 바로 이 분열의 문제라고 생각합니다. 다시 말해 남북한 통일을 말하기 전에 한국 교회가 화해하고 일치되는 모습부터 보여주어야 한다는 것이지요. 그리할 때 남북한의 화해와 통일의 축복도 받을 수 있다고 생각합니다.

그리고 보다 장기적으로는 개 교회 중심이 아니라 한국 교회가 협력하여 보다 일관성 있는 통일전략을 세워 나아가야 한다고 봅니다. 일회성이 아니라 지속적으로 북한의 지하 교회를 돕고 북한의 동포들에게 실질적인 도움이 전달되도록 꾸준히 기도하며 노력하는 자세가 필요하겠습니다. 이러한 면에서 한국 교회는 서독교회의 모습을 귀감으로 삼아야 한다고 생각합니다. 나아가 이미 남한에 와 있는 새터민들에게 좀 더 관심을 보여야 하겠습니다. 얼마

전 포항에 있는 유일한 새터민 교회가 여러 교회들의 도움으로 좋은 건물로 이전하여 감사예배를 드렸는데요. 지난 10년간 많은 어려움이 있었지만 목사님의 헌신적인 수고와 여러 후원 교회들의 따뜻한 정성에 성도들이 감동을 받으며 이제는 매우 뜨겁게 신앙생활하면서 통일을 위해 기도하고 북한에 있는 가족들에게 도움을 주고 있습니다. 저는 이것이 이 남한에서 이미 통일의 축복을 체험하는 것이라고 봅니다. 큰 교회에서 새터민을 흡수하려 하기보다는 그들이 원하는 것이 무엇인지 경청하면서 필요를 채워 주고 함께 협력하는 파트너로 삼는 것이 중요하다고 봅니다.

4

박성배 지난날 한국 교회가 한국의 역사에서 시대적 위기와 고난을 당할 때에 그 시대에 동참하며 기도와 부흥운동으로 선지자적 사명을 감당해 왔습니다. 지금의 분단된 한국 교회의 문제점과 진정한 시대적 소명은 무엇일까요?

최용준 초대 한국 교회는 한국 근대사에서 위기가 닥칠 때마다 민족과 함께 고난을 감당하면서 사회적 책임을 매우 잘 감당했습니다. 3·1운동을 주도하면서 타종교 지도자들과 협력했고 교육, 의료, 봉사 사업 등을 통해 한국의 근대화에 결정적인 공헌을 했다고 말할 수 있습니다. 기독교 세계관은 전통적인 샤머니즘, 불교, 유교의 한계점들을 극복하면서 한국 사회에 새로운 패러다임을 제시했고 그렇기 때문에 지금의 부흥을 축복으로 받았다고 생각합니다.

하지만 최근 한국 교회는 성장을 멈추었고 오히려 사회의 비판을 받는 대상이 되고 있습니다. 여기에는 여러 가지 원인들이 있겠지요. 먼저 지도자들의 책임이 크다고 말하지 않을 수 없습니다.

교회 세습, 건축 지향적 물량주의 그리고 영적 지도자들의 도덕적인 타락, 유교적 권위주의, 나아가 성도들의 이원론적인 삶 등이 함께 맞물려 한국 교회의 위기를 자초하고 있다고 봅니다.

이 점들을 극복하기 위해서는 무엇보다 먼저 기독교 세계관의 본질을 회복하면서 책임지는 청지기 정신 및 모든 삶의 영역에서 구속을 이루어가야 하는 필요성을 강조함으로 한국 사회를 계속해서 변혁시키며 미래에 새로운 희망의 비전을 줄 수 있어야 한다고 봅니다. 물질주의적이고 세속적인 번영 신학을 과감히 벗어버리고 주님이 가신 그 십자가의 길을 겸손히 따라 갈 수 있어야 합니다. 또한 앞서 말씀드린 것처럼 모든 성도들이 개 교회적으로 그리고 교단적으로 나아가 한국 교회 전체가 화해와 일치를 위해 노력해야 하겠습니다. 나아가 지도자들 및 성도들의 도덕적인 삶이 신앙 고백과 부합해야 하겠지요. 또한 세속화된 기독교 학교들 및 대학들이 진정한 성경적 정체성을 회복하고 학문과 신앙 그리고 삶을 삼위일체적으로 통합하는 일이 중요하다고 봅니다. 그 외에도 포스트모더니즘이나 이슬람과 같은 다른 세계관들에 대한 준비가 잘 되어야 하겠고 기타 이단들의 공격 및 동성애. 동성혼과 같은 이슈에 대해서도 분명한 입장을 낼 수 있어야 한다고 봅니다.

마지막으로 한국 교회는 더 이상 한국인들만을 대상으로 해서는 안 되며, 교회의 보편성에 입각해서 국내교회는 국내에 있는 다문화 가정들과 외국인들을 품어야 하며 해외 디아스포라 교회들도 더 이상 한인들만 위한 교회가 아니라 열방을 품는 축복의 통로가 되어야 합니다. 그리고 세속적 쾌락주의에 반하여 거룩하고 경건한 삶의 모습을 세상에 보여 주어야 합니다. 지금 한국 교회는 정말 위기입니다. 진정한 복음을 회복하여 진리의 진정성을 세상에 보여 주는 것이 시대적 소명이라고 생각합니다.

5

강석진 이번에는 통일 후의 한국 교회의 북한의 교회 재건과 부흥을 위한 전략을 제시해 주셨으면 합니다.

최용준 아주 어려운 부분입니다. 우선 우리의 생각을 앞세울 것이 아니라 사도행전에 나타난 안디옥 교회처럼 기도하면서 성령의 인도하심에 민감하게 순종해야 한다고 봅니다. 우리가 아무리 어떤 전략을 잘 세운다 할지라도 주님보다 앞서면 안 되기 때문입니다. 보다 구체적으로 생각한다면 가령 교단 간의 이해관계가 부딪칠 수 있는데 사전 합의가 중요하겠지요. 마치 처음에 선교사님들께서 한반도에 들어오셔서 사역할 때 서로 협의하여 사역지를 결정하신 것처럼 말입니다. 그래서 사역의 중복을 피하고 보다 효과적으로 교회의 재건과 부흥을 추구해야 하겠습니다.

그리고 너무 무리하게 우리 남한 교회 중심적인 방식으로 진행할 것이 아니라 북한의 상황과 특성을 잘 고려하는 것이 필요하겠지요. 그렇지 않으면 오히려 실패할 가능성도 있다고 생각합니다. 가령 예배당 건물을 짓는 것도 일방적으로 진행하기보다는 우선 사람들을 말씀으로 회복시켜 그분들의 세계관이 변하는 것과 함께 점진적으로 그리고 지혜롭게 해 나아가야 하지 않겠나 생각합니다.

여기서 가장 중요한 역할을 할 수 있는 분들은 지금 남한에 내려와 계신 새터민들이라고 생각합니다. 북한에서 한국전쟁 때 내려오신 분들은 너무 연로하신 반면 새터민들은 새로운 세대들로서 지금도 가족과 친척들이 북한에 계시기 때문에 이분들을 우선 영적으로 잘 양육하고 훈련시켜 통일 후 북한 교회 재건의 첨병으로 파송하는 것이 전략적으로 매우 효율적이라 생각됩니다. 이를 위해 서는 한국 교회가 새터민들에 대해 보다 체계적인 지원과 교육에 관한 전략을 세워야 한다고 생각합니다.

그 외에 남한뿐 아니라 중국 및 세계 각지에 흩어진 탈북 동포들도 매우 중요한 역할을 할 수 있을 것입니다. 제가 한동대에 오기 전에 벨기에서 약 5년간 사역했는데 마지막 1-2년 동안 탈북 동포들이 물밀듯 들어와서 그분들을 많이 섬기고 세례를 베푼 적이 있습니다. 그분들도 해외에 있는 한인 디아스포라 교회들과 잘 협력한다면 통일 후에 나름대로 해외 한인 디아스포라 교회들과 함께 북한 교회 재건에 매우 중요한 파트너가 될 수 있을 것입니다. 특히 이러한 해외 교회들 및 탈북 동포들과 그 자녀들은 단순히 북한 교회의 재건뿐만 아니라 세계 선교를 위해서도 귀하게 사용될 수 있는 자원들입니다. 따라서 해외 교회들과도 보다 긴밀한 협력이 필요하고 뿐만 아니라 북한 교회 재건에 관심이 많은 외국의 여러 선교 단체들도 있습니다. 이들과도 동역하여 북한에 주님의 나라가 회복되는 것에서 그치지 않고 이를 통해 하나님 나라의 축복이 전 세계 열방으로 흘러가는 축복의 통로가 되어야 하지 않겠나 생각합니다.

6

박성배 최 교수님과 한동대의 통일과 북한 선교의 전략적 비전은 무엇인지 현재의 실행 프로그램과 계획을 듣고 싶습니다.

최용준 저는 한동대에서 "북생모"라는 모임을 섬기기 시작했는데 "북생모"는 북한을 생각할 뿐만 아니라 북한을 살리는 모임이라는 뜻입니다. 또한 한동대에는 북한을 위해 기도하며 통일을 준비하는 여러 동아리들이 있는데, 이 학생들과 함께 11월 둘째주간에 북중주, 즉 북한을 위해 한 주간 중보기도하면서 다양한 행사를 추진하고 있습니다. 그동안 북한 어린이들을 후원하기 위해 한 끼 금식하며 모금도 했고, 전방 군부대 및 땅굴을 탐방하기도 했으며 통일 토크 콘서트에 다양한 분야의 전문가들을 모셔 대화하며 기도하는 시간을 가지기도 했고, 새로운 통일 관계 영화가 나왔을 때 시사회를 진행하기도 했습니다.

그 후에 평화통일연구소가 정식으로 발족되어 국제적인 컨퍼런스를 한동대에서 개최하기도 하였으며 이 연구소와 미국의 한 연구소가 협력하여 북한 장애인 인권에 관한 연구를 학술진흥재단으로부터 후원받아 3년간 진행하고 있습니다. 그중의 하나로 올해 초에 이러한 주제로 컨퍼런스를 서울에서 개최하였고 인권 매뉴얼을 한글로 번역하여 오는 11월 13일에 출판 기념회를 가질 예정입니다. 이와 동시에 "한동통일 대한민국센터"가 같은 날 출범하게 됩니다. 이 센터는 한동대 내에 통일에 관한 정식 교과과정을 개설하여 학생들이 부전공을 할 수 있도록 할 예정이며 동시에 새터민 학생들에게 장학금 등 다양한 지원 사업을 진행할 예정입니다. 이 센터는 한동대 제2대 총장으로 부임하신 장순흥 총장님께서 한동대 발전을 위한 10대 프로젝트를 제안하셨는데, 그중의 하나가 통일 프로젝트였고 이를 위해 이 센터가 발족하게 된 것이며 제가 번역한 책도 이 통일 프로젝트의 일환으로 진행된 것입니다.

맺는말

강석진 한동대 최용준 교수님을 모시고 2회에 걸쳐서 독일 통일에 기여를 한 성 니콜라이교회와 퓌러 목사님에 대해 심층적인 말씀을 들어 보았고, 오늘은 한국의 통일과 북녘의 복음화에 한국 교회의 역할에 대해 들어 보았습니다.

하나님께서는 독일 공산권이었던 동독의 니콜라이교회의 퓌러 목사님을 그 분단의 시대에 에스겔 선지자처럼 세우시고 역사하시어 독일이 통일을 이루는 데에 결정적인 역할을 한 역사적 사실을 확인하게 되었습니다. 그렇다면 우리 한국 교회도 하나님께서 한국 교회를 통해 동일한 역사의 사명을 주실 것입니다. 에스겔 37장 16-17절 말씀을 상기해 봅니다.

> 인자야 너는 막대기 하나를 가져다가 그 위에 유다와 그 짝 이스라엘 자손이라 쓰고 또 다른 막대기 하나를 가지고 그 위에 에브라임의 막대기 곧 요셉과 그 짝 이스라엘 온 족속이라 쓰고 그 막대기들을 서로 합하여 하나가 되게 하라 네 손에서 둘이 하나가 되리라.

이 말씀처럼 남과 북으로 갈라져 있는 이 나라를 하나로 묶기 위해서는 한국 교회와 기독대학 청년들의 기도와 헌신이 필요합니다. 이러한 것들을 온전히 하나님께 드릴 때에 우리에게도 통일이 오게 될 줄 믿습니다. 최용준 교수님께 다시 한 번 감사를 드립니다. 안녕히 계십시오.

백광욱

프로필
- 통일 대한민국기독교책임연구소 소장
- 올바른 북한인권법과 통일을 위한 시민모임 운영위원
- 통일 대박재단 상임고문
- 북한민주화위원회 선교위원장
- 가득한교회 담임 목사

저서
- 『복음과 이념 그리고 통일』

성경적 통일론

대담: 백광욱 목사
진행: 강석진, 박성배
방송일: 2015년 9월 12일

성경적 통일론

강석진 지난 한 주간도 평안하셨습니까? 〈통일을 앞당겨 주소서〉 진행을 맡은 강석진 목사입니다. 오늘 이 시간에도 진행에 도움을 주실 한우리미션벨리 대표 이신 박성배 박사님이 함께 하셨습니다. 오늘 이 시간에는 가득한교회를 담임하시면서 통일 대박재단의 상임고문이시며, 통일 대한민국기독교책임연구소를 맡고 계신 백광욱 목사님을 모시고 통일 이야기를 나누도록 하겠습니다.

백 목사님께서는 통일의 방안에 대해서 성경적으로 남북통일이 이루어져야 함을 깨닫고 통일운동에 헌신하게 되었다고 하십니다. 그러므로 오늘 이 시간에는 백광욱 목사님과 함께 한반도의 통일은 성경에 입각해서 어떤 방법으로 어떤 목적으로 이루어져야 하는가에 대해서 그리고 한반도 통일과 세계사 속에서의 한반도 통일에 대한 하나님의 계획과 섭리가 무엇인지에 대하여 듣는 시간을 갖도록 하겠습니다.

백광욱 목사님, 바쁘신 가운데 저희 극동방송에 나와 주셔서 감사합니다. 먼저, 우리 극동방송 가족들과 이 방송을 청취하고 계신 북녘의 동포들에게 인사 말씀해 주시죠.

백광욱 극동방송 청취자 여러분, 안녕하세요? 저는 원적이 평안북도 정주군인 백광욱 목사입니다. 북한에는 지금도 저희 친척들이 살고 있어 동포란 표현보다는 형제자매들이라고 생각합니다. 멀지 않아 통일이 되면 뵙게 될 것이라 생각하며 인사를 드립니다. 전파를 통해서라도 만나 뵙게 되어 반갑습니다.

1

강석진 백광욱 목사님은 성경적 통일을 강조하시는 데 특별한 이유가 있으신가요? 복음통일과 성경적 통일의 차이점은 무엇인지를 말씀해 주시죠. 통일이 되면 남북한 교회가 함께 성장하는 좋은 기회가 되지 않을까요?

백광욱 언젠가부터 남한에서는 복음통일을 기도해 왔고 복음통일이란 단어와 의미는 일종의 건드릴 수 없는 성역처럼 여겨져 왔습니다. 복음통일이란 현실적으로 가능하지도 않았습니다. 왜냐하면 남한의 교세는 88올림픽의 성공과 자만을 정점으로 성장세가 꺾어졌으며, 지금 상태로는 60-80년대 초반까지의 교회의 고속성장만이 아니라 열정도 식어 버리고 말았기 때문입니다. 이런 현상황에서 남한도 복음 통일이 안 되는데, 북한까지 완전 복음화를 해서 통일한다는 것은 현실적으로 불가능하다고 봅니다.

몇 가지 구체적으로 그 의미를 생각해 보면 다음과 같이 말할 수 있겠습니다. 첫째로, 아무리 올바른 사상이나 종교라도 전체주의로 가서는 부작용도 만만치 않음을 간과해서는 안 될 것입니다. 과거 유럽 사회가 가톨릭에 의한 전체주의적 성향을 지녔을 때 역사는 그 당시를 중세의 암흑기라고 말하고 있습니다.

둘째로 또 하나님은 어떠한 경우에서도 인간의 자유의지를 무시하지 않으십니다. 아담과 하와에게 타락할 자유까지도 주시는 하나님입니다. 현실적으로도 남한 내의 복음화조차도 벽에 막힌 상태입니다. 이런 상황 속에서 북한의 완전 복음화도 쉽지 않은 것이 사실입니다.

셋째로 더 나아가 통일이 온다 해도 "복음으로 통일합시다"란 말은 기독교인들끼리는 할 수 있어도 사회적 공론화와 현실 구현이라고 하는 것은 불가능한 말입니다.

넷째로 그러기 때문에 복음통일은 아니어도 성경적 가치를 우선하는 국가를 세우자는 것입니다. 즉 통일 시에 통일 헌법을 제2의 건국이라고 생각하여 천년의 기초를 놓는다는 의미에서 꼭 성경적인 가치만이 아니라 사회적인 도덕과 윤리가 무너지고 오래간 나라는 없습니다. 모든 나라들이 망할 때는 부패와 도덕성의 타락으로 인하여 내부로부터 붕괴되는 것입니다. 그러므로 통일 대한민국의 헌법과 시스템과 가치 지향을 성경적인 말씀과 가치 위에 최대한 세우자는 것이 성경적 통일론입니다.

2

박성배 그럼 좀 더 구체적으로 통일헌법과 통일 대한민국이 어떤 방향으로 가는 것이 성경적이라고 생각하시는지요?

백광욱 먼저 복음과 이념의 관계에 대하여 설명을 드려야 할 것 같습니다.

첫째로 자유와 평등의 이율 배반성과 모순 관계를 잘 이해하는 것이 무엇보다 중요합니다. 사도행전 2장의 이상적 공동체인 전 사회 구성원 모두가 예수 믿는 성령 충만은 불가능합니다. 구약의 희년제도가 자유와 평등에 관한 하나님의 지혜일 수 있습니다.

둘째로 완전한 공동체란 성령 공동체가 아니면 불가능합니다.

셋째로 오늘 남한 내에서 일어나는 동성애, 간통죄 폐지, 이혼 소송에서 유책주의폐지 등의 흐름은 비성경적입니다. 성경에서 명확히 죄라고 정의하고 있는 것들은 다수결로도 바꿀 수 없어야 합니다.

넷째로 오늘날의 이념문제의 흐름은 진보와 보수의 문제에서 세속주의와 영성주의 싸움으로 바뀌어 가고 있습니다.

즉 통일대한민국이 기독교 국가는 아니더라도 기독교의 중흥기를 다시 일으키지 않고는 통일 대한민국의 미래는 결코 밝지 않습니다. 이런 면에서 오히려 저는 북한 교회에 소망을 두고 있습니다.

3

강석진 통일 대박운동을 하고 계시는데 어떻게 해야 통일이 대박이 될 수 있다고 생각하시는지요? 특히 대박통일을 위해선 과도기적 통일이 필요하다고 주장하셨는데, 그 이유와 방법에 대하여 말씀해 주십시오.

백광욱 박근혜 대통령이 2014년 초 연두기자회견에서 통일 대박이란 언어를 사용하심으로 통일 대박이라는 말이 쓰여지기 시작하였습니다. 그러나 아무렇게나 통일이 되어도 대박이 되는 것은 아닙니다. 독일은 준비가 되지 않은 상태에서 급작스럽게 통일이 다가오므로 여러 시행착오를 겪었습니다. 즉 한꺼번에 경계선을 헐면서 혼란이 왔습니다. 화폐의 1:1 교환도 문제였습니다. 복지정책의 동일한 적용도 문제였습니다. 토지 원소유주에게 반환하는 과정에서도 혼란이 왔습니다. 우리가 독일 통일의 공과를 보면서 반면교사의 기회를 갖게 됨은 행운이요 하나님이 주신 섭리적 역사라고 여겨집니다.

베트남의 적화통일과 서독 주도의 흡수통일을 역사적으로 보면서 우리의 통일은 더 성숙한 제3의 통일을 이루는 것이 하나님의 뜻이라고 여겨집니다. 우리의 통일은 반드시 과도기를 거치는 통일이어야 합니다. 경제적 이유보다도 더 중요한 과도기를 갖는 통일이 필요한 이유는 정서적 통일이 더 선제되어야 한다는 것이죠. 또한 지금 우리는 남이나 북이나 준비된 통일비용은 없다고 해도 과언이 아닙니다. 그 통일 기금은 북에서도 참여하여 자금을 조성해야 한다고 봅니다. 예를 들어서 북한 측에서 통일자금을 조성하기 위한 것으로써 북한개발공사를 통한 투자개념으로 통일기금을 모아야 합니다.

4

박성배 또 통일 시에 토지개혁을 해야 한다고 주장하셨는데 이에 대하여 말씀해 주시죠.

백광욱 토지 문제는 결코 독일의 전철을 밟아선 안 될 것입니다. 독일은 원소유자들에게 되돌려 준다고 했다가 지금까지 220만 건의 소송 사건들이 아직 해결이 안된 채로 걸려 있습니다. 토지개혁은 독일의 경우를 봐서도 반드시 다른 해법을 찾아야 할 문제입니다만 방법은 여러 가지가 있을 것입니다. 북한의 주민들에게 다 나눠주는 것을 생각할 수 있으나, 그렇게 했을 땐 중국식 계획적 경제개발이 불가능해진다는 것입니다. 그러므로 우리는 오히려 북한에 엉뚱한 지도자가 자본주의를 흉내 낸다고 하며 땅을 다 나눠 주는 것을 경계해야 합니다.

바람직스럽기는 북한의 권력변화가 이루어지고 중국식 개방개

혁을 하고 남한과의 긴밀한 협력 속에서 북한의 경제 성장을 유도
하는 것입니다. 어느 이상의 경제 성장을 이루면 자연히 북한 주민
들의 민주화 요구가 일어나고 통일의 욕구가 동독의 경우처럼 일
어나는 것이지만 거기에는 영구 분단의 위험이 있을 것입니다. 그
러므로 제2안은 체제적 통일을 먼저 하고 경제만 분리관리를 하는
것인데 그렇게 하더라도 북한은 토지의 국유화를 유지하고 경제개
발을 하는 것이 효율적인 방법일 것이며, 그 후에는 결국 어느 한
쪽으로 토지제도를 통일해야 할 것입니다. 남한을 개혁하는 방향
이 장기적으론 유리할 것입니다.

5

강석진 남북통일이 지니는 세계사 속의 의미가 있다고 하셨는데
그건 어떤 의미가 있는 것인가요?

백광욱 20세기의 의미와 21세기의 시대정신을 생각해 봅니다. 대
립과 갈등의 원인은 하나님의 이중적 성품에서 나오는 것입니다.
과거 지나온 시대들은 갈등하고 대립하며 분화를 통한 발전을 이
루어 왔습니다. 이제 21세기에 들어서는 동서양의 문화와 학문
의 만남, 한의학과 서양 의학이 만나고, 과학과 종교_{양자역학, 홀로그램 우주}
_{론 등}의 만남이 이루어졌습니다.

이젠 온 세상이 하나의 경제권입니다. 우리 시대의 화두는 통합
과 융합 또는 이전엔 대립한다고만 생각되었던 가치들의 상생과
상호 보완 등으로 큰 패러다임의 변화의 시대로 접어들었다는 것
입니다. 이것이 이념의 문제에서는 영성이 없이는 해결이 안 된다
는 것입니다. 결국은 우리 시대는 물질주의와 영성의 전쟁으로 가
게 되는 것입니다. 한반도의 통일은 이와 같이 새로운 시대 즉 통

합과 융합으로 통일의 시대의 첫 걸음을 구현하는 것입니다. 세계사적 새 시대의 선구자적 사명이 이 민족의 통일에 있다는 것입니다.

6

박성배 그럼 그런 의미에서 통일 전에 남한 교회 또는 북한 교회가 해야 할 역할과 통일 후의 북한 선교에 대하여 우리가 조심해야 할 부분이 있다고 생각되는데 그 점에 대해 말씀해 주시죠?

백광욱 남한 교회는 물질적 풍요 속에서 졸고 있는 상황이죠. 그런 의미에서 남한 교회는 북한 선교를 위한 동력이 떨어진다고 봐도 무방합니다. 지금의 한국 교회가 통일 시에 북한 선교에 나선다면 많은 문제들을 드러내게 될 것입니다. 개 교회주의, 개 교단주의, 물질숭배 맘몬이즘, 기복주의 신앙은 먼저 우리부터가 개혁을 이루어야 통일의 발걸음을 뗄 수 있는 것입니다. 한국 교회는 여기에 스스로가 개혁을 하면서 통일을 준비해 나아가야 하는 것이죠.

긍정적인 면에서는 지금까지도 탈북자들을 데려온 것은 대부분 선교단체나 교회들이 했는데, 이것은 앞으로 탈북자들을 통해서 남북통일의 가교를 놓는데 중요한 역할을 했다고 봅니다. 그동안은 탈북자들에 대해서 체계적인 양육과 준비가 부족했지만, 이제부터는 미리 온 통일인 탈북자들을 잘 양성해서 통일을 준비해야 할 것입니다.

남한 내의 종북 세력이 있는 것처럼 북한 내의 종남 세력이 바로 지하 교회입니다. 그러므로 우리는 북한의 지하 교회를 확산하기 위한 모든 노력을 기울여야 할 것입니다. 그러기 위해서는 중국의 화교나 조선족을 통한 두만강과 압록강 접경지역에서 탈북자들을 돌보며 복음을 전해 주는 전통적 방법의 선교 방법이 있습니다. 이젠 국가적 차원에서 전략적으로 종남 세력으로 북한 내에 지하 교회를 확장시키는 길을 모색해야 합니다. 물론 지금까지 해 왔던 비밀리에 복음 전도지를 보낼 수 있고, 대북 풍선에 복음을 실어 보내는 방법도 있습니다. 극동방송 같은 전파를 통한 복음전도의 방법도 통일을 앞당기고 준비하는데 하나님이 이 시대에 쓰시는 좋은 도구라고 생각합니다.

마지막으로 이건 꼭 교회만이 할 수 있는 것은 아니고 오히려 정부가 해야 할 일이지만 성경적 통일론 중의 하나이기 때문에 말씀드리는 것입니다. 다름이 아니라 희년적 통일이 되어야 하는데 이는 사람과 국토만을 되찾는 통일이 아니라 용서의 통일이 되어야 한다는 것입니다.

이것은 통일을 앞당기는 데에도 매우 효과적인 방법이 될 것입니다. 왜냐하면 북한의 지도층들이 통일이 되어도 자신들의 신변에 위협을 느끼기 때문에 오히려 통일이 안 되거나 아주 늦게 되어 자신들이 죽고 난 다음에나 되었으면 할 것입니다. 그들에게 심리적 안정감과 통일에 대한 두려움을 덜어 주어야 하는 것은 매우 중요한 통일의 한 수단일 것입니다. 대통합을 위한 용서와 화해의 선언을 통해서 언제부터 적용한다는 시기를 정해 주는 것도 효과적인 통일을 앞당기는 효과를 가져올 것입니다.

7

강석진 하나님의 구속사의 입장에서 북한이 왜 공산화가 되었으며, 북한의 동포들의 고난과 회복에 대한 섭리적 의미에 대해서 말씀해 주시기 바랍니다. 특히 북한 주민들의 고통에 대한 하나님의 섭리적 의미를 설명해 주셨으면 합니다.

백광욱 많은 사람들이 남북분단의 원인을 일제 치하에서의 신사참배라고 생각하지만 저는 동의하지 않습니다. 왜냐하면 당시의 기독교인들의 숫자는 1%정도의 적은 수로 이스라엘의 남북분열과 경우가 다릅니다. 목적적으로 해석해야 한다는 것이죠. 즉 앞에서 말씀드린 대로 이념적 갈등을 영성으로 극복하는 것입니다.

공산주의자들을 연구해 보면, 흥미로운 사실은 막스, 레닌, 북한 김일성이 신앙인이었다는 사실입니다. 즉 교회에서 성령 받지 못한 신앙의 길에서 실족하거나 실패한 기독교인들이 공산주의자들이 되었다는 것은 결코 우연이 아닙니다. 해법은 성령 충만입니다. 북한은 제2의 이스라엘과 같이 먼저 택함을 받았으나 또한 먼저 버림받았다는 면에서 공통점을 가지고 있습니다. 세계의 역사 속에서 기독교가 한번 쓸고 지나간 자리에서 기독교가 재 부흥을 이룬 경우는 거의 없습니다.

그러나 북한은 그렇지 않은 첫 경우가 될 것이며 그런 의미에서 북한은 이스라엘 회복의 징조라고 할 수도 있을 것입니다. 개인이나 집단이나 시대도 험한 시험의 과정을 겪지 않고 거듭나는 법은 없습니다. 이와 같이 북한 동포들의 고난은 이념 분단의 희생 국가였던 한반도가 희생만 치루는 것이 아니라 그 이념 갈등의 마지막 해법의 국가가 된다는 것이죠. 즉, 한반도 전체가 역사 속에서 이념의 실험적 땅이요 갈등의 종식 국가란 것입니다. 그중에서도 북한 주민들은 더욱 큰 시험을 통과하며 시대의 거듭남을 위하여 일종의 시대적인 깨달음을 위한 "고난의 십자가를 졌다."라는 것입니다. 그런 의미에서 우리는 북한 동포들에게 빚진 자들입니다. 그러므로 우리는 통일의 그날에 고난의 세월을 지나온 북한 동포들에게 함부로 대해서 안 되는 정도가 아니라 그들에게 시대적 숭고한 희생의 골짜기를 지나온 그들에게 머리 숙여 감사와 존경의 마음으로 대해야 할 것입니다.

맺는말

강석진 우리 민족은 이스라엘 민족 못지않게 오랜 역사 가운데서 주변의 강대국들이 출현할 때마다 속국이 되었습니다. 그러나 신비하게도 이스라엘과 한국은 민족의 정체성을 유지했고 칠전팔기 이상으로 위기를 극복하고 나라와 민족이 회복되어 수천 년의 역사를 이어 내려 왔습니다. 이제 비정상적으로 냉전시대의 희생물이 되어 분단된 한반도가 하나님의 주권적 섭리로 속히 하나로 묶어져야 할 것입니다. 예레미야 선지자는 예레미야 33장 2-3절을 통해 이같이 선포하였습니다.

> 일을 행하시는 여호와, 그것을 만들며 성취하시는 여호와, 그의 이름을 여호와라 하는 이가 이와 같이 이르시도다 너는 내게 부르짖으라 내가 네게 응답하겠고 네가 알지 못하는 크고 은밀한 일을 네게 보이리라.

하나님께서는 130여 년 전에 이 땅에 복음을 주셔서 우리를 택하신 백성으로 거룩한 제사장 나라로 삼으셨습니다. 우리가 힘써 하나님께 부르짖으며 하나님의 공의와 진리를 행할 때에 우리를 긍휼히 여겨 주셔서 분단된 이 나라와 민족을 하나로 회복시켜 주실 줄 믿습니다. 우리가 기도로써 하나님의 마음이 역사될 수 있도록 더욱 힘써 기도해야 할 것입니다. 감사합니다. 안녕히 계십시오.

이희문

프로필
- 미네소타주립대학 종교학과
- 콜롬비아신학대학원 목회학과
- 북한자유인권글로벌네트워크 대표
- 북한자유연합 부회장
- 통일 대박재단 상임고문
- 미국장로교회 소속 (PCUSA)
- 전) 하나교회 담임 목사

저서
- 『한걸음』 (공저)
- 『목회와 신학』 (공저)

북한인권과 통일

대담: 이희문 목사
진행: 강석진, 박성배
방송일: 2015년 9월 5일

북한인권과 통일

강석진 한 주간도 평안하셨습니까? 〈통일을 앞당겨 주소서〉 진행을 맡은 강석진 목사입니다. 오늘도 진행에 도움을 주실 한우리미션벨리 대표이신 박성배 박사님이 함께 하셨습니다. 이 시간에는 오랫동안 북한인권에 대해 미국에서 목회를 하시면서 북한인권에 대해 헌신하시고 북한 탈북 동포들을 위한 사역을 하고 계신 글로벌네트워크의 대표이신 이희문 목사님을 모시고 북한인권과 통일 이야기를 나누어 보도록 하겠습니다.

1

강석진 먼저 북한인권을 논하기 전에 성경에 나타난 인권개념에 대해 말씀해 주시기 바랍니다.

이희문 성경에 인권과 관계된 말씀을 찾아보면 마태복음 16장 26절에 "사람이 만일 온 천하를 얻고도 제 목숨을 잃으면 무엇이 유익하리요 사람이 무엇을 주고 제 목숨과 바꾸겠느냐." 하는 말씀이 있습니다. 이 말씀은 "생명의 존엄과 인권에 대한 위대한 선언"이라고 말할 수 있습니다. 온 천하를 주고도 바꿀 수 없는 귀중한 것이 바로 인간의 생명이라는 말씀입니다.

구약에도 인간이 얼마나 귀중한 존재인가를 설명해 주는 말씀이 있습니다.

창세기 1장 27절에 "하나님이 자기 형상 곧 하나님의 형상대로 사람을 창조하시되 남자와 여자를 창조하시고…."라고 말씀하고 있고, 이사야 43장 4절에서는 "네가 내 눈에 보배롭고 존귀하며 내가 너를 사랑하였은즉…."하는 말씀이 있습니다. 인간은 다른 피조물과는 달리 하나님의 형상대로 지음을 받은 아주 특별한 피조물입니다.

이렇게 인간은 "하나님의 형상대로" 지음을 받았을 뿐만 아니라, 다른 모든 생물들을 다스리도록 특권을 부여받은 "피조물의 꽃"입니다. 인간은 또한 "하나님의 자녀"로서 살 수 있는 특권을 부여받았습니다. 하나님은 또한 우리 인간을 "보배롭고 존귀하게" 여기십니다. 그러므로 하나님의 형상대로 지음 받은 인간은, 하나님의 자녀로서 보배롭고 존귀하게 살도록 "천부인권"을 부여받았으므로, 이 세상 그 어느 누구도 이 특권을 빼앗을 수 없고 빼앗아서도 안 됩니다. '인권'이란 인간이 인간답게 대접받으며 살 수 있는 가장 기본적인 권리입니다. 그러므로 '인권'은 정치인들이나 인권 운동가들만의 전유물이 아니라 바로 기독교인들이 깊이 관심을 기울여야 할 부분입니다.

2

박성배 이 목사님의 북한 선교와 북한인권 운동 사역의 계기는 무엇입니까?

이희문 저는 6·25전쟁 때, 저희 일가친척 3대가 몰살을 당하는 가슴 아픈 경험이 있습니다. 그래서 공산주의 만행을 뼈저리게 경험하고 그 공산 정권 아래 고통당하는 북녘 땅의 동포들에게 더욱 애틋한 마음을 가지고 있습니다. 제가 북한 선교에 관심을 갖게 된 첫 번째 계기는, 1992년 시카고에서 개최된 세계한인선교대회에 참석했을 때 거기서 북한 선교를 하는 한 선교사님을 통해서 은혜를 받고, 하나님께서 저를 북한 선교로 부르시는 강한 부르심에 순종해서, "장차 북한 선교를 위해서 일을 하겠습니다."라고 서원기도를 했습니다.

그리고 북한인권에 뛰어들게 된 직접적인 계기는, 1999에 제가 두 번째 목회지로 옮긴 곳이 워싱톤 D.C.인데, 거기서 탈북자들의 천사라고 불리는 "수잔 솔티" 여사를 만나면서부터였습니다. 워싱톤 지역에서 북한 선교와 통일에 대해서 비전을 가진 목사님들과 함께 모여서 정기적으로 기도하고 있었는데, 어느 날 "수잔 솔티"가 한국 목사님들 가운데 통역을 잘하는 사람을 찾는다는 연락을 받았습니다. 저는 미국에서 대학과 대학원을 마쳤기 때문에 통역에는 어느 정도 자신이 있고 또 평소에 기도해 오던 북한 선교의 일부분이기에 기꺼이 그 일을 받아들였습니다. 그 이후부터 "수잔 솔티"와 함께 일하면서 미국 의회에서 증언을 하는 여러 탈북자들을 통역해 주고, 탈북자들의 간증, 강연, 공연의 편의를 제공해 주며, 크고 작은 수많은 국제적인 행사를 치루면서 북한인권에 깊은 관심을 갖게 되었습니다. 그러다보니 수많은 탈북자들과 더불어 생활을 하는 가운데, 그들의 애절하고 처참한 사연을 알게 되었고, 여러 가지 인권행사와 활동을 통해서 탈북자들의 이루 말로 다 표현할 수 없는 비참한 인권침해의 실상을 접하면서 자연스럽게 북한인권 활동에 깊숙이 관여하게 되었습니다.

그리고 북한 선교와 북한인권 운동의 특수사역에 대한 가장 확실한 부르심은 바로 에스겔 33장 6-7절 말씀을 통한 하나님의 준엄한 부르심이었습니다.

> 그러나 칼이 임함을 파수꾼이 보고도 나팔을 불지 아니하여 백성에게 경고하지 아니하므로 그 중의 한 사람이 그 임하는 칼에 제거 당하면 그는 자기 죄악으로 말미암아 제거되려니와 그 죄는 내가 파수꾼의 손에서 찾으리라 인자야 내가 너를 이스라엘 족속의 파수꾼으로 삼음이 이와 같으니라 그런즉 너는 내 입의 말을 듣고 나를 대신하여 그들에게 경고할지어다.

"이 땅에 칼이 임했다는 것"을 경고하는 "경고의 나팔"을 불라는 주님의 부르심이 저의 결단을 내리게 하는데 가장 결정적인 계기가 되었습니다. 이 말씀은 내가 목회를 계속할 것인가 아니면 북한 선교에 올인할 것인가를 놓고 깊이 고민하며 기도하던 가운데 임했던 하나님의 말씀입니다. "이 땅에 칼이 임했음을" 저는 너무도 확실하게 보고 듣고 있었고 이것이 저에게 늘 찔림과 울림이 되고 있었습니다. 무슨 칼입니까? 바로 영적인 전쟁입니다.

하나님을 부정하고 대적하는 공산주의가 북한 땅을 70년간 지배하며 우리 동족 북한 동포들을 노예로 만들더니, 무력적화 통일로는 도저히 남한을 적화시킬 수 없다는 결론을 내린 김 씨 일가 독재집단이 지난 수십 년간 남한 사회에 깊숙이 침투해서 분열과 갈등을 조장하고 사상적으로 와해시켜서 대한민국이 심한 갈등과 혼란을 겪고 있습니다. 그리고 마지막 보루인 군과 교회마저 침투해서 성직자들 가운데에도 적지 않은 사람들이 북한을 동조하고 비호하며 심지어는 하나님을 부정하는 공산주의, 사회주의 사상에 깊이 물들어 있는 것이 오늘날 대한민국의 현실입니다. 과거에는 DMZ 너머 북쪽에만 적이 있었는데 이제는 백주대낮에 김일성을 찬양하고 공산주의를 찬동하며 심지어는 법정에서 김일성장군 만세를 불러도 처벌하지 않는 지경이 되었으니 대한민국은 정치적인 싸움이 아니라 바로 영적인 전쟁이 벌어졌습니다. 평상시에는 "평시 목회"를 해야 하지만, 전쟁이 일어나면 목회도 "전시 목회" 모드로 돌입해야 합니다. 이미 이 지구상에 최악의 광신사교집단의 독재 하에 인권 유린을 당하는 북한 동포들과 탈북자들의 처절한 울부짖음과 고통이 온 세계 만방에 알려졌습니다. 이렇게 북녘 땅 우리 동족인 북한 동포들의 고통과 대한민국 사회의 심각한 분열과 갈등이 저를 더 이상 평시 목회를 하는 개 교회 목회자로 두지 않고 "이 땅에 칼이 임했다는 것"을 경고하며, 국민들을 깨우고 훈련시켜 이 영적인 전쟁에 임하도록 하는 파수꾼의 역할을 감당할 것을 하나님께서 강력하게 명하시어 저는 13년간 섬기던 하나교회를 사임하고 북한 선교에 올인하게 되었습니다.

3

강석진 이 목사님의 미국에서 북한인권 개선을 위한 사역을 소개해 주시기 바랍니다.

이희문 네, 우리 북한자유연합 NKFC/North Korea Freedom Coalition 은 회장, "수잔 솔티" 여사와 여러 인권 운동가들이 중심이 되어 2003년 6월에 결성된 엔지오 NGO 단체입니다. 미국 워싱톤을 중심으로 미국인, 한국인, 일본인 등 인종과 정파와 종교를 초월한 여러 사람들이 모여 북한 주민의 자유와 해방을 위해서 그리고 탈북자들을 구출하고 저들의 인권을 신장시키는 일을 해 온 국제적인 인권단체 엔지오 NGO)

입니다. 저는 현재 북한자유연합의 부회장으로 섬기고 있으며, 저희는 지난 1999년도부터 탈북 난민들의 문제를 국제적인 문제로 이슈화하는 데 주도적인 역할을 해 왔습니다. 그동안 탈북자들을 미국 상, 하원의 증언대에 세워 북한 정권의 극악무도한 인권 및 종교탄압의 실상을 알리는 동시에, 북한 정권이 그 악행을 중지하도록 유엔과 미국 그리고 서방 세계의 여러 나라의 엔지오_{NGO} 단체들과 함께 북한 정권의 만행에 대해 강력하게 규탄하고, 압력을 가하며 북한 정권에 의해 인권 유린을 당하는 북한 주민들의 목소리가 되어 왔습니다.

우리 북한자유연합은 2004년부터 2009년까지, 6년 동안 워싱톤에서 미의회를 중심으로 매년 4월 마지막 한 주간을 "북한자유주간 North Korea Freedom Week"으로 정하고, 여러 가지 인권행사를 집중적으로 개최하여 북한인권과 탈북자들에 대한 실상을 온 세상에 알리고 많은 사람들의 관심과 참여와 지지를 이끌어 냈습니다. 그러는 동안 우리는 지난 2004년에 미국의회에서 통과한 북한인권법 탄생의 주역으로 활동했고, 북한인권법은 2008년에 연장, 2012년에 재연장되었습니다. 이러한 우리의 활동은 2006년에 일본에서의 북한인권법 통과, 2008년에 영국 그리고 2010년에 캐나다에서도 통과되고, 세계 여러 나라에서 북한인권과 탈북자 문제에 대해 관심을 갖게 하는 데 많은 영향을 끼쳤고, 북한인권 문제의 국제적인 이슈화에 나름대로 많은 기여를 하였습니다. 그리고 이러한 우리 북한자유연합의 탈북자 문제 및 북한인권에 대한 사역이 한국에도 널리 알려지게 되고 그동안의 노고에 대해 좋은 평가로 2008년에는 우리 단체의 회장인 "수잔 숄티"가 서울평화상을 수상하는 영예를 안았습니다.

저는 워싱톤 D.C. 근교에 있는 하나교회 2011년 5월말에 사임를 목회하면서 특별히 선교 가운데 탈북자·북한 선교와 북한인권, 통일에 심혈을 기울여왔습니다. 수잔 숄티와 함께 수많은 탈북자들을 미국에 초청하여 미국 정치인들과 국민들에게 북한 정권의 인권 탄압과 독재의 악랄함과 심각성을 알리고 깨우치는 일에 총력을 기울여 왔습니다. 또 탈북자들이 한국에서 미국의회에 증언하러 오거나 미국 순회 공연 및 간증 집회를 하러 올 때 저들이 우리 교회에서 머물다 가도록 편의를 제공하며 탈북자들을 섬기고 돕는 사역을 해 왔습니다. 그러는 가운데 2004년에 북한인권법 통과의 혜택을 입어 2006년부터 미국에 정착하기 시작한 탈북자들을 돕기 위해 "도움의 천사들"이란 단체를 만들어서 탈북자들이 우리 교회 선교관에서 무료로 살다가 독립을 하도록 도우며 탈북자 정착사역을 일반 목회와 함께 병행해 왔습니다. 이렇게 개 교회 목회자와 함께 저는 1999년부터 지금까지 북한인권 엔지오NGO 활동을 활발하게 펼쳐왔습니다.

이러한 우리 "북한자유연합"과 "도움의 전사들"이 북한인권과 탈북자 사역에 기여한 또 한 가지가 있다면, 한국 및 외국에 거주하는 탈북자들과 여러 엔지오NGO 단체의 리더들을 미국에 초청하여 함께 국제적인 여러 행사를 치루고 저들과의 연합사역을 통하여 저들에게 국제적인 안목을 넓혀 주고, 미국 및 유엔 그리고 세계 여러 나라의 정관계, 국방 및 안보담당자 그리고 언론, 매스컴관계자들과의 교류를 통하여 저들에게 기회를 제공하고 저들의 영역을 넓혀 주며, 또한 기금을 받도록 도와주고, 저들을 훈련시켜서 지금 한국 및 세계 여러 나라에서 북한인권 및 탈북자 사역의 대표적인 지도자들로 성장하고 활약하는 데 크게 기여했다는 것에 큰 자부심과 보람을 느낍니다. 처음에는 미국을 오가며 단순한 행사에 참가하던 수많은 탈북자들이 그동안 보고 들은 경험을 바탕으로 그리고 직접적인 훈련과 인턴 과정을 거쳐서 개인적으로 혹은 엔지오NGO 단체를 만들어 언론, 정관계 그리고 사회 각 분야에서 북한 인권과 북한 선교에 전문가들이 되어 눈부신 활약을 펼치고 또 다른 탈북자들을 도우며 사는 모습을 보는 것이 큰 보람입니다.

4

박성배 이 목사님께서는 북한자유연합의 부회장으로서, 수잔 솔티 여사와 함께 미국에서 북한인권법을 통과시키는 일에 많은 노력을 기울이셨다고 들었는데, 미국정부와 인권단체의 북한인권 운동에 대해서 그리고 그것이 끼친 영향에 대해서 말씀해 주시겠습니까?

이희문 사실 3대에 걸친 김 씨 일가 독재세습정권의 폭정과 인권 탄압 가운데 죽어가는 우리 동족, 북한 주민들의 인권과 자유에 대해 대한민국 국민들이 별로 관심이 없을 때, 한국과 미국 그리고 서방 세계의 인권단체들의 부단한 헌신과 노력으로 북한인권 문제가 국제적인 이슈로 등장하게 되었습니다. 북한 정권이 자국민에게 저지르는 인권의 실상에 대한 끔찍한 증언과 실태들이 미국 상하원에서 증언되고 언론의 관심을 끌면서 2000년대 초반부터 탈북 난민문제와 북한인권 문제가 세계적인 문제로 대두하기 시작했습니다. 이러한 일이 있기까지 우리 "북한자유연합"을 비롯해서 KCC, 등 많은 인권단체들과 탈북자들의 피눈물 나는 노력으로, 미국의회에서는 드디어 2004년에 "북한인권법"을 제정하게 되었고, 대북 인권 특사가 임명되고 이것을 계기로 미국에도 탈북 난민들이 정착하기 시작했습니다.

2004년 10월 4일, 미국 하원은 북한인권법안을 만장일치로 통과시켰습니다. 미 하원에서 통과된 북한인권법안은 곧바로 백악관으로 넘겨졌고, 2주 후인 2004년 10월 18일에 조지 부시 대통령의 서명을 거쳐 즉각 발효되었습니다. 당시 백악관은 성명을 통해 북한인권법이 "북한의 인권과 자유를 촉진하기 위한 법"이라고 밝힌 바 있습니다. 그런 면에서 북한인권 문제를 세계적인 문제로 이슈화하는데 가장 큰 역할을 감당한 분들은 바로, 몇몇의 상하원의원들입니다. 우리 북한자유연합과 뜻을 같이하여 우리와 함께 열정적이고 헌신적으로 일을 해 온 샘 브라운백 상원의원, 톰 랜토스 하원의원, 짐 리치 하원의원 그리고 에드 로이스 하원의원을 비롯한 상하원의원들의 역할이 정말로 지대했습니다. 여야를 떠나서 인류 보편적 가치이고 이 지구상에 최악의 인권 및 종교 탄압을 당하고 있는 탈북자들과 북한 주민들을 향한 그들의 마음과 헌신에 저절로 고개가 숙여집니다.

그리고 그 다음으로 중요한 역할을 감당한 분은 바로 미국의 조지 부시 전 대통령입니다. 조지 부시 전 대통령은 우리 북한자유연합이 워싱턴에서 여섯 번의 북한자유주간행사 2004~2009년까지 를 치루는 동안 백악관에서 우리 대표들을 초청하여 몇 시간씩 시간을 할애해서 탈북자들의 애환과 아픔을 함께 슬퍼하며 관심과 지지를 표명해 주었습니다. 또한 탈북자가 쓴 수기를 직접 읽고 그 참상에 가슴 아파하며 백악관의 자기 참모들에게 필독서로 읽게 하고 자신이 적극적으로 북한인권 문제에 관여하고 관심을 기울여 준 것이 우리에게는 너무도 감사한 일입니다. 퇴임 후에도 조지 부시 전 대통령은 계속해서 북한인권과 탈북자 문제에 깊은 관심을 가지고 돕고 있으니 정말로 감사한 일입니다. 피 하나 섞이지 않은 미국의 대통령과 상하원 의원들이 이렇게 헌신적이고 열정적으로 북한 인권 문제에 관심을 가지고 있는 바로 그때에 한국의 대통령과 정치인들은 우리 동족인 북한 주민들과 유리걸식하며 인권침해를 당하고 있는 탈북자들의 아픔과 고통에 철저히 무관심하고 침묵으로 일관했습니다. 대한민국 국민들도 마찬가지입니다. 두고두고 수치스러운 일이고 역사와 민족 앞에 큰 죄를 저질렀습니다.

조지 부시 대통령 때 세계 최초로 제정된 미국의 북한인권법은 첫째, 북한 주민들에게 인도적 지원을 제공하고, 둘째, 탈북자들이 미국에 난민으로 정착할 수 있도록 허용하고, 셋째, 민간단체와 비영리 단체들이 북한 내 인권과 민주주의, 법치, 시장경제 발전을 신장하는 프로그램들을 추진하도록 미 대통령이 재정을 지원하도록 하며, 넷째, 외부세계의 정보를 북한에 자유롭게 전달하기 위해 하루에 12시간씩 대북 라디오방송을 하도록 하고, 다섯째, 국무부 안에 북한인권을 담당하는 "대북인권특사"를 임명해서 북한인권 개선에 관한 업무를 전담하도록 하는 것이 주요 내용입니다. 이렇게 미국에서의 북한인권법 통과와 국제인권단체들 간의 협력과 네트워킹을 통해서 2006년에는 일본에서 북한인권법이 통과되었고, 2008년에 영국에서, 2010년에 캐나다에서 북한인권법이 통과되어, 미국에서는 지금까지 188명의 탈북자들이 난민지위를 인정받아 정착하여 살고 있고, 현재 세계 11개 국가에서 탈북자들이 난민의 지위를 인정받아 자유로운 삶을 살게 된 것을 생각할 때, 한 생명이 천하보다 귀한데 이렇게 많은 우리 탈북 동포들이 독재 우상숭배 악의 소굴을 벗어나 자유의 세계에서 자유와 번영을 만끽하며 "인간대접을 받으며" 사는 모습을 볼 때 인권 활동가로서 큰 자부심과 보람을 느낍니다.

　이렇게 유엔에서는 "대북인권결의안"을 통과시키고, 북한 정권을 이 지구상에 존재하는 최악의 종교 및 인권 탄압국가로 지정하여 북한의 자국민에 대한 인권신장과 개선을 강력하게 요구하고 있습니다. 미국을 비롯한 여러 나라에게 "북한인권법"을 제정하여 북한 정권에게 자국민에 대한 인권 탄압을 중단하도록 계속해서 압박하며 많은 노력을 기울여 왔습니다. 그리고 서방 세계 언론과 수많은 인권단체들도 이에 합세하여 탈북자들의 구출을 돕고, 북한인권 문제를 집중적으로 다루며 북한을 압박하고 인권 탄압에 대한 중단과 변화를 요구해 왔었습니다. 이러한 노력의 결과로 북한에서는 20개나 되는 정치범 수용소가 서방 세계의 지탄과 압박을 모면하려고 6개로 축소·폐합되기도 했고 공개처형이나 과거에는 드러내 놓고 저지르던 인권 탄압이 현저히 줄어들게 되었습니다. 그리고 그 영향으로 북한인권 문제는 북한 정권이 가장 곤혹스러워하는 국제적인 이슈가 되었습니다.

5

　강석진 북한인권 운동과 통일운동은 결코 동떨어진 이야기가 아니라고 생각합니다. 북한인권 운동과 통일운동의 상관성에 대해서 성경적인 의미를 먼저 이야기해 주시기 바랍니다.

　이희문 분단 시대를 살아가는 우리 한민족에게 최대의 과제와 사명은 바로 통일입니다. 3대째 계속되어 온 독재와 기아의 고통 속에서 신음하고 있는 우리 동족 북한 주민들에게 자유와 인권을 회복시켜 주고 저들을 해방시켜 줄 막중한 책임과 사명이 우리 대한민국과 국민들에게 있습니다. 통일은 우리의 소원일 뿐만 아니라 하나님 아버지의 소원이기도 합니다.

에베소서 1장 10절에 보면, "하늘에 있는 것이나 땅에 있는 것이다 그리스도 안에서 통일되게 하려 하심이라."라고 기록되어 있습니다. 지금 우리는 한강의 기적을 이루어 전 세계가 부러워하는 자유와 번영을 누리고 있지만 아무리 세계가 부러워해도 이것은 반쪽짜리에 지나지 않습니다. 북녘 땅에서 독재와 인권 유린을 당하고 있는 북한 동포들과 통일로 하나가 되어서 우리가 지금 누리고 있는 이 자유와 번영을 함께 나눌 때 그것이 반쪽짜리가 아니라 온전한 자유와 번영과 행복이 될 것입니다.

고린도전서 12장 26-27절에 "만일 한 지체가 고통을 받으면 모든 지체가 함께 고통을 받고 한 지체가 영광을 얻으면 모든 지체가 함께 즐거워하느니라 너희는 그리스도의 몸이요 지체의 각 부분이라."라는 말씀이 있습니다. 삼 김 씨 일가 우상숭배 세습 독재 정권의 인권 탄압과 억압의 굴레 속에서 죽어가는 사람들은 남이 아니라 바로 "우리 몸의 다른 반쪽," 우리 동족이기 때문에, 저들의 자유와 인권 회복을 위한 북한인권 운동이 그 어느 것보다 중요합니다. 우리 몸의 다른 반쪽이 이렇게 고통 가운데 70년간 도와달라고 울부짖고 있는데, 북한인권법 하나 통과시키지 않는 무책임한 것이 바로 대한민국의 정치인들입니다. 3백여 명의 세월호 사건 때문에 나라가 올 스톱하고 난리법석을 떨지만, 300만 명이 넘는 우리 동족 북한 주민들이 굶어 죽어가는 것에는 무관심한 국민들이 바로 우리 대한민국 국민들입니다. 자국의 대통령에게는 차마 입에 담기도 민망한 막말들을 해대며 비판과 폭언을 해대지만 자국민에게 이 지구상에서 최악의 인권 유린 및 종교 탄압을 자행하는 북한 악의 정권의 인권 유린과 만행에 대해서는 철저히 침묵하는 것이 바로 우리 대한민국의 정치인들입니다. 이것이 바로 북한인권 활동을 하는 엔지오NGO들의 목소리와 역할이 그 어느 때보다 중요하고 필요한 때입니다.

6

박성배 북한 독재국가를 상대로 인권 운동을 한다는 것이 결코 쉽지 않은 일인데, 이 목사님께서는 통일을 이루는 일에 북한인권에 주력해야 하는 이유가 무엇이라고 생각하십니까?

이희문 우리가 북한인권 운동에 관심을 가져야 하는 또 하나의 이유 그리고 북한인권 운동이 통일과 직접적인 상관이 있는 이유는, 지난 80년대 말부터 시작된 동구권의 몰락과 소련연방공화국의 몰락 그리고 그 이후에 중동의 여러 독재국가들의 몰락은 결국 쟈스민 혁명, 즉 자유와 인권의 바람, 민주화의 바람을 통해서 이루어졌기 때문입니다. 세상의 다른 독재국가와 공산정권의 붕괴가 그러했듯이 북한독재정권의 종말도 결국 자유와 인권 회복을 통한 민주화의 바람을 통해서 이루어질 것이기 때문입니다. 지금 대통령을 비롯한 많은 사람들이 통일 대박의 비전과 열정을 가지고 사회 곳곳에서 그 꿈을 실현시키기 위해서 헌신적으로 일하고 있습니다. 그 결과로 이제까지 통일에 대해서 전혀 관심 없던 국민들이 통일에 대해서 많은 관심을 갖기 시작하고, 심지어는 미국을 비롯한 우방 국가들에서 조차 대한민국이 주도하는 통일을 지지한다는 것은 참으로 고무적인 일입니다.

그런데 통일 대박을 이루기 위해서는 "통일의 양 날개"가 필요합니다. 한쪽은 "자유민주주의", 다른 한쪽은 "시장경제"의 날개입니다. 그런데 지금까지의 여러 통일 비전과 통일 정책을 살펴보면 통

통일을 앞당겨 주소서

일이 되면 어떻게 잘 살 수 있다고 하는 경제적인 측면을 강조한 통일 비전에 대해서는 여러 가지 이론들이 있지만, "자유민주주의"를 저 북한 땅에 어떻게 실현할 것인가에 대한 실제적인 비전과 실현 가능한 대안은 별로 보지 못했습니다. 지금까지의 경험에 비추어 보면 북한 정권은 핵무기도, 세상 그 어느 누구도 두려워하지 않지만 딱 한 가지를 두려워하는 게 있는데 그것은 바로 "자유와 인권"입니다. 북한 정권이 남한과 대화를 할 때마다 신경질적으로 주장하는 것이 바로 "대북방송"과 "대북전단, 풍선사역"의 중단입니다. 언론과 외부세계의 정보를 철저히 차단하여 자국민들을 우매하게 만들고 독재 우상숭배를 지속시켜 나가는 정권이 외부 세계의 정보가 북한 주민들에게 전달됨으로써 자기네가 속아 왔다는 것이 알려지고, 남한과 온 세계가 얼마나 잘 살고 있으며 독재정권의 탄압과 인권 유린이 천인공노할 만행이란 것이 알려지면 더 이상 자기네 독재정권이 존재할 수 없다는 것을 잘 알기에 북한인권 문제에 이렇게 과민반응을 하는 것입니다. 그러므로 우리는 더욱 더 북한인권 문제를 중요시하고 북한인권의 무기를 가지고 북한을 상대하고 압박하며 집요하게 물고 늘어져야 합니다. 왜냐하면 자유와 인권 회복을 통한 민주화의 바람은 결국 독재정권을 무너뜨리는 핵무기보다 더 강력한 무기이기 때문입니다.

이미 부도가 난 국가, 깡패국가, 테러국가에게 우리 민족의 미래와 통일을 맡길 수 없습니다. 이제는 우리 대한민국이 "자유민주주의"와 "시장경제"의 양 날개로 비상하며 통일 대박을 만들어가야 합니다. 그러나 작금의 대한민국의 현실은 정부나 정치인들이 모든 일을 다 도맡아서 감당하기에는 너무도 역부족한 상태입니다. 특별히 통일 문제나 북한인권 문제에 있어서는 정부 혼자서 모든 일들을 감당할 수 없습니다. 감당하려고 해도 도무지 먹혀들어가지 않는 것이 오늘의 현실임을 감안할 때에 어떤 의미에서 대북관계나 통일 그리고 북한인권 문제에 있어서는 엔지오$_{NGO}$와 시민사회 단체들, 국민들이 적극적으로 나서 주는 것이 지금으로써는 더 효과적이고 바람직한 일입니다. 그리고 이 시점에서 우리가 분명히 깨달아야 할 것은 우리가 통일을 하고자 하는 대상은 김 씨 일가 일당 독재정권이 아니라 바로 북한 주민들이라는 사실입니다. 그러므로 통일 대박의 한 쪽 날개인 "자유민주주의" 실현에 있어서는 각계의 시민단체들이 더욱 더 적극적으로 나서야 합니다.

7

강석진 몇 년 전에 목사님께서 주도하셔서 특별한 세미나를 하셨다고 들었는데 그 세미나에서 통일을 이루어 가는 데 있어서 그 어느 누구도 감당할 수 없는 아주 특별한 역할을 탈북자들이 감당해 온 것에 대해서 그리고 북한의 장마당에 대해서 매우 의미 있는 연구와 제안을 하신 것으로 알고 있습니다. 여기에 대해서 말씀해 주시기 바랍니다.

이희문 북한인권과 통일이 얼마나 밀접한 상관관계가 있는가를 가늠할 수 있는 가장 확실한 증거 가운데 하나가 바로 북한의 장마당입니다. 어떤 의미에서 지난 10년 이상 북한의 지하경제를 지탱하는 장마당$_{암시장}$이 통일의 실마리를 풀 수 있는 아주 확실한 해법 가운데 하나입니다. 우리 북한인권 활동가들은 바로 이 면에 관심을 가지고 정치가들이 생각하는 대북지원과는 전혀 다른 차원에서 그리고 경제전문가들이 구상하는 통일론과는 조금 다른 각도와 차원에서 접근하고 연구하며 "통일의 실마리"를 바로 여기서 찾으려고 합니다. 저희 글로벌 '네크워크에서 2014년 3월 4일에 프레스센터에서 세미나를 할 때 바로 이 장마당에 대해서 집중적으로 조명해 볼 기회가 있었습니다. 북한 정권은 이미 10년 넘게 평양300만 명을 제외한 2,200백만의 북한 주민들에게 제대로 배급을 하지 못하고 방치해 온 상태로 지내왔습니다. 그런 가운데 어느 순간부터 장마당암시장이 생기기 시작하고 그것이 지금은 장마당이 북한 주민들을 먹여 살리는 아주 중요한 경제수단이 되었습니다. 처음에는 자기 집에 있는 물건을 갖다 팔던 것이 차츰차츰 변해서 한국에 정착한 가족들이 보내온 돈, 일명 "대북 송금"을 종자돈 삼아 시작한 장사가 점점 규모가 커져서 2002년에 300여 개, 2008년에는 500여 개의 장마당이 형성되었습니다. 2008년에 장마당의 심각성을 깨달은 김정일이 화폐개혁과 함께 장마당을 폐쇄하려고 했다가 주민들의 예상치 못한 강한 저항에 부딪치자 이에 당황한 나머지 결국엔 장마당을 묵인하게 되었습니다. 그리고 지금은 북한 전역에 약 1,000여 개의 장마당이 형성되어 북한 주민들을 먹여 살리고 있습니다. 그래서 북한에서는 "노동당 위에 장마당이 있다."는 말이 나돌 정도로 장마당의 위력은 대단합니다.

　탈북자들을 연구 조사한 결과에 의하면 남한에 정착한 2만 8천여 명의 탈북자 가운데 약 70% 정도가 북한에 있는 자기 가족들에게 "대북 송금"을 한다는 통계가 나왔습니다. 아직 이것이 과학적인 근거에 의한 데이터까지는 되지 못하지만 대략 1인당 보내는 돈을 최소 월 10만 원 사실은 이보다 많다 이라고 추정하면, 2만 8천여 명의 탈북자들이 1년에 보내는 "대북 송금"은 약 330억 원 정도가 됩니다. 10년이면 약 3천 억 원이 됩니다. 이 금액은 과거 두 정권 김대중. 노무현 정권이 북한에 도와준 8조 2천억 원 2012년 통일부 집계 에 약 1/30정도 밖에 되지 않는 적은 돈입니다. 그러나 남한에서 대북지원이라는 명목 하에 정책적으로 도와준 8조 2천억 원이 핵무기개발과 미사일개발에 쓰이고 독재정권의 유지에 도용된 반면, 그 천문학적인 숫자의 대북지원과는 비교도 안 되는 작은 돈이지만, 결국 2만 8천여 명의 탈북자들이 개인적으로 보낸 "대북 송금"이 북한 주민들을 과거 10년간 먹여 살렸다면 우리는 대북지원에 대해서 통일에 대해서도 다시 한 번 냉철하게 생각하고 연구할 필요가 있습니다.

이렇게 북한 주민들은 이미 지난 10년 넘게 정권으로부터 버림받고 방치되어 정기적인 식량배급을 받지 못하고 암시장에 의존해서 살아왔기 때문에 저들은 이미 자유 시장경제의 맛을 보고 살아왔습니다. 열심히 장사하면 스스로 돈을 벌어서 살 수 있다는 것은 체험했고, 이제는 1,000여 개에 달하는 장마당을 북한 정권도 어찌할 수 없는 지경에 이르렀습니다. 심지어는 당간부들까지도 장마당에 가서 필요한 물건을 구입하기에 이르렀고, 돈만 주면 못 사는 것이 없을 정도로 지하시장이 활성화되어 있습니다. 또 대북방송과 대북전단_{삐라}, 인터넷과 핸드폰_{현재 약 3백만 대}을 통해서 그리고 한류를 통해서 북한 주민들은 서방 세계와 남한의 정보를 더 많이 알게 되었고 자유민주주의가 좋다는 것도 이미 다 알게 되었습니다.

이렇게 "대북 송금"은 북한 정권을 돕는 것이 아니라 남한에 있는 가족들이 자기 가족들에게 돈을 보내는 것이기 때문에 이것은 북한 주민들을 먹여 살리는 일에 실질적인 도움이 되어왔습니다. 과거 두 정권이 "대북지원"이라는 명목아래 북한 정권에게 지원해준 돈이 자그마치 8조 2천억 원_{2012년 통일부 집계}입니다. 그러나 그 "대북지원"이 어느 정도 효과를 보았는지에 대해서는 모두 다 부정적입니다. 그렇게 많은 돈을 지원해 주었음에도 우리에게 돌아온 결과는 핵무기와 미사일개발을 통한 위협과 협박, 천안함과 연평도 포격등과 같은 도발행위였습니다. 그리고 그렇게 많이 도와준 돈과 물자가 북한 주민들에게는 가지 않았고 그 기간 동안에 가장 많은 탈북자들이 넘어왔다는 것은 햇볕정책은 결국 실패한 정책이라는 단적인 증거입니다.

통일론자들이나 정치가들에게 통일은 '미래의 사건'이고 철책선 너머의 일일지 모르지만, 우리 인권 운동가들은 탈북자들을 '미리 온 통일'로 보고 그들과 더불어 자유민주주의와 인권 회복운동을 이미 북한에 실질적으로 펼쳐왔고, 통일은 이미 10년 이상 진행되어 온 '현재진행형의 사건'입니다. 바로 위에서 언급한대로 암시장을 통해서 그리고 대북방송과 삐라, SNS, 인터넷, 한류 등을 통해서 '통일의 양 날개'가 이미 북한 주민들 사이에 깊숙이 뿌리내리고 있습니다. 쟈스민 혁명의 경험을 통해서 보듯이 그리고 소련과 동구 공산국가들의 몰락의 경우에서 보듯이, 북한에 '자유민주주의'를 실현하려면 무엇보다도 엔지오NGO와 시민단체 그리고 유엔의 역할이 매우 중요합니다. 그러므로 우리 글로벌네트워크는 통일 대박을 이루기 위한 한쪽 날개인 '자유민주주의' 실현에 총력을 기울이고 있습니다. 북한인권과 통일은 동전의 양면과 같이 떼래야 뗄 수 없는 아주 긴밀한 상관관계를 가지고 있습니다. 북한인권은 통일의 기초석을 놓는 것입니다. 북한인권과 자유민주평화통일은 우리에게 주어진 시대적인 '사명'이고 하늘의 '어명'이며, 한민족 모두에게 명하는 '엄명'입니다.

8

박성배 이 목사님은 미국에서 섬기던 교회도 사임하고 국내에 들어와 북한인권과 통일사역을 감당하시고 계시다고 들었는데, 이 목사님과 글로벌네트워크의 국내에서의 활동과 통일운동 비전 그리고 그 전략에 대해서 이야기해 주십시오.

이희문 네, 그렇습니다. 저는 2011년 5월에 지난 수십 년 동안 해오던 일반 개 교회 목회를 사임하고 북한인권과 탈북자 선교, 통일선교에 올인하기 시작했습니다. 목회자가 영혼을 구원하고 교인들을 양육하며 교회를 부흥시키는 일반 목회는 귀한 사역입니다. 그러나 북한 우상숭배 독재정권의 폭정에 시달려 죽어가는 동족들을 구하고 탈북자들을 구하는 것 또한 귀중한 사역입니다. 왜냐하면 한 영혼이 천하보다 귀하기 때문입니다. 북한 정권의 급박한 변화와 북한인권 문제의 심각성이 날로 더해지면서 저는 깊은 고민에 빠져 기도하던 가운데 일반 교회를 섬기던 개 교회 목회를 내려놓고 2011년 5월부터는 북한인권과 탈북자 사역 그리고 통일선교에 초점을 맞춘 북한 선교와 통일선교에 올인하여 한국과 미국을 오가며 이 특수사역을 감당하고 있습니다.

북한 동포들의 인권을 회복시키고 자유와 해방을 주고자 하는 우리 '북한자유연합'의 활동이 이제까지 미국을 비롯한 서방 세계에는 많이 알려졌지만, 정작 당사국인 대한민국에는 정치인들의 무책임과 국민들의 무관심 속에 북한인권법이 아직도 통과되지 못한 채 11년째 계류 중에 있고 국민들의 관심 또한 아주 미미한 편입니다. 서방 세계에서는 북한인권에 대해서 '관심'이 많은데 대한민국 국민들은 '무관심'합니다. 서방 세계에서 북한인권에 대해서 정치인들은 '책임'을 다하는데 대한민국 국민들은 '무책임'합니다. 북한인권 문제에 있어서, 서방 세계에서는 '아우성'인데 대한민국 국민들은 '침묵'하고 있습니다. 그래서 우리 북한자유연합은 북한인권 문제의 국제적인 바람을 대한민국에도 불러일으키고, 대한민국 국민들이 자기 동족, 북한 동포들의 자유와 인권 회복에 관심을 갖게 하며 직접 나서도록 하자는 목표로, 2010년 제7회 때부터는 서울에서 "북한자유주간 행사"를 개최해 왔습니다. 2014년 "북한자유주간"까지 총 4회7~10회의 행사를 서울에서 개최해서 북한인권에 대한 국민들의 관심도를 끌어올려 왔습니다.

　저는 미국 워싱톤과 유엔과 세계 여러 나라들 사이에 불붙고 있는 북한인권과 통일의 바람을 어떻게 해서든지 대한민국에 불붙도록 하는 역할을 더욱 효과적으로 감당하기 위해서 그리고 한국의 인권단체 지도자들 그리고 탈북자와 그 지도자들, 시민사회 및 청년들과의 연합과 협력을 통해서 가능한 조속히 북한인권법을 통과시키자는 목표를 가지고 2012년 2월에 "북한자유인권 글로벌네트워크구 국민연합"라는 엔지오NGO 단체를 만들어 지금까지 열심히 뛰고 있습니다. 지난 2012년 7월 4일에는 국회에서 제1회, "북한인권법 바로 알기"라는 세미나를 개최함으로 북한인권에 대한 국민들의 이해와 관심과 지지의 폭을 넓히고, 북한인권법 통과를 위해 박차를 가하고 있습니다. 2013년 7월에는, 한국 보이스카우트 연맹 대강당에서 2회, "북한인권법 바로 알기" 세미나를 개최했고 그리고 작년 2014년 3월 4일에는, 프레스센터에서, "통일의 주역으로서의 탈북자들의 역할"이라는 주제로 세미나를 개최해서 탈북자들이 더 이상 북한인권의 틀에 억매이지 말고 한걸음 더 나아가 '통일의 주인공 역할'을 감당하도록 저들의 사명을 깨우쳐 주었습니다.

　그리고 한국을 중심으로 사역하고 있는 우리 "글로벌네크워크"의 북한인권과 통일을 위한 사역은 크게 '세 가지'로 요약할 수 있습니다.

첫째는 북한인권 한국 교회 연합 등 교회와 함께 펼쳐 나가는 연합 사역, 둘째는 국내외 엔지오NGO 단체 및 탈북자단체들과 함께 펼쳐 나가는 네트워크 사역, 셋째는 통일 대박재단대표 신창민 교수과 "올인통"과 함께 펼쳐 나가는 통일, 인권 사역입니다.

우리 글로벌네트워크의 북한의 인권 회복과 통일을 앞당기기 위한 전략은, 지난 70년간 하나님께서 유엔과 미국을 통해서 한반도와 한민족에게 베풀어 주신 구원의 손길1945, 1948, 1950, 1953과, 2013년을 기점으로 한반도를 향해서 거세게 몰려오고 있는 '통일의 쓰나미'에 대해서 강연, 세미나, 방송, 각종 대중 집회, SNS 온, 오프라인 모임 등을 통해서, 한국 국민들과 정치인들이 깨닫도록 각성Awakening 시키고, 촉진Promoting 시키며, 헌신자들을 훈련Training 시키고, 미국과 유엔 그리고 전 세계의 인권단체들과의 협력 및 네트워킹Networking 을 통하여 북한인권법을 통과시키고, 궁극적으로 통일 코리아Re유엔ification 를 이루고, 더 나아가서 한반도와 한민족의 온전한 회복Restoration 을 이루어 통일 대박을 만드는 일에 그 일익을 감당하는 것입니다. 그리고 이를 실현하기 위한 '네 가지' 장단기 중점 사업은 첫째는 북한 동포들과 탈북 난민들의 자유 및 기본적인 인권 회복, 둘째는 국제사회와의 연계를 통한 북한 동포의 자유와 해방 및 통일, 셋째는 자유민주주의와 시장경제에 입각한 통일계몽운동 및 교육, 넷째는 통일의 일꾼 양성 및 인재 발굴, 글로벌 리더 양성입니다.

9

강석진 이 목사님은 일반 개 교회 목회를 하실 때도 탈북자들을 섬기고 또 교회 선교관에 탈북자들이 거주하도록 도우면서 탈북자들의 정착을 도우신 것으로 알고 있는데, 통일에 있어서 탈북자들의 역할에 대해서 말씀해 주시기 바랍니다.

이희문 한국에 정착한 2만 8천여 명의 탈북민들은 북한인권과 통일에 아주 중요한 일꾼들이고 리소스이므로 이들과 함께하는 그리고 이들을 통한 통일운동의 비전과 전략이 매우 중요합니다. 특별히 국내에 탈북자가 정착한지 20년이 넘고, 남한 내에 정착한 탈북자가 3만여 명에 육박한 이즈음에, 우리 글로벌네크워크는 "글로벌 리더십 아카데미"를 설립하여 통일 대박을 이루기 위한 '통일 일꾼 양성'에 주력하고, 동시에 통일된 코리아가 홍익인간과 동방예의지국의 얼과 문화와 역사와 전통을 되살려 한계에 무닥친 서양 물질문명과 정신세계에 새로운 패러다임을 제시할 수 있도록, 그리하여 인류공영과 문화융성에 기여할 수 있는 글로벌리더와 리더십 육성에 초점을 맞추어, 이에 뜻을 같이하는 지도자들, 단체들과 함께 '글로벌 리더 양성'에 중점을 두고 장, 단기적인 사역을 펼쳐 나가고 있습니다.

그리고 탈북자들의 정착을 단순한 정착이 아니라 정책적인 측면에서. 안보·정보적인 측면에서, 통일적인 측면에서 종합적으로 고찰해봄으로, 탈북자들이 누구인가를 국민이 통전적으로 깨닫게 하고, 탈북자들이 한국 사회에 성공적으로 정착할 수 있도록 돕고, 탈북자들의 성공 스토리가 많아지고 그것이 북에 전달되도록 하며, 탈북자들의 정체성과 위상 그리고 사명을 재정립하여 저들이 더 이상 한국 사회의 짐_{부담}이 아니라 첫째는 저들의 성공적인 정착이 북한 주민들에게 소망을 줌과 동시에 자유민주 평화통일로의 위대한 통일 코리아 건설에 이바지하게 하고, 둘째는 북한 정권에 대한 잘못된 이해와 좌경화현상으로 비롯된 대한민국 내의 남남 갈등의 문제를 풀어 가는 해답의 열쇠로서의 저들의 역할을 감당하도록 하며, 셋째는 대북정책과 통일정책의 입안과 실행에 종합적이고 정확한 자료를 제공해줌으로써, 탈북자들이 자유민주평화통일로 가는 길목에서 '통일의 일꾼'으로 가장 효율적으로 그리고 주도적으로 감당하도록 하게 함으로써 '미리 온 통일', 함께 만들어가는 '통일 대한민국의 기초석'이 되는 시대적인 사명을 감당하도록 하도록 돕고 있습니다.

한반도의 분단과 갈등을 종식시키고 전쟁의 공포에서 벗어나 통일 대박을 이루기 위해서는, '3심통일을 이루기 위한 세 가지 마음'이 매우 중요합니다. 합심, 민심, 안심/환심이 바로 그것입니다. 대한민국 국민들의 마음이 하나 되고합심, 북한 주민들의 마음을 얻고민심, 주변 국가들의 마음을 얻어안심/환심 우리는 기필코 통일 대박을 이루어 가야만 합니다. 그리고 북한 정권이 가장 무서워하는 가장 강력한 무기인 '자유와 인권, 민주화의 무기'를 통해서 우리 북한인권단체들과 탈북자들은 함께 힘을 합하여서 정부가 미처 하지 못하는 면에서 계속 북한을 압박하고 변화와 결단을 강력하게 요구하는 가운데 쟈스민 혁명의 바람을 북한에 불일듯 일어나게 만들어 하루 속히 통일 대박을 이루는 일에 총력을 기울여야 합니다.

그런 면에 있어서 저는 '통일을 위한 10가지 제언'을 말씀드리겠습니다.

첫째, 통일의 3명 3심이 필수적이다3명: 사명, 어명, 엄명, 3심: 합심, 민심, 안/환심 · 둘째, 북한의 장마당에서 통일 대박자유민주주의와 시장경제의 힌트를 발견하라. 셋째, 통일 비전의 유형물질적의 가치뿐만 아니라 무형정신적의 가치도 함께 제시하라. 넷째, 미리 온 통일, 탈북자들의 성공적인 정착이 통일의 바로미터이다. 다섯째, 북한 주민들의 민심을 잡으려면 먼저 남한의 탈북자들의 마음을 잡으라. 여섯째, 대북지원보다는 대북 송금이 더 효과적이라는 교훈에서 배우라 대북지원이라 하지 말고 '북한 주민지원'이라고 명시하라. 일곱째, 통일에 엔지오NGO, 유엔, 시민사회단체들을 적극 활용하고 역할분담을 하라. 여덟째, 주변 국가들을 안심시키고 환심을 살만한 확실한 비전을 제시하라. 아홉째, 동북아 및 국제정세를 정확하게 파악하여 고도의 외교역량을 발휘하라. 열째, 통일의 불쏘시개와 글로벌리더를 양성하라.

10

박성배 사실 북한인권사무소애 대해서 일반인들은 잘 모릅니다. 이 자리에서 북한인권사무소가 한국에 들어오기까지의 과정을 간략하게 소개해 주시기 바랍니다. 그리고 유엔의 특별한 기관이 대한민국에 상주하게 된 것에 매우 특별한 의미와 하나님의 섭리가 있다고 생각하는데, 북한인권사무소의 역사적인 의의와 바람직한 사역 그리고 기대는 무엇입니까?

이희문 북한을 변화시키고 통일의 꿈을 이루시려는 '하나님의 도우심의 손길'에 수십 년간 북한인권 활동을 해 온 저에게는 분명하게 보이는데, 대한민국 정치인들과 국민들은 이러한 하나님의 도우심의 손길에 대해 무감각하고 무지한 것 같습니다. 우리 대한민국과 한반도의 운명과 역사는 결코 우리 혼자만의 것이 아니었다는 것을 우리는 역사를 통해서 너무나 잘 알고 있습니다. 우리나라가 일제의 침략으로 나라를 빼앗기고 35년간 일본의 속국이 되어 살 때에, 하나님께서는 유엔을 결성하게 하시어 1945년에는 유엔의 도움으로 대한민국의 독립과 해방을 이루게 하셨습니다. 1948년에는 유엔의 도움으로 세계 역사에 사라졌던 대한민국이 다시 건국_{1945년 8월 15일, 대한민국 정부수립}이 되는 기쁨을 맛보았습니다. 그리고 1950년 6월 25일, 북한 김일성의 기습남침으로 온 국토가 적화 될 뻔한 위기에 처했을 때에도, 하나님께서는 유엔을 통하여 대한민국을 건져 주셨습니다. 이렇게 지난 70년간 우리 조국 대한민국의 해방과 독립, 건국, 6·25전쟁으로부터의 자유수호와 전쟁에서의 승리는 결코 우리의 힘만으로 이루어지지 않았습니다. 아니 오히려 우리 대한민국 혼자서는 아무 것도 할 수 없는 상황에서 유엔이 적극적으로 개입하여 우리나라를 지켜 주었습니다. 이것은 결코 우연한 일이 아닙니다. 이것은 하나님의 섭리이고 도우심의 손길입니다.

이러한 하나님의 도우심의 손길은 과거의 역사에만 그친 것이 아니라, 바로 지금 한반도와 한민족의 역사에도 뚜렷하게 나타나고 있습니다. 그동안 북한인권 엔지오_{NGO}들과 탈북자들의 끊임 없는 노력의 결과로 2013년 3월 17일에 결성된 유엔인권위원회 산하의 북한인권조사위원회_{COI}가 1년 동안 면밀한 조사를 하였고 그로부터 1년 뒤, 2014년 3월 17일에 유엔 총회에 그 결과 보고를 시작으로 북한인권에 대한 유엔 차원의 가장 강력한 움직임이 일어났습니다. 북한인권조사위원회_{COI}의 조사결과가 유엔총회에 상정되었고, 유엔에서 압도적인 지지를 받아 통과된 대북인권결의안은 국제사법재판소_{ICC}에 삼 김 씨 일가와 그 책임자들을 고소하고, 저들이 지난 70년간 자국민들에게 저지른 반인도적, 반인륜적, 지속적인 범죄행위에 대해 강력하게 처벌하도록 제기하였습니다. 그리고 이에 대한 후속조치로 2015년 6월 23일에 유엔인권최고대표사무소가 서울 종로에 있는 글로벌센터에 유엔인권최고대표사무소_{OHCHR}의 "북한인권서울사무소"를 개설하여 유엔은 드디어 한국에서 북한인권개선활동을 본격적으로 시작하였습니다.

"북한인권서울사무소"는 5명의 유엔 직원을 채용하여 북한인권 문제에 대한 전반적인 실태조사와 기록 및 증거보존을 주 업무로 삼아 본격적인 활동을 하며 북한의 인권 상황을 지속적으로 감시하고 인권개선을 강력하게 요구할 것입니다. 또한 국제사회와 국내 인권단체들과도 협력하고 궁극적으로 북한에서 벌어지는 조직적이고 광범위한 인권 침해에 대한 책임을 규명하는 막중한 일을 해 나갈 것입니다. 유엔 북한인권서울사무소 개설은 단순한 인권 조사 차원의 일이 아니라 그보다 더 엄청난 일의 시작입니다. 유엔 북한인권서울사무소의 업무는 바로 북한의 우상숭배 독재정권의 종식을 위한 시발점입니다. 그러므로 유엔 산하의 북한인권서울사무소가 개소식을 하게 된 '2015년 6월 23일'은 우리 한반도와 한민족에게 '역사적인 날'로 기억될 것입니다. 하나님께서는 이미 유엔을 통하여 대한민국의 해방을 이루셨고, 유엔을 통하여 건국을 이루셨고, 유엔을 통하여 6·25전쟁에서 대한민국을 건지셨듯이, 이번에도 바로 '유엔을 통하여' 북한 우상숭배 독재정권을 종식시키고 한반도의 통일을 이루어 가고 계십니다.

11

강석진 그런데 매스컴을 통해서 들으니 북한인권사무소가 한국에 들어오는 과정부터 지금까지 적지 않은 어려움이 있다고 들었는데, 여기에 대해서도 한 말씀해 주시기 바랍니다.

이희문 네, 여기에 대해서는 할 말이 많습니다. 북한인권사무소가 서울에 입성하기까지 웃지 못할 비하인드 스토리가 많이 있습니다. 세계 수백 개 국가가 모여서 지구상 최악의 인권 유린을 당하고 있는 우리 동족의 자유와 인권신장 및 회복을 위해 싸우는 이 어마어마한 일들이 정부차원에서 노력해서 된 일이 아닙니다. 오히려 이러한 일들을 주도한 것은 엔지오_NGO 들과 탈북자들이었습니다. 지난 10년 넘게 유엔에서 수백 개 국가들이 대북인권결의안에 적극 찬성하여 북한 주민들의 인권을 신장시키려고 수많은 노력을 기울였지만, 김대중, 노무현 두 정권 때는 대북인권결의안이 북한 정권을 자극한다는 말도 안 되는 이유로 유엔의 대북인권결의안에 기권하는 수치스러운 일들을 자행하고, 국회에서는 지난 11년 동안 북한인권법을 통과시키지 않고 있어서 국제사회의 웃음거리가 되고 북한 주민들과 탈북 난민들의 원성을 사고 있습니다.

이렇게 한국 국민들과 한국 정부와 정치인들은 유엔과 북한인권조사위원회 _COI 의 활동을 통해서 북한독재정권을 종식시키고 한반도에 통일을 이루시려는 하나님의 섭리와 계획을 아직도 깨닫지 못하고 정신들 차리지 못하고 있습니다. 그 단적인 증거로 지난 6월 23일, 서울에 입성한 유엔북한인권사무소가 수개월이 지나도록 건물계약에 문제가 있어서 입주조차 하지 못하고 근처에 있는 카페에서 사무를 보다가 지난 10월 말에 유엔 직원들이 한국에 들어온 지 4개월이 지나서야 겨우 사무실에 입주를 했다고 하니 얼마나 안타깝고 부끄러운 일인지 모릅니다. 한 개인의 사무실 입주도 아니고 수백 개 국가가 모인 유엔에서 독재와 기아 가운데 고통당하는 우리 동족, 북한 주민을 도와주겠다고 대한민국의 수도 서울에 입성했는데 유엔 직원들이 4개월 동안이나 근처의 카페에서 사무를 보다니 정말로 국제사회에 수치스러운 일입니다.

우리 엔지오_NGO 지도자들은 북한인권조사위원회_COI 의 권고안과 유엔대북결의안이 가지고 있는 그리고 북한인권조사위원회의 권고안을 시행하기 위해서 파견된 유엔북한인권사무소의 서울입성이 '메가톤급 핵폭탄'보다 더 강력한 위력을 가지고 있음을 분명히 알고 있습니다. 어떤 의미에서 이것은 가장 강력하고 확실한 삼 김 씨 세습독재를 종식시키기 위한 '북한독재정권 붕괴의 서막'이고, 한반도를 향해 몰려오고 있는 '통일의 쓰나미'라고 말할 수 있습니다.

그러므로 한국 정부는 대북관계를 개선하려고, 통일정책을 펼치려고 많은 노력을 기울이고 있지만, 오히려 이렇게 유엔이 남한을 도와주려고 하는 바로 이 시점에 우리가 가지고 있는 모든 힘과 지혜를 모아, 또 한국이 국제사회에 미치는 영향력과 국제외교력을 총동원하여 유엔과 함께 그리고 세계 여러 나라의 엔지오NGO 들과 함께 한반도를 향해서 밀려오는 '통일의 쓰나미'에 효율적, 체계적, 총제적으로 대처하여 통일 대박의 비전을 함께 실현시켜 나아가는 것이 정말 중요합니다.

유엔인권최고대표사무소OHCHR 의 북한인권서울사무소 직원들도, 이 중요한 시점에 대한민국에 저들의 사무소가 들어오게 된 것이 단순히 유엔 차원의 북한인권침해 조사라는 영역에서 한발 더 나아가, 북한의 삼 김 씨 세습 독재 정권의 악랄한 죄를 묻는 것은 물론, 저 악의 독재정권을 종식시키고 결국에는 한반도에 평화적인 통일을 이루게 하는 막중한 사명을 부여받은 것이라는 역사적인 의미를 좀 더 확실하고 심각하게 깨달아야 합니다. 그러므로 유엔북한인권서울사무소는 대한민국 정치권에도 좀 더 적극적으로 다가가고, 또 대한민국 국민들에게도 적극적으로 홍보하고 협조를 구하며, 특별히 대한민국 내의 여러 엔지오NGO 단체들과 긴밀한 협조 하에 일을 추진해 나아가야 할 것입니다.

정부에서도 이제부터라도 "유엔북한인권서울사무소"가 하고자 하는 일들을 정부차원에서 적극적으로 도와서 정부가 미처 하지 못하는 유엔과 국내외 엔지오_{NGO} 들과의 긴밀한 협조를 통하여 유엔이 적극적으로 나서고 도와주고 있는 이 절호의 기회를 잘 활용하여 한반도와 한민족의 대사명이고 염원인 자유민주평화통일을 기필코 이루어 내야만 합니다. 그리고 한국 교회와 성도들은 이렇게 하나님께서 유엔을 통해서 '통일의 쓰나미'를 몰고 오시어 이루시고자 하는 북한인권과 통일의 역사를 잘 보고 듣고 깨달아서 북한인권과 통일의 '방관자'나 '훼방자'가 아니라 북한인권과 통일의 '일꾼'이 되고 '선구자'가 되기를 간절히 바랍니다. 그리고 이렇게 한반도를 향해서 긴박하게 몰려오는 '통일의 쓰나미'를 깨달은 우리는, 우리 한민족과 한반도의 운명을, 우리 동족의 인권 회복과 통일을 더 이상 외국이나 유엔에게만 맡기지 말고, 이제는 그 일에 우리가 직접 나서야 할 때가 왔습니다. 지금이 바로 그때입니다. 통일 대박의 절체절명의 위대한 사명에 바로 크리스천들과 우리 한국 교회가 적극적으로 나서야 할 때가 왔습니다.

12

박성배 이제까지 목회자이면서 수십 년간 북한인권 활동과 북한 선교 그리고 통일사역을 펼쳐온 이 목사님의 걸어온 발자취에 대해서 그리고 특수사역에 대해서 많은 이야기를 들었습니다. 이제 오랫동안 이 특수사역을 감당하시며 목회자로서 나름대로 통일에 대한 통찰력과 해법이 있으실 것 같은데, 이제 결론적으로 하시고 싶은 말씀을 나누어 주시기 바랍니다.

이희문 6·25전쟁의 주도권은 북한 정권에게 빼앗겼지만, 통일의 주도권만은 반드시 남한, 우리 대한민국이 쥐어야 합니다. 왜냐하면 10년 이상 자국민에게 배급을 하지 못하고 자기 국민들을 포기한 국가, 지구상 최악의 인권 및 종교 탄압 국가로 지목되어 유엔과 온 세계의 비난을 받고 있는 부도난 정권 깡패집단에게 우리 민족의 장래를 맡길 수는 없기 때문입니다. 우리가 이루고자 하는 통일 코리아는 민주주의와 공산주의의 적당한 혼합체가 아닌 '자유민주주의와 시장경제'의 양 날개로 세계 속에 비상하는 '자유민주주의 국가'임을 우리는 분명히 제시해야 합니다. 여기에는 한 치의 양보가 있어서는 안 되겠습니다. 왜냐하면 우리는 이미 종주국에서조차 폐기처분된 공산주의, 사회주의 체제와 적당히 섞은 통일을 하고자 하는 것이 절대로 아니기 때문입니다.

우리가 이루고자 하는 통일은 새마을 운동을 통해서 '한강의 기적'을 이룩한 우리가 천리마 운동으로 발버둥쳤지만 전쟁 준비와 대남적화야욕에 눈이 멀어서 결국 '대동강의 몰락'으로 고통 가운데 신음하는 북한 주민들을 살리고, '대동강의 기적'을 이루고자 하는 것입니다. 우리가 이루고자 하는 통일은 주체사상, 선군정치로 국민들을 노예화하고 전 국토를 감옥으로 만들며 핵무기와 미사일을 개발하여 남한은 물론 동북아 전체를 전쟁의 공포로 몰고 가는 그러면서도 3백만 명이 넘는 자국민을 굶겨 죽인 부도난 정권, 테러집단과의 대화와 타협을 통한 적당한 체제의 통일 연방제 통일은 절대로 아닙니다. 이 아니라, 민주화와 산업화를 동시에 이룬 세계 10대 경제 대국인 우리 자유대한민국의 성공모델을 기초로 삼아 '자유민주주의'와 '시장경제'를 통한 '자유민주 통일'입니다. 그러나 통일은 어느 한 사람이 도깨비방망이를 가지고 뚝딱 만들어 낼 수 있는 것이 아닙니다. 아무리 대통령이 통일 대박을 부르짖어도 국민이 호응해 주지 않으면 통일을 이룰 수 없습니다. 그리고 우리가 아무리 통일을 하고자 노력을 해도 북한 주민들이 호응해 주지 않으면 통일을 이룰 수 없습니다. 그리고 한반도의 역사와 지정학적인 위치 그리고 국제정세를 생각해 볼 때 통일은 우리 남북한이 아무리 노력을 해도 한반도를 둘러싼 주변 국가들과 유엔과 미국과 서방 세계에서 도와주지 않으면 통일을 이룰 수 없습니다.

그러므로 우리 한반도와 한민족의 염원이고 사명인 온전한 통일을 이루기 위해서는 대통령뿐만 아니라 국민들의 도움, 엔지오NGO 단체와 국제사회의 도움이 절실하게 필요합니다. 특별히 작금의 대한민국의 현실은 대통령을 비롯한 정치인들이 할 수 있는 일의 범위가 점점 더 줄어드는 추세이기 때문에 이러한 때에 국민들의 단합된 힘과 도움이 절대적으로 필요합니다. 그리고 특별히 우리가 이루고자 하는 통일이 북한 정권과의 적당한 타협과 조율을 통한 정치적인 연합체가 아니라 자유민주주의 국가이고 우리가 통일을 하고자 하는 대상은 북한 정권이 아니라 북한 주민들이기에 이런 면에 있어서는 우리 국내외 엔지오NGO들의 역할이 무엇보다 중요합니다.

맺는말

강석진 이 지구상에서 인권의 사각지대에서 가장 큰 고통과 핍박을 받고 있는 백성들이 바로 우리의 핏줄인 북한 동포들입니다. 우리가 동족으로 침묵을 하므로 이제는 세계인들과 유엔과 각국의 인권단체에서 외치고 있습니다. 통일보다 더 우선해야 할 민족적 과제가 바로 북한 동포들의 천부의 보편적 인권을 회복시키는 일이라 생각됩니다. 우리가 이 북한인권 문제에 침묵하거나 등한시

한다면 강도를 만나 피를 흘리며 죽어가는 사람을 외면하는 대제
사장과 서기관 못지않은 죄를 범하는 것이라는 생각을 해 봅니다.
북한인권을 위해 헌신해 오신 이희문 목사님을 통해 한국 교회가
북한인권에 관심을 가지고 기도하며 북한 동포들을 압제에서 자유
케 하는 일이 가장 시급한 문제라는 것을 진지하게 생각해 보게 되
었습니다. 감사합니다. 안녕히 계십시오.

박성배

프로필
- 연세대 연합신학대학원 한국 교회사 전공
- 장로회신학대 목회전문대학원 목회신학 박사
- 영국 오엠 리더십스쿨 LAP 과정 졸업
- 스위스 로잔 YWAM CDTD 과정 졸업
- 현재 한국 선교 교육재단 교수
- 현재 서울 극동방송 히즈북 칼럼 담당
- 현재 인천공항 한우리미션벨리 대표

저서 및 논문
- 『한걸음 더』 (공저) (2011, 북셀프)
- 『나는 매일 희망을 보며 행복하다』 (공저) (2012, 북셀프)
- 『아름다운 발걸음』 (2014, 공저, 예영커뮤니케이션)
- 『일어나다』 (2015, 행복한에너지)
- 『크리스천을 위한 책쓰기 미션』 (공저) (2016, 청어출판사) 외 다수
- 「한국 교회 초기 선교사들의 선교 정책 연구」 (1994, 연세대 석사 논문)
- 「안디옥교회 선교모델을 통한 지역교회 선교의 목회신학적 연구」 (2009년, 장로회신학대 박사논문)

통일 코리아와 미션 코리아

대담: 박성배 박사

진행: 강석진

방송일: 2015년 5월 30일, 6월 6일

통일 코리아와 미션 코리아 1

강석진 한 주간도 평안하셨습니까? 〈통일을 앞당겨 주소서〉 진행을 맡은 강석진 목사입니다. 요즘 우리 사회는 통일에 관련하여 다양한 분야에서 접근하고 있습니다. 이 시간에는 한우리미션벨리 대표로 계시면서 신학교 강의와 저술 활동을 하고 계신 박성배 선교학 박사님을 모셨습니다. 박 박사님께서는 오엠Operation Mobilisation 소속 선교사가 되어 공산권 국가 중에서 우리와 첫 수교를 맺은 헝가리에서 선교 사역을 하셨습니다. 그 당시 선교 현장에서 동구권 공산국가들의 붕괴를 직접 목격하기도 하였습니다. 올해 2015년은 해방과 분단 70주년을 맞이하는 남북한 통일의 중요한 해인 것을 모두가 공감하고 있습니다. 그래서 박성배 박사님과 함께 "통일 코리아와 미션 코리아"에 대해 기도하는 마음으로 통일 이야기를 나누어 보도록 하겠습니다.

박성배 박사님, 저희 극동방송에 나와 주셔서 감사합니다. 먼저 우리 극동방송 가족들과 이 방송을 청취하고 계신 북녘의 동포들에게 인사 말씀해 주시죠.

박성배 극동방송 가족 여러분과 북녘 땅에서 방송을 듣고 계신 동포 여러분 안녕하십니까? 이 시간을 통해서 함께 통일 코리아와 미션 코리아의 희망을 나누는 시간이 될 수 있기를 바랍니다. 2015년은 해방 70주년이 되는 뜻 깊은 해이고, 극동방송은 지난 60년간 북한을 비롯한 북방 지역에 복음을 전하면서 우리 민족의 통일을 위해서 기도하면서 사역을 해오셨습니다. 이 〈통일을 앞당겨 주소서〉 대담 프로그램이 통일의 희망과 꿈을 앞당기는 데 귀중한 역할을 할 수 있기를 바랍니다.

1

강석진 최근 어느 분은 말하기를 "한반도에 남아 있는 DMZ의 철조망을 걷어 내면 한반도 평화뿐만 아니라 세계 평화에도 기여하게 된다."고 했습니다. 아직도 우리 대한민국은 지구상에서 유일한 분단 국가로 남아 있고 분단으로 인해 많은 고통을 받고 있습니다. 박사님은 어린 시절 민통선 마을에서 자라나셨다고 하는데, 그로 인해 자연스럽게 남북 분단의 현실을 몸소 느끼면서 통일에 대한 꿈을 가지신 것이 아닌가 생각됩니다. 어린 시절 민통선 마을에서의 추억을 통일과 그때 읽으신 책과 관련해서 이야기해 주시죠.

박성배 예, 저는 어린 시절 서부전선 끝자락인 애기봉 밑 민통선 마을에서 중학교 2학년까지 자랐습니다. 중학교 3학년 때 공부를 위해서 서울로 전학을 왔지만, DMZ 민통선 마을인 애기봉 밑은 우리 가족이 고려 말부터 600년 이상 살아온 곳이었습니다. 한반도의 중심인데 분단으로 인해 막혀 있는 것을 경험하고 있는 곳입니다. 제가 자라던 60년대와 70년대는 서부전선 애기봉 부근은 늘 남북 간의 긴장이 감도는 살벌한 곳이었습니다. 늘 카랑 카랑한 북한 아나운서의 대남 비방 방송이 흘러나오고, 삐라가 떨어지고, 한강의 끝자락인 예성강을 통해서 간첩이 자주 넘어오던 그런 곳이었

습니다. 북한에서 남한을 향해서 쏜 총탄에 제가 사는 마을의 이웃
이 밭에서 일하다가 숨진 일도 있었습니다. 해병대가 주둔하고 있
는 민통선 마을은 늘 군사 훈련이 있었고 긴장감이 감도는 가운데
서 살았습니다. 그때 초등학교 5학년 때 금성초등학교 5학년 담임
이신 한용 선생님의 인도로 읽게 된 『이탈리아 통일 삼걸전』은 어
린 시절이었지만, 그러한 지역적 분단 상황과 맞물려서 제게 자연
스럽게 통일에 대해서 생각하게 하는 계기가 되었습니다. 이탈리
아 통일이 마치니, 카부르, 가리발디의 연합하는 힘으로 이루어졌
듯이 우리 민족의 통일도 준비된 군사력과 외교력과 정신 지도자
의 힘이 합쳐서 이루어지리라 생각합니다.

2

강석진 박사님은 연세대 대학원에서 교회사를 전공하면서 북한의
교회사를 연구하셨습니다. 그러면 박사님께서는 해방 70년, 분단
70년을 맞이하는 2015년에 대한 역사적 의미를 어떻게 부여하고
계신지요.

박성배 이스라엘 민족이 바벨론 포로생활 70년 만에 하나님의 역
사로 돌아오게 된 것처럼, 해방 70년, 분단 70년인 2015년부터는
우리 민족이 다시 하나 됨을 향해서 나아가는 뜻 깊은 해라고 생
각합니다. 연세대 대학원에서 한국 교회사를 전공할 때 은사님이
신 민경배 박사님은 '섭리의 역사관'을 강조하셨습니다. 해방 전에
는 북한의 교회들이 부흥 발전하였었는데, 이제 다시 남한의 교회
들이 한마음으로 힘을 모아서 북한 선교와 통일을 위해서 기도하
고 나아간다면 하나님의 경륜과 계획 안에서 통일이 되리라고 봅
니다.

강석진 지난 4월 달에는 러시아 블라디보스토크에서 개최된 북방 선교 포럼에서 "북방 지역을 통한 한반도의 통일과 미래"라는 주제로 강의를 하셨는데, 그러면 박사님께서 생각하시는 한반도의 지정학적 중요성과 북방 지역을 통한 통일 방안에 대해서 말씀해 주셨으면 합니다.

박성배 한반도의 지정학적 중요성은 두 가지입니다. 첫째로 한반도는 대륙을 향하여 뻗어 나갈 수 있는 중요한 지정학적 위치에 있다는 것입니다. 통일이 되면 부산에서 블라디보스토크와 모스크바를 거쳐서 독일 베를린까지 열차로 갈 수 있습니다.

둘째로 한반도는 해양을 통해서 세계로 뻗어 나갈 수 있는 중요한 위치에 있습니다. 이미 신라시대에 장보고가 해상 왕으로 그 당시의 바다의 패권을 잡고 웅비했듯이, 통일 코리아가 되면 세계의 대양을 향하여 힘차게 뻗어 나갈 수 있는 곳이 바로 한반도입니다. 또 북방 지역을 통한 통일 방안은 연해주 지역과 중국에 있는 조선족들 그리고 흩어져 있는 고려인들 등이 하나로 힘을 합쳐서 기도하고 나아가면 북방 지역의 힘들이 모아져서 하나님의 때가 되면 통일이 되리라고 믿습니다. 그러한 지정학적 의미에서 볼 때 한반도의 통일은 북방 지역 선교에 가장 중요한 역할을 할 수 있다고 봅니다.

강석진 그러면 이번에는 한반도 분단에 한정하여 말씀을 나누어 보도록 하겠습니다. 해방과 더불어 이루어진 이북 지역의 공산화와 그로 인한 북한의 교회들은 지하화되었는데 이런 변화를 교회사적 측면에서 볼 때 우리 민족의 구속사적 의미를 어떻게 보아야 할까요?

박성배 지금 북한은 공산화되고 지하화되어 있지만, 처음 기독교가 들어온 곳은 북한 지역이었습니다. 북한 지역이 공산화되면서 수많은 목회자와 성도들이 남한으로 내려와서 오늘날 이 만큼 남한 땅의 복음화가 이루어졌습니다. 이제는 남한 땅의 교회들이 연합하고 하나 되어 다시 지하화되고 어둠에 있는 북한 땅을 복음화하는데 우리의 모든 역량을 다해야 할 것입니다. 제가 대학생 시절 다녔던 모교회인 서울 영락교회의 한경직 목사님은 북한의 신의주에서 목회하시다가 공산주의의 핍박을 피해 27명의 성도들과 함께 남한으로 내려와서 서울 영락교회를 세웠습니다. 한경직 목사님은 생전에 백두산의 나무를 베어서 북한 땅에 다시 예배당을 세워야 한다고 눈물로 호소하시는 설교를 여러 번 들은 기억이 납니다. 교회사적으로 볼 때 우리 민족의 구속사적인 의미는 복음 안에서 하나로 통일되는 것입니다. 바울이 기도한대로 "예수 그리스도 안에서 남과 북이 하나 되는 통일_{엡 1:10}"이 우리 민족을 향한 구속사적인 의미일 것입니다.

5

강석진 이처럼 분단의 시대에 북한에 복음을 전해야 한다는 절박한 필요성은 우리 모두가 공감하고 있지만 북한은 원천적으로 차단되어 있지 않습니까? 그들에게 효율적으로 복음을 전할 수 있는 구체적인 방법들은 있을까요?

박성배 첫째로 극동방송 같은 방송을 통한 복음 전파입니다. 방송은 장벽이 없습니다. 분단 시대에 극동방송은 북한 선교와 통일을 앞당기는 데 하나님이 가장 존귀하게 사용하시는 능력의 나팔입니다.

둘째는 풍선을 통해서 북한에 복음을 전하는 것입니다. 국가의 법을 준수하면서 북녘 땅에 대북 풍선을 통해서 복음을 전하는 방법도 원천적으로 차단되어 있는 북녘 땅에 복음을 전하는 효율적인 방법입니다.

셋째는 문서를 통해 복음을 전하는 것입니다. 제가 영국과 헝가리에서 선교 사역할 때 조지 버워George Verwer 에 의해서 시작된 오엠Operation Mobilization 선교회의 문서 사역을 통해서 공산권에 복음이 전해지는 것을 보았습니다. 저는 헝가리가 변화되는 모습과 러시아의 변화를 직접 사역하면서 눈으로 목도하였습니다. 공산교 선교를 위해서 브라더 앤드류Brother Andrew 와 오픈도어 선교회도 꾸준히 공산권 지역에 성경과 문서를 전하면서 복음화되어 가는 것을 보았습니다.

넷째는 기도하는 것입니다. 전능하신 하나님께 기도하는 일에는 장벽이 없습니다. 역대상 20장에 보면 여호사밧 왕은 이방 나라가 침입해 왔을 때 하늘의 하나님께 기도하여 승리하였습니다. 기도하는 민족은 망하지 않습니다. 지금 우리 민족이 일본, 중국, 러시아 등 주변 나라 등에 싸여 있고 분단 상태이지만 전능하신 하나님께 기도하면서 나아가는 우리 민족에게 하나님은 통일의 역사를 주시리라 믿습니다.

다섯째는 탈북자들을 통해서 계속적인 북한 지역과의 연계를 통해서 실제적인 통일을 준비하는 것입니다. 지금은 원천적으로 차단되어서 다 막혀 있는 것 같지만, 하나님은 다양한 방법을 통해서 길을 여시고 우리 민족에게 통일을 주실 것입니다.

6

강석진 우리는 그동안 꿈에도 소원이라는 노래를 70년 동안 불러 왔습니다. 그런데 아직도 통일이 지연되고 있습니다. 이유들이 상당히 다양하다고 보는데 박사님께서는 무엇이라고 보고 계신지요?

박성배 통일이 지연되고 있는 이유도 몇 가지로 생각해 볼 수 있겠습니다.

첫째는 준비 부족입니다. 사람의 준비입니다. 제가 어린 시절 민통선 마을에서 감동 깊게 읽은 『이탈리아 통일 삼걸전』에서도 보면 통일은 정치가인 카부르, 군사지도자인 가리발디, 사상가인 마치니가 준비되었을 때 가능했음을 알았습니다. 한반도의 통일도 잘 준비된 탁월한 지도자들이 연합할 때 가능할 것입니다.

둘째는 남한 내의 국민들의 마음이 하나 되는 것입니다. 이탈리아 통일을 위해서 마치니가 국민들의 마음을 하나 되게 했듯이 우리도 지금 종교, 사상, 지역을 떠나 모두가 민족의 통일을 위해서 하나 되는 것이 무엇보다 중요하다고 봅니다.

셋째는 우리가 이루고자 하는 통일은 자유민주주의 통일이라는 목표를 분명히 하는 것이 중요합니다. 북한의 세력과 사상에 동조하는 좌익사상은 통일을 가로막는 가장 큰 세력 중의 하나입니다.

넷째는 통일에 대한 분명한 희망과 꿈을 갖는 것입니다. 통일 코리아는 우리 시대에 우리에게 주신 역사적이고 시대적인 소명입니다. 통일 코리아가 되면 한반도가 하나 되어 세계 속에 우뚝 서는 선진 대한민국이 되어서 세계에 선교하는 미션 코리아가 될 것이라는 희망과 꿈을 명확히 갖는 것이 중요합니다.

7

강석진 현재 우리 사회에는 북한에서 온 2만 8,000여 명의 탈북자들이 와 있습니다. 이들도 분명히 통일 자원이고 일꾼들이라고 봅니다. 탈북민들을 어떻게 준비시켜 통일을 준비해야 할지에 대해서 말씀해 주시지요?

박성배 지금 남한 땅에 와 있는 2만 8천여 명의 탈북민들은 하나님께서 한반도 통일을 위해서 미리 보내 주신 통일입니다. 남한에 사는 사람들은 탈북민들을 내 가족과 형제처럼 대하면서 이 땅에 잘 정착하도록 긍휼과 사랑으로 대해야 할 것입니다. 탈북민들은 이미 북한에서 살던 경험이 있는 분들이므로 장차 통일이 되면 북한 복음화를 위해서 가장 귀하게 쓰임 받을 소중한 사람들입니다. 특별히 교회에서 탈북민들을 사랑으로 품고 잘 양육하여 그들이 통일 일꾼으로 준비될 수 있도록 해야 할 것입니다.

맺는말

강석진 그러면 탈북민들이 한국에 와 있다는 사실 자체가 통일은 먼 미래의 사실이 아니라 이미 우리 가운데 통일이 다가와 있다는 말씀이시군요. 우리 안에 다가온 탈북자들을 잘 보듬고 준비하면서, 통일은 구호가 아니라 내실 있게 차분히 잘 준비해 가면 하나님의 역사하심과 인간의 최선의 노력 가운데서 통일의 그날은 마침내 오리라고 믿어집니다.

오늘 통일에 대한 귀한 말씀 주신 박성배 박사님께 감사드립니다. 다음 주에 다시 한 번 모시고 좀 더 구체적인 통일 이야기를 듣도록 하겠습니다. 주님이 주시는 평강이 극동방송 가족들에게 늘 함께 하시기를 축원합니다. 안녕히 계십시오. 감사합니다.

통일 코리아와 미션 코리아 2

강석진 한 주간도 평안하셨습니까? 〈통일을 앞당겨 주소서〉 진행을 맡은 강석진 목사입니다. 지난 시간에 이어 "한우리미션벨리" 대표이신 박성배 박사님을 다시 모시고 통일 이야기를 이어 가도록 하겠습니다. 이 시간은 우리 극동 방송에서 연중 캠페인으로 기도하는 통일 대한민국의 당위성에 대해서 알아보도록 하겠습니다.

1

강석진 박근혜 대통령께서는 어느 국제 모임에서 "한반도의 통일은 세계에도 대박이다."라고 하였는데, 선교학 박사이신 박사님께서는 왜 통일이 되어야 하며, 그 통일 대한민국이 세계 선교의 비전과는 어떤 관계가 있는지를 구체적으로 말씀 나누어 보겠습니다. 박사님은 한반도의 통일이 단순히 한반도의 정치, 지리적인 통일만이 아니라 선교사적으로도 중요한 의미가 있다고 보시는 것인지요? 통일 대한민국과 한국 교회의 세계 선교 비전에 대해 말씀해 주셨으면 합니다.

박성배 예, 지금 사회자 되시는 강석진 목사님이 중요한 질문을 해 주셨습니다. 한반도의 통일은 세계에도 대박이 될 것입니다. 그

324
통일을 앞당겨 주소서

것은 한반도가 지금 세계의 유일한 분단국가로 남아 있고, 한반도가 통일된다는 것은 마지막 냉전을 종식하는 세계사적으로 보더라도 중요하기 때문입니다. 그리고 한반도의 통일은 단순히 우리나라가 통일이 되어서 강대국이 되는 것만이 아니라 통일이 되면 통일 코리아가 세계를 향하여 선교하는 미션 코리아의 사명을 감당하는데 더 힘 있게 감당할 수 있기에 통일이 중요하다는 말입니다. 전 세계에 흩어져서 살고 있는 780만 한인들도 통일 코리아가 되면 더 힘을 받고 힘차게 세계 복음화를 위해서 사명을 감당하게 되리라 믿습니다.

2

강석진 박사님께서는 최근에 "한국인의 시대가 온다"라는 책을 집필하고 계시죠. 그러면 통일 대한민국과 관련하여 "한국인의 시대가 온다"라는 그런 내용인가요?

박성배 "한국인의 시대가 온다"라는 책을 집필하여 출간을 준비하고 있습니다. 내용은 신명기 28장 1절 말씀에 영감을 받고 1989년, 제가 영국에 선교사로 있을 때, 휴가 중이던 스위스 융프라우를 오르면서 구상하기 시작한 책입니다. 신명기 28장 1절 "네가 네 하나님 여호와의 말씀을 삼가 듣고 내가 오늘 네게 명령하는 그의 모든 명령을 지켜 행하면 네 하나님 여호와께서 너를 세계 모든 민족 위에 뛰어나게 하실 것이라."는 말씀대로 하나님을 사랑하고 하나님의 말씀에 순종하여 사는 민족이 될 때, 하나님은 우리 민족을 이스라엘 민족처럼 귀하에 들어 쓰시리라는 성경의 영감을 중심으로 역사적-선교사적 관점으로 쓴 책입니다.

1장에서는 "한국인의 시대가 온다"는 예견을 한 사람들의 이야기입니다. 우리 민족이 세계사적으로 귀하게 쓰임 받을 것이라는 말은 성경 말씀뿐만이 아니라 여러 사람들에 의해서 예견되었습니다. 타고르는 일찍이 동방의 등불이라고 하였고, 『25시』의 작가 게오르그는 한국을 동방의 진주라고 하였습니다. 하와이대 미래학자 짐데이토는 앞으로 "한국은 미래 세계의 중심 국가가 될 것이다."라고 했습니다.

2장은 우리 역사 속의 준비된 인물들을 다루었고, 3장은 세계 속의 여러 민족들 중에 우리가 통일 코리아와 미션 코리아로 나아가는 데 배워야 할 나라들을 다루었습니다. 4장은 세계를 이끌어 가는 글로벌 코리안들과 대한민국의 우수성을 다루었습니다. 그리고 마지막 5장은 통일 코리아와 미션 코리아의 비전과 꿈의 내용으로 되어 있습니다.

3

강석진 통일 대한민국이 앞으로 세계 선교에 기여하는 선교 한국이 될 때 진정으로 하나님이 기뻐하시는 세계에 기여하는 통일 대한민국이 된다는 말씀이라고 여겨집니다. 하나님은 그 시대 시대마다 한 민족들을 들어서 귀하게 사용하시는 것 같습니다. 성경에서는 이스라엘 민족을 특별히 택하여 사용하시고, 19세기에는 영국인들을 들어 사용하셨고, 20세기에는 미국인들을 들어 귀하게 사용하셨다고 봅니다. 그러한 세계 선교 역사의 맥락에서 볼 때 박박사님은 통일 대한민국이 되어야 하는 당위성이 21세기에서 통일 대한민국이 세계 선교에 어떻게 기여해야 한다고 보시는지요?

박성배 지금 우리나라가 아직은 분단되어 있고 여러 가지로 힘들고 어렵지만, 19세기에 영국 민족을 귀하게 선교민족으로 들어 쓰시고, 20세기에 미국을 세계의 강대국으로 들어 쓰시는 하나님께서 한국인도 21세기에 '세계에 우뚝 서는 민족'으로 들어 쓰시리라 믿습니다. 통일 코리아가 되어야 할 당위성은 한국 민족에게 선교의 사명이 있기에 반드시 통일이 되어야 하는 것입니다. 지금 세계는 무슬림, 테러 등 여러 가지 문제로 고통을 겪고 있습니다. 이미 70여 년의 분단의 아픔을 겪은 대한민국이 통일이 되어서 세계의 복음화를 위해서 사명을 감당해야 할 것입니다. K-POP과 김치, 드라마 등 세계는 지금 한국인들이 모든 인생 문제의 해답인 예수 그리스도의 복음을 전해 주기를 기다리고 있습니다.

4

강석진 이번에는 역사 측면에서 우리 민족의 통일에 대해 말씀을 나누어 보도록 하죠. 우리 역사에서는 신라의 삼국 통일이 있었고, 고려의 재통일이 있었습니다. 그렇다면 21세기인 지금 한반도의 통일은 어떠한 의미를 갖게 되는 것일까요?

박성배 우리 역사에서 신라의 삼국통일은 최초의 통일이었지만 불완전한 통일이었습니다. 고려의 통일도 한반도의 영토가 한반도 전체임을 다시 한 번 확인한 통일이었습니다. 이제 우리가 다시 이루어야 할 통일은 우리 역사의 회복의 차원에서도 중요합니다. 해방 70년이 지나가는 이 시점에서 한반도의 통일은 역사의 회복적 차원에서 매주 중요한 의미를 가지고 있습니다. 일제 시대에 역사 바로 세우기를 했던 단재 신채호나 박은식의 역사의식으로부터 배워야 합니다. 21세기인 지금 한반도 통일의 역사적 의미는 민족 역사의 회복이고 민족 동질성의 회복이라 볼 수 있습니다.

5

강석진 지금 우리는 모두가 통일을 향해 달려가고 있는데 우리 주변 환경은 매우 다양하고 복잡한 상황이 아닌가 싶습니다. 통일 대한민국이 되어 세계에 기여하는 선교 한국이 되어야 하는데, 박사님께서 보시기에는 우리 대한민국 내부의 통일의 걸림돌은 무엇이라고 보십니까?

박성배 통일의 가장 큰 걸림돌은 통일이 필요하지 않다고 생각하는 마음일 것입니다. 우리끼리 남한 땅에서 살기도 힘든데 무슨 통일이 필요하냐고 생각하는 의식입니다. 통일은 남과 북에도 모두 대박이 되고 유익이 된다는 마음을 갖는 것이 무엇보다 중요합니다. 또 북한의 사상에 동조하는 좌파 사상을 버려야 합니다. 좌파 사상을 갖는 것이 통일의 가장 큰 걸림돌이 될 수 있습니다.

6

강석진 오늘 박사님의 말씀을 종합해 보면, 분단된 한반도가 통일 대한민국. 선교 한국이 되어야 하는 당위성도 선교하는 대한민국이 되어서 하나님을 기쁘시게 하는 제사장 나라가 되어야 한다는 생각이 듭니다. 장차 통일 대한민국에서 선교 한국으로 이어져 가는 길로 가려면 어떠한 세부적인 단계를 거쳐서 가야 할지 그 구체적인 단계를 말씀해 주셨으면 합니다.

박성배 첫째로 온 남한의 국민들이 통일에 대한 소명을 갖는 것입니다. 통일은 반드시 되어서 한민족이 하나 되어야 한다는 소명과 역사의식을 갖는 것입니다. 그러기 위해서는 모든 국민이 하나 되는 마음을 가져야 할 것입니다. 둘째는 통일에 대한 구체적인 준비를 해 나가는 것입니다. 통일은 그냥 오지 않습니다. 독일의 통일이 오랫동안 준비하는 가운데 이루어졌습니다.

셋째는 국제적인 관계 속에서 통일의 때가 준비되도록 주변 나라들과의 외교 관계도 잘 이루어 가야 할 것입니다.

넷째는 기도하며 하나님을 신뢰하는 일입니다. 우리가 기도하면 역사의 주관자되시는 전능하신 하나님께서 분단의 장벽을 허시고 통일의 그날을 주시리라 믿습니다.

7

강석진 극동방송 가족들이 통일을 위해 기도하기 위해서는 어떤 성경 말씀을 붙잡고 기도하는 것이 좋을까요? 통일과 관련하여 평소 묵상하면서 기도하는 성경 구절이 있으면 권면해 주시죠.

박성배 바울은 에베소서 1장 10절 말씀에서 "하늘에 있는 것이나 땅에 있는 것이 다 그리스도 예수 안에서 하나로 통일 되게 하려 하심이라"고 했습니다. 이 말씀을 붙잡고 기도할 때, 예수 그리스도 안에서 하나로 통일되는 그날을 전능하신 하나님께서 주시리라 믿습니다. 또 에스겔 37장 16-17절에 보면 다음과 같이 여호와 하나님께서 말씀 하십니다.

> 인자야 너는 막대기 하나를 가져다가 그 위에 유다와 그 짝 이스라엘 자손이라 쓰고 또 다른 막대기 하나를 가지고 그 위에 에브라임의 막대기 곧 요셉과 그 짝 이스라엘 온 족속이라 쓰고 그 막대기들을 서로 합하여 하나가 되게 하라 네 손에서 둘이 하나가 되리라

에스겔 선지자를 통해서 유다와 이스라엘 민족에게 주신 말씀을 분단되어 있는 우리 민족의 하나 됨을 위한 약속의 말씀으로 붙잡

고 기도하면, 여호와 하나님께서 반드시 통일의 그날을 주실 것을 믿습니다. 한반도의 통일은 사람이 하는 것 같지만, 결국 역사를 섭리하시고 주관하시는 여호와 하나님께서 하나님의 때에 이루어 주시리라 믿습니다. 이스라엘 백성들도 70년간의 바벨론 포로 기간이 지나고 나서 그들을 돌아오게 하셨던 것처럼, 우리 민족도 해방 70년을 지나가는 이 시점에 분명 하나님은 남과 북이 하나되는 통일 대한민국을 이루어 주실 것이라 믿습니다. 그래서 통일된 대한민국은 이제 세계 속에 선교하는 선교 대한민국의 사명을 가지고 나아가게 될 것을 꿈꾸며 바라봅니다.

1945년 해방 이후 한강의 기적을 이룬 대한민국이 이제는 통일 대한민국이 되어서 대동강의 기적을 이루어 세계 속에 우뚝서는 선진 대한민국의 그날이 반드시 다가 오리라고 믿습니다. 그러한 의미에서도 북한 동포들에게 통일의 희망을 방송하고 있는 극동방송의 〈통일을 앞당겨 주소서〉 사역이 귀중한 결실을 맺기를 간절히 바랍니다.

맺는말

강석진 오늘 박성배 박사님의 말씀을 듣고 보니, 통일은 이미 우리 앞에 다가와 있고, 진행되고 있다고 봅니다. 이제 우리가 어떻게 준비하며 헌신하냐에 달려 있다고 여겨집니다. 하나님께서는 이 시대에도 예레미야를 통해 지난날 말씀하신 것처럼 우리 민족을 향해서도 말씀하고 계십니다. 예레미야 33장 2-3절 말씀입니다.

일을 행하시는 여호와, 그것을 만들며 성취하시는 여호와, 그의 이름을 여호와라 하는 이가 이와 같이 이르시도다 너는 내게 부르짖으라 내가 네게

응답하겠고 네가 알지 못하는 크고 은밀한 일을 네게 보이리라

이 말씀이 우리 민족에게 속히 이루어져서 마침내 통일을 앞당기게 되기를 간절히 기도해 봅니다. 안녕히 계십시오. 감사합니다.

송인호

프로필
- 한동대 법학부 교수, 연세대 법학박사, 변호사
- 한동대 통일과 평화연구소 부소장
- 한동대 통일한국센터 대외협력위원장
- 통일부, 법무부, 법제처 통일남북법제 관련 자문위원
- 전) 대한변협 북한이탈주민법률지원위원, 서울지방변호사회 인권위원

저서
- 『통일법 강의』 등

크리스천과 통일

통일, 내 문제인가?
남의 문제인가?

크리스천과 통일

1. 들어가며

최근 통일에 대한 관심이 많아지고 있습니다. TV, 신문에도 통일 관련 보도가 참 많은데요. 오늘 저는 여러분들과 함께 크리스천과 통일, "통일, 내 문제? 또는 남의 문제?"라는 제목을 가지고 이야기를 나눠보고자 합니다.

우선 한 가지 질문을 드려보고자 합니다. 여러분들은 통일이 언제 되길 바라시는지요? 그리고 그 이유는 무엇 때문이신가요?

이 질문에 대한 최근 어느 여론조사에 따르면 서두르기보다는 잘 준비하면서 여건이 성숙되길 기다려야 한다는 답변이 약 70% 정도였고, 가능한 빨리 통일이 되어야 한다는 답변이 약 10%, 지금 이대로가 좋다가 약 15%였습니다. 관심 없다가 약 5%였습니다.

또 왜 통일이 되어야 하는가라는 질문에 대해서는 같은 민족이기 때문에, 전쟁을 막기 위해, 남북이 공동으로 발전하기 위해 또는 북한 주민을 위해서 이런 순서로 답변이 이루어지고 있습니다.

2. 하나님 마음의 관점

그런데 만일 하나님께서 그러한 질문을 받으신다면 어떻게 대답을 하실까요? 이 질문들을 다른 각도로 보면 결국 하나님께서 남북통일을 허락하신다면 그 이유가 무엇일지에 대한 질문이라고 생각합니다.

하나님께서 단지, 남북 간에 갈라진 민족을 하나 되게 하기 위해서 남북통일을 이루어 주실까요? 독일, 오스트리아, 네덜란드, 벨기에와 같이 같은 민족이 서로 다른 나라를 이루고 사는 나라도 많은 것이 현실인데요? 아니면 통일을 통해 남북의 경제가 발전하고, 더 잘 살게 되고, 우리 민족이 세계에서 무시당하지 않는 자랑스러운 민족이 되라고 통일을 이루어 주실까요? 하나님께서 무슨 우리 민족의 수호신 정도에 불과한 분이신가요? 물론 이런 결과가 통일의 효과로 나타날 수도 있을 것입니다. 하지만, 제 생각에는 적어도 그러한 이유만으로 하나님께서 통일을 이루어 주실 것 같지는 않습니다.

하나님께서 남북통일을 허락하신다면 가장 큰 이유는 북한 주민들의 자유와 인권의 회복을 위해서라고 생각합니다. 구약에서 여호와 하나님을 설명할 때 나오는 수식어가 "과부와 고아와 나그네를 돌보시는 분"이라는 말입니다.

한 사회 공동체에서 가장 약자들을 돌보시고 관심 기울이시는 분, 그분께서 지금 이 시기에 이 한반도를 바라보시며 가장 가슴 아파하시는 대상이 있다면 그건 바로 북한 주민들, 그중에서도 우리의 상상을 초월할 정도로 핍박받고 있는 하층 주민들이 아닐까요?

참고로 북한의 역사를 살펴보면 성경의 십계명처럼 1960년대 말에 확립한 당의 유일사상체계_{유일적영도체계} 확립의 10대 원칙을 만들고 이 원칙에 따라 북한은 김일성 가계가 신적 권위를 가지고 우상화되는 3대 세습 종교적 왕조 국가가 되었습니다. 이 10대 원칙은 북한 헌법보다도 더 상위 규범이고 김일성 가계를 우상화하는 내용으로 되어 있습니다. 또한 북한은 1950년대 말부터 전체 주민들은 3계층 51개 부류로 세분화하여 배급, 거주, 진학, 취업 등 모든 분야에서 차별을 하는 신분제적 사회를 이루고 있습니다. 그리고 1990년대 고난의 행군 당시 죽어간 수많은 사람들을 대부분은 바로 그중 적대계층으로 분류된 하층민들이었습니다.

이렇게 하나님의 마음이 북한의 기층 주민들에게 있고, 통일을 허락하신다면 그 이유도 그들을 위하심이라고 할 때, 그렇다면 우리들에게 통일의 이유가 무엇이 되어야 할까요?

앞서 말씀드린 것처럼 매우 아쉽게도 2011년도 서울대 통일평화연구원에서 실시한 설문조사에서 통일의 이유로 '북한 주민'들을 위해서라고 응답한 비율은 단지 5%에 불과했습니다. 그 외에는 같은 민족, 전쟁 방지, 선진국으로 도약, 이산가족 상봉 등의 이유가 대부분이었습니다. 같은 민족이라고 하면서 북한 주민들의 그런 비참한 상태에 대한 우리 국민의 관심도가 겨우 그 정도에 불과하다면, 그 모습을 하나님께서는 어떻게 보고 계실까요?

어떤 이들은 우리의 이러한 준비 부족 때문에 하나님께서 통일을 허락하시지 않는 것이라고 설명하기도 합니다. 일리 있는 말입니다. 또한 우리의 준비의식을 강조한다는 점에서도 맞는 말이기도 합니다. 하지만, 결코 하나님의 역사는 인간의 준비 여부에 따라 달라지는 것이 아닙니다. 성경에서 "인간"이 먼저 준비를 한 후,

"자 하나님, 이제 우리가 이만큼 준비가 되었으니 역사를 이루어 주십시오." 이렇게 해서 하나님께서 "그래 알았다."라고 하시며 역사를 이루신 예를 찾기는 어렵습니다. 오히려 '그분의 계획'에 따라 부족하고 준비되지 않은 사람들을 먼저 택하시고 간난신고艱難辛苦를 겪게 하시는 등의 "연단"과 "훈련"을 통해 "준비를 시키신 후" 사용하셨습니다. 즉 "그분의 계획"과 "그분의 때"가 우선인 것입니다.

출애굽 사건만 해도 그렇습니다. 노예살이 하던 이스라엘 민족이 "자, 우리가 독립국가 건설을 위해 먼저 실력을 쌓고 준비하자." 이런 노력을 해서 준비를 완료한 후 하나님께서 보시고 "그래 준비 잘했구나. 이제 애굽에서 종살이하던 때를 벗어나 가나안으로 가도 되겠다."고 이렇게 해서 인도하셨는지요? 오히려 그 반대입니다. 그분의 때에 그분의 계획에 따라 일단 출발시키시고 광야에서의 연단을 통해 '훈련'시키셨습니다.

통일도 마찬가지일 수 있습니다. 준비의 중요성을 강조하는 것은 좋지만 준비 부족에 대한 지나친 강조는 자칫 통일 자체를 머뭇거리게 하는 저해 요인으로 작용할 수 있습니다. 여기 모이신 여러분들이 만약 하나님이라면? '30~40배나 잘사는 너희들의 몫을 떼어 굶어 죽어가고 있는 너희 형제들에게 나눠 주라.'고 강권하지 않으시겠습니까?

"너희는 왜 너희의 작은 자유와 인권이 침해되었을 때는 흥분하면서 자유와 인권이 근본적으로 침해당하고 있는 너희 형제들의 고통은 외면하며, 제한된 자유만 갖는 것도 좋으니 '전략적으로' 더 참으라고 하는가?" 이렇게 질책하지 않으시겠는지요?

아마도 하나님의 강권에 의한 통일은 북한 주민들의 고통을 남의 일이라고 생각해 온 우리들에게는 고통스러운 일이 될 수도 있습니다. 하지만 우리가 피하려고 할수록, 오히려 하나님은 우리의 사랑 없음과 무관심, 게으름과 이기심을 깨고 권징을 하시기 위해서라도 우리에게는 "고통스러운 통일" 그러나 북한 주민들에게는 적어도 지금보다는 자유와 인권이 회복되는 통일을 주실지도 모릅니다. 적어도 지금 당장 통일이 되어도 전쟁에 의한 통일이 아닌 한 북한 주민들 중 가장 핍박받고 있는 계층의 경우 굶어 죽을 걱정, 정치범 수용소로 끌려갈 걱정은 하지 않게 될 것입니다.

준비되지 않은 통일은 재앙이라는 말이 있습니다. 하지만 그 말 속에는 우리의 기존 이익을 조금도 손해 보지 않으려는 그런 이기심이 있는 것은 아닐까요?

자, 어떻게 하시겠습니까? "내 일"이 아니라는 이유로 무관심하게 방치하시겠습니까? "준비 부족"을 이유로 더 잘 준비한 후에 통일이 오게 해 달라고 하나님께 천천히 통일을 이루어달라고 '지연'을 부탁하시겠습니까?

아니면, "예 주님, 주님의 뜻이라면 그리고 하루라도 빨리 북한 주민들의 자유와 인권이 회복되는 길이라면, 비록 우리에게 다소간 고통과 어려움이 있을 수 있지만 이를 모두 감수하겠사오니, 지금 속히 통일을 허락하소서!"라는 마음으로 나아가시겠습니까?

어떠한 마음을 하나님께서 더 기뻐하실까요? 하나님의 마음이 어디에 계실까요? 오히려 우리가 그러한 마음으로 간절히 기도하며 나아갈 때 "먼저 그의 나라와 의를 구하라 그리하면 모든 것을 더하시리라."는 말씀처럼 통일 과정에서 그리고 통일 후의 혼란까지도 하나님께서 책임져 주시지 않을까요?

물론 말은 쉽지만 행동은 어려운 일입니다. 우리 경제 사정도 어렵고 내 가정도 어려운데 또 우리가 어떻게 북한 주민까지 책임진다는 말입니까? 하지만 적어도 크리스천이라면, 우리의 힘으로는 이렇게 고통과 어려움을 감수하겠다는 기도조차도 감히 입 밖에 낼 능력도 마음도 부족하지만 성령님의 강권하심과 인도하심을 구하며 적어도 기도라도 그렇게 해야 하지 않겠는지요?

하나님의 마음을 품고 말입니다.

이것이 바로 잠언 24장 11-12절에서 "너는 사망으로 끌려가는 자를 건져 주며 살륙을 당하게 된 자를 구원하지 아니하려고 하지 말라 네가 말하기를 나는 그것을 알지 못하였노라 할지라도 마음을 저울질 하시는 이가 어찌 통찰하지 못하시겠으며 네 영혼을 지키시는 이가 어찌 알지 못하시겠느냐 그가 각 사람의 행위대로 보응하시리라."라는 말씀을 통해 우리에게 보여 주시는 통일을 향한 하나님의 마음이라고 생각합니다.

이 말씀은 우리가 살고 있는 이곳에서는 은유적인 표현일 수 있지만 북한에서는 문자 그대로의 의미인 이 말씀을 통해 북한 문제를 남의 문제로 보는 우리 모두에게 엄중히 경고하고 계시는 하나님의 말씀이라고 생각합니다.

3. 인간의 마음의 관점

지금까지 이러한 하나님의 마음과 통일을 향한 크리스천의 자세에 대해 말씀드렸지만, 비단 이러한 크리스천의 마음이 아니라 인간적으로 생각을 해도 통일은 지금 우리 대한민국이 처한 상황에서 공멸과 파국을 피하기 위한 유일한 대안임을 냉철한 이성으로 인식할 필요가 있습니다.

다시 말하면 통일은 해도 되고 안 해도 되는 선택이 아니라 공멸을 피하기 위한 필수적인 유일한 대안인 것입니다.

먼저 국내적인 관점에서 살펴볼 때 실업 문제를 포함한 경제적 어려움은 앞으로 10-20년 더 지속될 가능성이 매우 높습니다. 왜냐하면 바로 출산율 저하로 인한 인구감소 때문입니다. 출산율 저하로 인해 앞으로 10년 내에 대학지원자의 수가 현재의 절반으로 줄어듭니다.

다시 말씀드리면 20대의 인구가 지금의 절반 가까이 줄어들게 되고 이는 주요 소비계층이 절반으로 줄어든다는 말이 됩니다_{스마트폰 소비계층, 신혼집 등}. 이렇게 되면 결국 내수시장이 매우 축소되고 이로 인한 기업의 채용 인원 또한 줄어들고 결국 경제를 침체시키는 한 요인으로 작용할 가능성이 매우 높습니다. 생산 가능 인구의 급감이 우리 경제에 미칠 영향은 이미 단기간에 돌이킬 수 없는 상황입니다.

이러한 국내 경제적 측면뿐만 아니라 동북아시아의 평화의 관점에서도 통일이 유일한 대안입니다. 만일 지금과 같이 북한이 빈곤국가 독재국가의 상태가 지속되면서 핵개발을 계속하게 되면 그리고 북한에 대한 중국의 영향력이 점점 더 강해지게 되면, 일본은 이에 대응해서 계속 군사력을 강화할 것입니다. 이미 아시다시피 중국과 일본은 현재도 센카쿠 열도, 댜오위다오 문제로 영토분쟁 중입니다.

역사를 살펴보면 한반도가 역사적으로 안정화되지 못했을 때 중국, 러시아 그리고 일본의 대립 가운데 전쟁을 비롯한 갈등으로 인한 피해를 당해 왔습니다. 가까운 과거사를 보더라도 청일전쟁, 러일전쟁이 한반도 내에서 있었습니다. 당시 조선은 중립국임을 선포했지만 약소국의 중립 선포는 아무도 귀를 기울여 주지 않았습니다.

또 과거로 거슬러 가면 임진왜란 당시 국력이 약해진 조선에 대해 명나라를 치러가니 길을 빌려달라는 명목으로 일본이 쳐들어와서 결국 명나라와 일본이 이 땅에서 전쟁을 벌였습니다. 고려시대도 마찬가지였습니다. 몽골에 의해 지배되던 고려는 몽골과 함께 원치 않던 일본 원정을 함께 떠나야 했었습니다.

지금도 마찬가지입니다. 한반도의 지정학적 위치상 통일이 이루어지고 한반도가 어느 정도 국력을 갖추고 안정화되지 못하는 이상 동북아시아는 늘 불안할 수밖에 없습니다. 이런 측면에서 남북통일은 한반도의 우리 민족만을 위한 것이 아니라 중국, 일본, 러시아를 포함한 동북아의 평화를 위해서도 반드시 필요합니다.

자 이렇게 앞으로 10-20년 내에 통일이 안되면 남한은 남한대로 성장 동력을 잃고 인구가 감소하는 쇠퇴하는 나라가 될 것이고, 북한은 지금과 같이 지구상에서 가장 비참한 억압국가로 남게 될 것입니다. 그리고 이렇게 약해진 남북한을 두고 중국과 일본은 또다시 경쟁을 하게 될 것입니다. 100여 년 전 구한말의 역사가 되풀이 될 수 있는 것입니다.

즉 다시 한 번 강조해서 말씀드리지만 통일은 이제 대박을 위한 선택이 아니라 생존을 위한 유일한 희망인 것입니다. 물론 통일 과정도 그렇고 통일 이후 여러 과제는 결코 쉬운 일이 아닙니다. 하지만 앞서 말씀드린 것처럼 그나마 통일이라는 변수가 해결의 실마리가 될 수 있는 가능성이라도 제공해 주고 있다고 보아야 할 것입니다.

북한의 사회·경제적 상황이 남한의 1960년대 초반 수준에 불과하기 때문에 통일 과정에서 또한 통일 후 북한 측에서 필요한 분야는 정말 무궁무진할 것입니다. 따라서 이제는 급속한 통일이든, 점진적 통일이든 상관없이 이제는 통일에 대한 사명감을 갖춘 사람들에게 북한의 사회·문화에 대해 가르치고, 그들과 어떻게 어울리며 민주주의, 법치주의, 시장경제, 의료, 건축, 법제 등을 필요한 전문 지식들을 전할 것인지 학습하게 해야 합니다.

이제는 정부나 정치권 뿐 만 아니라 민간의 영역에서도 마치 조선시대 의병이 된 심정으로 정부가 하지 못하는 분야 또는 준비가 부족한 분야에 대해서는 내가 준비해야겠다는 각오로 준비할 필요가 있습니다. 이제는 임진왜란 직전 율곡 이이가 주장한 10만 양병설과 같이 통일을 준비하는 10만 명의 전문 인력, 지원 인력을 준비해야 할 시기이며, 바로 그 성패에 통일의 성패가 달려 있다고 할 수 있습니다.

4. 통일 문제를 바라보는 관점

통일 문제는 각자의 가치관에 따라 갈등이 매우 큰 분야이기도 합니다. 크리스천도 마찬가지입니다. 크리스천의 경우, 이 문제를 바라봄에 있어서 십자가의 관점, 즉 사랑과 공의의 관점에서 바라보아야 한다고 생각합니다.

십자가 사건은 하나님의 사랑과 공의가 함께 나타난 사건입니다. 죄에 대해 무섭도록 철저하신 하나님의 공의와 지극하신 인간에 대한 사랑이 독생자의 대속이라는 십자가 사건으로 나타난 것입니다. 이러한 십자가의 관점 중에 우선 사랑 관점에서 앞서 말씀 드렸듯이 북한 주민들 특히 체제의 구조적인 억압체제 하에서 핍박받아 온 북한 기층 주민들에 대한 애통한 마음, 십자가 사랑과 복음에 빚진 자, 먼저 용서받은 자로서의 섬김이 있어야 합니다.

또한 공의의 관점에서 바라볼 때 북한에서 지난 수십 년간 발생한 극도의 인권 유린 체제에 대해서 잘못되었다고 단호하게 그 문제점을 지적할 줄 알아야 합니다.

이 문제를 남북한 상호간의 용서와 관용의 관점으로만 접근해서는 안 되는 이유는 북한에서 자행되어 온 체제불법적 인권 유린 문제의 피해자가 현재 남한에서 살아가는 우리가 아니라 천만 명 이상의 북한 기준 하층 주민들이기 때문입니다. 이러한 북한 내의 계급간의 갈등을 생각해 보면 통일 후 남북한의 갈등보다 북북 갈등이 더 클 수 있습니다. 용서와 화해도 중요하나 내가 피해자가 아니어서 쉽게 할 수 있는 용서와 화해의 주장 또는 피해자의 목소리가 배제된 화해의 주장은 또 하나의 가해 행위가 될 수 있으며 사회 갈등을 증폭시킬 수 있음을 유의해야 합니다. 자칫 통일 자체를 지상 목표로 한 나머지 이 문제를 간과하고 넘어간다면 통일 후 사회통합에서 가장 중요한 북한 일반 주민들의 마음을 얻지 못할 수도 있습니다. 즉 이제는 통일을 통한 '사랑'의 실천뿐만 아니라 '공의_{정의}'의 실현에 대해서도 고민해야 합니다.

이러한 십자가의 공의의 측면이 그동안 기독교 통일 운동 가운데 그다지 논의되지 못한 것이 사실입니다. 하지만 악인에게 그 악행에서 돌이키라고 이야기해 줄 책임을 우리에게 부여하고 계시며_{겔 3:18} 그 이유가 악인을 정죄하고 벌하기 위해서가 아니라 돌이켜 회개하고 구원받게 하시기 위하심이라는 말씀_{겔 18:32}에 비추어 볼 때 북한에서 벌어진 인권 유린의 핵심 가해자들의 반성과 돌이킴, 구원을 위해서라도 증오와 분노의 마음이 아니라 사랑의 마음으로 통일을 통한 공의의 실현에 대해 관심을 가질 필요가 있습니다.

특히 이 문제가 통일 과정에서 자칫 피해자가 상대적으로 소수라는 이유 또는 경제적인 이유로 간과되거나 반대로 응보적 관점으로 치우칠 수 있기 때문에 크리스천들이 인권 유린 피해자들의 아픔에 깊이 공감하고 치유와 회복, 정의실현의 목소리를 내야함과 동시에 이들의 아픔이 극단적인 분노와 증오, 복수로 이어지지 않도록 지혜로운 해결책을 강구해야 합니다. 즉, 사랑과 공의의 균형 있는 마음으로 이 문제를 주도적으로 해결할 필요가 있습니다.

이렇게 사랑과 공의의 십자가 관점에서 북한과 통일 문제를 바라 볼 때 적어도 크리스천 사이에서는 불필요한 갈등이 사라지고 서로의 역할을 인정하며 북한 주민들의 자유와 인권, 복음전파를 위해 하나 된 마음으로 나아갈 수 있을 것이라 생각합니다.

5. 결론

제가 수업 중에 학생들에게 종종 우리 크리스천에게는 세 가지 소명이 있다고 말해 줍니다.

먼저 그리스도인으로서 하나님을 사랑하고 이웃을 내 몸과 같이 사랑하는 제1차적 보편적 소명 그리고 각자에게 받은 달란트대로 특유하게 주어진 2차적 소명 그리고 이 시대에 공동체적으로 부여받은 3차적 소명이 그것입니다.

역사를 바라보거나 성경을 살펴볼 때도 각 시대를 살아가는 각 세대generation에게 시대적 소명이 있었음을 알 수 있습니다. 출애굽 세대에게는 애굽에서 탈출하여 가나안으로 나아가는 소명이 있었고, 여호수아로 대표되는 여호수아 세대의 경우 가나안 땅에서 새로운 국가를 건설하는 소명이 있었습니다. 그리고 각 세대가 각자에게 맡겨진 소명을 잘 감당했는지에 따라 그 후대의 삶에 큰 영향을 미치게 된 것을 알 수 있습니다.

잠시 우리나라의 지난 100여 년간을 생각해 봅니다. 참으로 마음이 아픕니다. 눈물이 납니다. 억압된 시절인 일제시대, 민족의 비극인 분단과 전쟁, 가난의 고통을 극복하기 위한 눈물겨운 노력, 자유를 찾기 위한 처절한 몸부림…. 참으로 우리의 할아버지, 할머니, 아버지, 어머니 그리고 형, 누님들…. 우리의 선배 세대들은 너무도 많은 시대적 아픔들을 온몸으로 품어 안으며, 때론 가슴깊이 묻으며 그 시대를 치열하게 살아오셨습니다. 그리고 그분들의 그런 사랑과 노력 덕분에 오늘의 우리나라가 있고 우리들이 있습니다. 여러분을 포함한 우리 세대는 바로 우리 윗세대들에게 정말 다 갚을 수 없는 시대적인 빚을 진 자입니다. 그리고 '자유'와 '풍요'의 빚진 자로서 우리 세대에게 맡겨진 공동체적 시대적 소명은 바로 통일을 준비하고 통일 이후의 우리나라를 하나님의 '사랑'과 '공의'가 살아 움직이는 나라로 만드는 일이라고 생각합니다.

제가 몇 년 전 통일법제 리서치를 위해 독일을 방문했을 때 통일 후유증을 묻는 제 질문에 대해서는 어느 전문가는 이렇게 이야기했습니다. "분단국에서 일시적인 경제적 번영과 안정만이 최고의 가치일 수는 없으며 통일은 경제 이전의 자유, 인권에 관한 문제로 미래 세대를 위한 결단이다."라고 말입니다.

맞습니다. 통일은 철저히 미래 세대를 위한 결단입니다. 독일도 통일 후 10년 정도 경제적으로 어려웠던 것처럼 남북통일 후 한동안은 경제·사회적으로 혼란스러울 수 있습니다. 하지만 그 이후의 미래 세대를 생각한다면 이야기가 달라집니다. 그들이 살아갈 나라는 지금과는 많이 다를 것입니다. 그리고 바로 우리들의 미래 세대를 위해 우리가 그 혼란을 참고 견뎌내야 하는 것입니다.

부모된 분들은 아실 것입니다. 여러분의 부모님이 여러분들을 이렇게 키우시기 위해 얼마나 고생하셨는지? 그리고 여러분들이 지금 왜 무엇을 위해 수고하고 희생하고 계시는지 말입니다. 예, 그렇습니다. 바로 아이들 때문입니다. 그렇다면 앞으로 내 아이에게 어떤 나라를 물려주고 싶으신지요?

내부적으로 끊임없는 갈등과 혼란 속에서 경제적으로 위축되고 중국과 일본의 틈바구니에서 위축된 나라를 물려주고 싶으십니까? 아니면 이제는 한반도뿐만 아니라 전 세계에 '인간의 존엄과 가치', '자유와 풍요', '사랑과 공의'를 전하며, "복음 전파"와 "세계 평화"의 새로운 글로벌 패러다임의 전환을 불러일으키는 이웃 나라를 섬기는 모범 국가를 물려주고 싶으십니까?

남북통일은 단순히 남북 간의 문제가 아니며, 현재 세계에서 발생하는 문제의 총화로써 이 문제를 우리가 하나님께서 주시는 힘과 지혜로 어떻게 해결하느냐에 따라 앞으로 수백 년간 지속될 수 있는 하나님의 세계 역사 운행에 참여할 수도 있습니다. 마치 정도전의 유교 사상이 조선왕조 500년의 사상적 기반이 되었고 민주주의, 법치주의 사상으로 건립된 미국이 이후 200여 년간 그러한 사상의 세계 전파에 기여했듯이 21세기 세계사적인 사건이 될 남북통일을 우리가 어떠한 사상으로 어떻게 이루어 가고 새로운 국가를 수립하는지에 따라 하나님께서 인도하시는 세계사의 패러다임 변화에 참여할 수도 있는 것입니다.

이렇게 통일은 남의 문제가 아니라 '죽을 자리로 끌려가는 사람을 구하라.'는 하나님의 엄중한 명령, 공동체로서의 시대적 소명에 순종해야 하는 내 문제이며, 앞으로 사랑하는 내 아이가 살아갈 나라, 내 아이의 나라를 위한 바로 내 문제이자 하나님께서 인도하시는 세계 역사의 패러다임 변화에 참여할 수 있는 영광된 길인 것입니다.

이 글이 이러한 통일의 의미에 대해 더 깊이 묵상하는 기회가 되길 소망하며 마치겠습니다.

강석진

프로필
- 건국대 농대 임학과
- 성균관대 무역대학원
- 백석대 신대원
- 한국관세무역연구원
- JC's Reach—out Foundation director (미)
- 극동방송 방송설교 사역 (제주, 영동)
- 충주 양의문교회 선교 담당
- 북한 선교 사역 (1991–현재)

저서
- 『오래된 소원』(홍성사)
- 『북녘 남은 자들의 외침』(근간, 예영커뮤니케이션)

북한 지하 성도의 신앙과 선교전략

북한 지하 성도의 신앙과 선교전략

> 여호와께서 사람들을 멀리 옮기셔서 이 땅 가운데 황폐한 곳이 많을 때까
> 지니라 그중에 십분의 일이 아직 남아 있을지라도 이것도 황폐하게 될 것
> 이나 밤나무와 상수리나무가 베임을 당하여도 그 그루터기는 남아 있는
> 것 같이 거룩한 씨가 이 땅의 그루터기니라 하시더라(사 6:12–13).

들어가는 말

금년 들어 한국 교회도 해방과 분단의 역사와 더불어 70년이 되었다. 70년이 이스라엘 민족이 바벨론 포로에서 돌아와 성전을 재건하며 신앙을 회복하였던 것처럼 어느 때보다 한국 교회도 나라의 통일과 교회 회복에 관심을 가지고 북한의 무너진 재단을 재건하기 위한 많은 기도 모임과 관련된 행사를 하며 그 나름대로 준비를 하고 있다.

1945년 한반도의 분단과 더불어 이북 지역의 공산화는 바로 그 지역의 교회의 훼멸로 이어지고 기독교인들은 온갖 핍박과 수난을 당하면서 그 땅에서는 지상의 모든 교회들은 사라지고 극소수의 일부 신앙인들은 로마의 카타콤부의 기독교도들처럼 지하화되었

다. 북한은 세계에서 가장 폐쇄적이며 독재화한 체제에서 오직 수령유일 체제만을 유지하기 위해 기독교인들의 종교 활동은 원천적으로 차단하고 기독교인들을 발본색원하여 왔다.

그러나 그 땅에 남아 있는 남은 자들이라 할 수 있는 그루터기 신앙인들은 산 순교자로서 신앙을 지키며 통일의 날과 그 땅에 다시 교회가 세워질 날을 소망하며 신앙을 지켜 가고 있다. 폐쇄적인 북한 공산체제로 북한의 기독교인들의 존재 여부와 그 신앙의 모습을 공개적으로 확인할 수 없는 특수성으로 그들의 신앙의 모습은 단지 상상의 수준에 머물러 왔다. 김일성 사후 탈북자들을 통해 또는 북한과 접경하는 중국의 변방을 통해 북한의 지하 성도들의 신뢰할 만한 그들의 존재와 활동이 조금씩 알려지며 구체적인 증거들이 드러나게 되면서 북한에 남아 있는 지하 성도들의 실체가 조금씩 알려지게 되었다.

필자도 북한과 접경하는 지역에서 20여 년 이상 사역을 하는 가운데에 그들의 존재와 신앙의 실체를 확인하게 되었으며 결국은 어렵게 그들과 접촉하게 되어 간접적인 교류와 지원을 하게 되었다. 이는 하나님께서 친히 택하신 남은 자들을 향한 하나님의 관여하심과 인도하심의 증거이며 장차 이들을 통해 장망성 같은 그곳에 회복하심과 부흥의 역사를 준비하시며 운행하시고 있음을 보여주는 증거들이었다. 이에 필자는 이 지면을 통해 북한 성도들의 신앙과 순교의 사례를 소개함으로 분단과 공산 치하에서 면면히 흘러온 북한의 속사도행전의 역사를 소개하고자 한다.

아울러 지금의 분단되고 경직된 남북 관계 하에서도 한국 교회가 고난 중에 있는 북한의 성도들을 힘써 도우며 저들의 마음을 보듬어 줄 수 있는 현실적인 북한 선교의 전략을 제시한다.

1. 북한 암흑기와 남은 자(Remnants)들의 신앙

북한은 지역적으로나 교회사적으로 볼 때 새로운 선교지는 결코 아니다. 그곳은 이미 1866년 8월, 평양 대동강 양각도에서 토마스 선교사의 거룩한 피 뿌림이 있었고 그 토대 위에 1894년, 널다리꼴 교회가 평양 외각에 세워졌고 1903년에 장대현교회로 개명하여 평양 중심에 장대재라는 언덕 위에 세워진 것이며, 1907년 평양대흥 운동이 그 교회를 통하여 발흥하여 이북 지역과 이남 지역에도 상당한 복음의 역사를 일으킨 것을 한국 교회사를 통해 읽을 수 있다.

불행하게도 그 지역의 공산화로 이북지방에 유형교회가 사라진 것이지 그곳의 신앙인들이 사라진 것도 아니며 교회도 사라진 것이 아니다. 환난과 핍박 속에서도 그들은 끊임 없이 신앙을 지키기 위해 순교의 제물로 기꺼이 바쳐진 가운데 70여 년의 북한 교회의 역사의 맥을 이어 오고 있다. 불원간에 지금의 북한 공산체제가 무너지고 통일이 오면 그들이 반세기 이상 정결한 신앙을 지켜온 북한의 교회 역사가 드러날 것이다.

아래의 기사들은 북한을 출입하면서 사역하는 탈북자 출신의 사역자들과 조선족 교회 사역자들이 전해 준 자료와 더불어 필자가 직접 겪은 실화 자료들을 소개한다.

사례 1: 북한의 스테반 집사의 순교

북한 양강도 모 지역에서 은밀히 전도활동을 하다 체포된 어느 청년은 가혹한 심문과 고문을 받고 사형장으로 끌려가기 직전 보위부원은 지하 성도에게 "마지막으로 할 말이 없는가?"라고 묻자,

그 성도는 "하나님 아버지의 크나큰 사랑을 받으며 너무도 즐겁고 행복한 나날의 34년을 살아온 내가 이 젊은 나이에 예수님이 그리스도라는 사실을 많은 사람들에게 전파하지 못하고 양심 없이 벌써 천국에 가는 것이 죄송스러울 뿐이다."라고 태연자약하게 고백하자, 이 말에 악에 받친 형리는 치를 떨면서 쇠몽둥이를 들어 사정없이 내리쳐서 온 몸에 유혈로 낭자하게 되었다. 그는 결국 산송장이 되어 의식이 잃은 채 사형장으로 끌려가서 처형을 당하여 그 땅에 순교의 제물로 드려졌다.

사례 2: 영안을 소유한 성도의 순교

지하 성도로서 헌신적으로 신앙생활을 해 오던 어느 자매가 이웃의 밀고로 되어 체포되어 잔인한 고문과 심문을 받았다. 그녀는 심문관에게 "나를 이같이 지속적으로 심문하여도 내가 할 말은 오직 예수님은 그리스도로 이 나라 조선을 구원할 분이시다 라는 말밖에 할 말이 없다. 너희들도 마음의 눈을 열어 예수님을 바라보라!"고 당당히 말하자 악에 받친 그 심문관은 "어디, 네년이 네가 좋아하는 예수를 얼마나 잘 바라보는지 보자!" 며 철필 끝으로 그의 두 눈을 찌르자 두 눈에서 피 먹물이 흘러내렸다.

그녀는 눈을 들어 하늘을 우러러 보며 "하나님 아버지는 육신의 눈으로 바라보는 것이 아니라 믿음의 눈으로 바라보는 것이다."라고 외치며 "너희들이 나의 육신의 눈은 멀게 했으나 하나님 아버지께서 나에게 너희들이 모르는 새로운 눈을 주셨다."라며 감사의 기도를 올린 후 그녀 역시 사도바울처럼 거룩한 관제와 같이 순교의 피를 흘렸다.

사례 3: 신의주 제1교회 성도의 꿈

신의주 제2교회의 목사님이었던 한경직 목사님께서 해방 후 공산화가 이루어지자 이남으로 교인들과 함께 피난을 올 때에 데리고 오지 못한 보린원 고아원의 한 여자 아이가_{당시 10여세} 있었는데, 그 여자가 살아 있는지 확인해 달라는 부탁을 93년도에 받은 적이 있다. 그 사람을 찾는 과정에서 신의주 지역에 팔순의 연로한 기독교인을 찾아내었다. 그 노인을 만나러 신의주에 들어간 조선족 무역회사 사장에게 그 노인은 자신이 50여 년 가까이 보관해 두었던 보따리를 꺼내어 자신이 다녔던 교회의 사진과 증거물들을 보여주면서 자신과 자녀들과 공산화되기 전에 함께 신앙생활했던 그들이 변함없이 신앙생활을 하고 있으며, 일부 노인들은 주일이 되면 정해진 시간에 맞추어서 자신들이 다녔던 교회의 마당을 돌면서 침묵으로 예배를 드린다며 그들의 신앙생활에 대해 알려 주었다. 그 노 성도는 중국에서 온 조선족 사장에게 다음에 다시 올 때에는 공산화될 때에 남쪽으로 내려간 교인들이 통일을 대비하여 교회재건을 위한 계획이 있는지 알아봐 달라고 하였고 한경직 목사님이 살아 계시다는 증거를 가지고 오라는 부탁을 하였다.

사례 3: 평양장대현교회의 4대째 신앙인

1907년, 평양의 중앙교회인 장대현교회는 한국 교회의 대부흥운동의 발원지가 되었던 사실을 우리의 교회사가 증언하고 있다. 그 장대현교회에 장로직에 있었던 어느 장로의 후손은 4대를 이어 신앙생활을 하고 있으며 그 조직을 이끌어 가고 있음이 2005년에 확인된 바 있다. 평양의 4대째 기독교인의 자녀가 결혼을 한다고 하여 필자는 20여 년 전에 결혼할 당시 혼수예단으로 아내에게 주었던 예단의 양복지와 한복 비단원단을 북한의 인편을 통해 보낸 바 있었다.

평양의 기독교인들은 해방이 되는 해에 이북 지역에 김일성 공산정권이 세워지므로 그곳의 신앙인들이 많은 수난과 핍박을 받았다. 평양에도 빨갱이 공산 청년들에 의해 많은 기독교인들이 마을 인민재판에 의해 처형을 당하기도 하였다. 그때에 2대째 장대현교회의 장로였던 그가 이들에 의해서 마을 사람들이 앞에서 잔인하게 처형을 당하였다. 그 장로에게는 그 당시 아들이 하나 있었는데 같은 교회를 다녔던 교인들이 그 아이에게도 해가 미칠 것 같아 피신을 시켰고 그 소년을 돌보아 주었다고 한다. 전쟁이 끝난 후 북한 전역에 호적이 다시 만들어질 때에 그를 보호하였던 성도가 자신의 호적에 입적을 시켰고 나중에는 장성하여 대학을 나오고 사법부에 관리가 되었다고 한다. 그 양아버지는 그 아들에게 성년이 된 후에 신앙을 가르쳤고 자신이 다녔던 장대현교회의 자료들과 성경까지 전해 주었다고 한다. 그 또한 장성하여 그 자식에게도 신앙을 가르쳤고 그 아들이 대학을 졸업 후에 어느 당 기관에서 일하면서 결혼을 하게 된 것이었다. 북한의 신앙인들은 감시와 핍박 속에서 이처럼 100여 년의 신앙을 이어가고 있다. 필자로서는 장롱 속에 20년 이상 묵혀 두었던 남한 목사의 결혼 예단품이 평양의 4대째 기독교인의 결혼 혼례품으로 전해졌다는 일이 너무도 신비하고 의미 있는 일이었다고 생각한다.

사례 4: 장성 출신의 3대 개독교인

북한을 출입하면서 무역을 하는 어느 중국인 사장을 몇 년 전부터 알고 지내고 있었다. 2003년, 그가 어느 날 갑자기 만나자고 하여 그의 사무실을 방문하였다. 자기도 하나님을 믿고 있다며 북조선에 잘 아는 노인이 있는데 그분이 하나님을 믿는 분이라는 것이다. 그 사람은 현재 퇴역한 장성 출신으로 70대로서 지하 교회를 이끌고 있다는 것이다. 북한의 현실로는 도저히 이해할 수 없는 이야기였다. 그 사장은 북한 노인에게 자신이 한국 목사를 알고 있다고 전했더니 그 또한 믿을 수 없는 일이라며 그 목사님이 조선족 목사가 아니고 정말 한국 목사라면 나의 여권을 복사하여 준다면 믿겠다는 것이었다.

나로서는 매우 곤란한 요청이었으나, 그 노 성도에게 신뢰를 주기 위해서는 그 방법 밖에 없다고 판단되어 나의 여권을 복사하여 보내 주었다. 얼마 후에 그 북한의 노인 성도는 나에 대한 확신이 되었는지 자신의 이력과 가족관계와 신앙의 내력을 매우 상세하게 소개하였다. 그분은 외할아버지가 황해도 개성에서 목사님이었고, 자신도 그 영향을 받아 신앙생활을 하였다는 것이었다. 그가 보배로 보관하는 것이 그 할아버지가 평생 보아 왔던 그 성경을 지금도 사용하고 있다는 것이다.

그 후 그는 그 지역의 지하 교회의 회원들의 명단과 어떻게 예배를 드리는지와 신앙생활을 어떻게 하는지에 대해 상세히 적은 편지를 보내 주었다. 그는 계속적으로 편지를 그 인편을 통해 보내왔다. 그 편지 봉투에는 "고려 기독교 00교회"라고 적혀 있었다. 그들의 신앙생활은 눈물겨웠다. 그 성도의 편지의 내용 일부이다.

주 안에 계시는 성도님께 드립니다.
만복의 근원이시며 태초에 천지를 창조하신 하나님께 감사드립니다.

보내어 주신 편지를 ㅇㅇㅇ 선생님을 통하여 받는 순간 지난 성도님을 만난 것과 같은 심정으로 눈물을 흘리면서 읽어 보았습니다. 하나님 아버지께서는 저희들을 만세 전부터 택하사 아버지의 백성으로 삼아 주시며 저희들에게 풍성한 은혜를 베풀어 주심으로서 아무런 환난과 질병 없이 영육에 건강함을 주신 은혜에 감사하며 기도드리옵니다.

큰 재앙을 받고 있는 북조선 땅에서 믿음을 간직하게 하여 주시며 신앙생활을 할 수 있게 하여 주시는 은혜 더욱 감사합니다. 이 땅에서도 어서 속히 복음이 전파되어야 잠자는 신도들이 깨어 일어나 찬미 소리가 꽃동산에 울려 퍼지며 사랑과 평화로운 사회로 신부 단장하는 시간이 이루어질 것입니다! 아멘! 저희들은 이 날을 기다리며 열심히 기도하고 있습니다.

그 북한 성도님이 가장 힘쓰는 것은 전도와 양육과 가난한 성도들을 공궤하는 일이었고 부모 없이 거리에 버려진 아이들을 돌보는 일이었다. 그 성도님의 편지 내용 가운데에는 다음과 같은 소원이 있었다.

내 남은 생애에 단 한번이라도 예배당에 들어가 하나님 앞에 예배드리는 것이 저의 마지막 소원입니다.

사례 5: 평양 칠골교회 출신 성도 증언

2002년 단동에서 60대 초반의 한 북한 할머니를 지인을 통해 알게 되었다. 그분은 의사였고 인텔리였다. 성경과 찬송에 대해서는 상당한 수준에 도달되어 있는 기독교인이었다. 그녀는 그 지역의 조선족 환자들에게 침술과 의술을 행하면서 돈벌이를 하기도 하였다. 그와 몇 개월에 걸쳐서 개인적인 친분을 갖게 되었고 그로부터 자신의 신앙생활과 평양의 지하 교회에 대한 상세한 이야기를 듣게 되었다. 그와 평양에서 함께 신앙생활을 하는 연로한 노인과 영락교회에 평양 출신의 어느 권사와는 어린 시절에 같은 교회를 다녔던 오랜 친구였음이 밝혀지기도 하였다. 영락교회 모권사가 어린 시절 사진을 나에게 보여 주면서 그 사진을 평양에 그 연로한 성도에게 전해 달라고 하여 인편을 통해 전해 준 결과 그 사진 속에 여러 사람의 이름까지 알려 주었으며 편지도 보내온 적이 있었다. 해방 전에 같은 교회 주일학교 출신이었던 그들이 60여 년 만에 서로의 생사를 확인한 것이다.

그 의사는 현직에서 물러나 중국 친척을 방문하러 왔다가 단동에 조선족 교회가 있다는 점을 알고 그 교회의 집사와 접촉하게 되었고 그들을 통해 한국 선교사 여러 명과도 사적인 교류를 갖게 되었다. 그 의사 할머니는 어린 시절 평양의 칠골교회를 다녔고 그의 어머니는 이화여전의 의학부를 다녔던 지식인이고 몇 대째 내려온 기독교인으로서 칠골교회에서 풍금을 반주하였으며 강양욱 목사와도 개인적으로 친분관계가 있어서 공산화된 이후에도 강 목사에게서 본인이 세례를 받았다는 믿기 어려운 이야기를 들었다.

매우 놀라운 사실은 자신이 수십 년간 지하 교회의 성도로서 신앙생활을 해 왔는데 자신에게 신앙을 가르치고 예배를 인도하는 지도자가 평양의과대학의 교수였고, 그 의사는 김일성의 주치의였다는 것이다. 그 교수 출신 의사는 6·25전쟁 때 납북되었는데 해방 전에 주기철 목사가 마산 문창교회에서 목회할 때 그 교회에서 신앙생활을 한 신실한 기독교인이었다는 것이다. 그가 납북되어 온 이후에 그를 중심으로 하여 의사 기독교인들이 모여서 은밀하게 예배와 성경공부를 하였으며 교회의 조직을 구성하여 운영하여 왔다는 것이다. 과연 그런 이야기가 가능한 것인가 의구심을 가질 수 있으나 그 여의사는 조금도 거짓이 없는 신실한 기독교인이기에 믿을 수밖에 없는 것이다.

그 의사는 중국 비자 기간이 만기가 되어 북한으로 돌아간 후에 신의주에 와서 내게 여러 차례에 걸쳐 전화를 주었고, 12월 들어서 플라스틱으로 된 조립하는 성탄트리를 보내달라고 연락이 와서 그가 지정한 북한 트럭에 실려 보내 주었다.

그들에게는 십자가가 세워진 예배당 건물은 없지만 혹독한 시련과 감시 중에도 지금까지 그 신앙조직이 이어 내려 왔다는 사실이 기적 같기만 한 것이다. 하나님께서는 은밀한 방법으로 저들을 보호하시며 새벽이슬 같은 정결한 북한 성도들을 거룩한 씨로 그곳에 남겨 놓으시고 하나님의 때에 복음이 그 땅에 새순같이 싹트게 하여 주실 것이다.

> 그러나 내가 이스라엘 가운데에 칠천 명을 남기리니 다 바알에게 무릎을 꿇지 아니하고 다 바알에게 입맞추지 아니한 자니라(왕상 19:18).

사례 6: 자생적 기독교인들

이 사례는 월간조선 2008년 8월호에 기사화된 것으로 북한 내에는 한국의 극동방송을 통해 북한 내에 자생적으로 기독교인들과 그 조직이 형성된 실례를 보여 준 것이다. 그 기사의 일부를 발췌한 것이다.

제주도에서 송출되는 기독교 방송인 극동방송을 듣고 예수를 알고 믿게 된 평안남도 남포시 주민 102명이 2년여의 신앙생활 끝에 체포되어 한꺼번에 비밀리에 처형되거나 요덕수용소에 강제 수용된 사건이 지난 2005년 4월에 일어난 것으로 밝혀졌다.

이 같은 이야기가 야기된 것은 이 지하 교회에 출석한 한 대학생이 성경에 대해 말하는 것을 우연히 엿들은 남포시 보안서 소속의 한 안전 소조원에 의해 처음 고발된 이 사건으로 김정일에게 보고되었으며 중앙에서 정치 책임자까지 파견하여 1년여 기간에 걸쳐 비밀수사 끝에 전모가 밝혀져 관련자 102명이 모두 체포된 북한 최대의 지하 교회 사건이 되었다.

이 기독교인들은 모두 보안서 구류장에 구금되었는데 당시 이들의 두려움 없는 믿음은 보안서 사람들을 한동안 깜짝 놀라게 했다고 한다. 낮 12시가 되면 정오를 알리는 사이렌 소리가 시 전체에 울리는데 이때 감방에 있던 이들이 일제히 일어나 큰 목소리로 "주기도문"을 암송했다고 한다. 처음에는 보안원들이 소총 개머리판으로 그들을 피투성이가 되도록 두드려 팼지만 무엇으로도 이 기도를 막을 수 없었다고 한다. 102명 가운데 40명은 예수를 믿는다는 실제적 이유를 숨기고 남한 녹화물을 불법으로 시청했다는 누명을 씌워서 비밀리에 총살형에 처해졌으며 나머지 62명은 정치범수용소인 요덕 15관리소로 보내져 현재 아무도 그 생사를 알 길이 없다.

이러한 사실은 지난 10일 조선일보 기자를 만난 북한 안전부 출신인 한 탈북인[40]에 의해 처음 알려졌는데 그는 기밀 문건으로 분류된 이 사건의 보고서를 직접 열람한 적이 있으며, 상부에 업무

보고차 출장 온 남포 출신의 한 보안서 요원으로부터 이 사실을 확인했다고 한다.

이 사건의 발단은 2003년 남포시 주민인 50대의 한 남자에 의해 시작되었다. 성씨가 김 씨로만 알려진 이 남자는 우연한 기회에 극동방송의 설교를 접하게 되었는데 그 말씀들이 점차 마음에 궁금증을 키웠고 들을수록 북한에서는 들어 본 일이 없는 내용들이기 때문에 더 호기심을 가지고 경청하게 되었다고 한다. 그는 4개월 동안 청취한 방송 내용을 빠짐없이 종이에 기록하기 시작했는데 나중에 무려 700페이지에 이르는 방대한 분량이 되었다고 한다. 또 그는 성경을 구해서 기록한 내용과 비교하며 5개월간 연구한 끝에 성경책의 거의 대부분을 이해할 수 있었으며 나아가서 깊은 영적 공감을 갖게 되면서 말할 수없는 기쁨을 느꼈다고 한다. 다시 말해 큰 성령의 감동으로 예수님의 은혜를 체험할 수 있었다고 한다.

마침내 그는 믿음의 확신을 가지고 자신의 아내와 20대의 두 아들에게 그 내용을 전했다. 그리고 가까운 친척과 친구와 이웃들에게 그가 아는 성경 이야기를 전했다고 한다. 그러나 결정적인 순간까지 그는 성경이라든가 예수 그리스도의 복음이라는 이야기는 전혀 하지 않았다고 한다. 전해 들은 사람들은 "세상에 우리 앞길을 밝혀주는 이와 같은 진리가 있느냐"고 물으며 모두가 이런 진리는 처음이라고 놀라워했다고 한다. 그들은 그것이 기독교 복음인 줄 모르고 깊이 공감했던 것이다. 기독교 복음을 철학의 일종으로 전했기 때문에 사람들은 부담 없이 접했고 받아들인 것이다. 복음에 공감하고 감동을 받은 사람들이 다시 복음을 전하면서 몇 달 사이에 기독교인들이 무려 50여 명을 넘어섰다.

그 무렵에 그 남자는 자신이 말하는 것이 바로 성경임을 고백했는데, 이미 깊이 하나님의 은혜에 젖은 그들은 공개 총살까지 몰고 올 무서운 성경이라는 사실에도 그 신앙을 포기하지 않았다고 한다. 이미 그들은 사도행전에 나온 초대교회 사람들처럼 서로 돕고 의지하고 서로 나누는 믿음의 공동체를 이루고 있었다고 한다. 그리고 그는 방송 청취 시설을 대담하게 설치하고 극동방송을 함께 들었다고 한다. 이것은 엄청난 파문과 파급 효과를 가져왔고 마침내 지하교인이 100여 명을 넘어서게 했다. 전도자도, 목회자도 없었지만 믿음을 가진 한 성도에 의해 인도된 이 모임은 진정한 교회의 역할을 다했으며 교회의 전통이 끊어진 북한지하 교회를 다시 회복시키는 한 전형적 모델이라 할 만한 사건이다.

이처럼 북한 지역에서 과거 70여 년 동안 성도로서 신앙을 지키며 은밀히 사역을 하다 순교의 제물이 된 성도들은 하늘의 생명책에서만 정확히 확인될 것이다. 정치범 수용소에서도 수많은 크리스천들이 고문과 강제노동으로 목숨을 다하지 못하고 하늘의 부르심을 받은 성도들도 수없이 많을 것이다.

> 다섯째 인을 떼실 때에 내가 보니 하나님의 말씀과 그들이 가진 증거로 말미암아 죽임을 당한 영혼들이 제단 아래에 있어 큰 소리로 불러 이르되 거룩하고 참되신 대주재여 땅에 거하는 자들을 심판하여 우리 피를 갚아 주지 아니하시기를 어느 때까지 하시려 하나이까 하니 각각 그들에게 흰 두루마기를 주시며 이르시되 아직 잠시 동안 쉬되 그들의 동무 종들과 형제들도 자기처럼 죽임을 당하여 그 수가 차기까지 하라 하시더라(계 6:9-11).

우리가 북한 선교를 하는데 있어서 간과하지 말아야 할 것은 지금도 끊임없이 순교자들의 거룩한 피 뿌림이 저 땅을 적시고 있으며 그럼에도 산 순교자로서 그 땅에서 신앙을 지키며 비밀 결사대와 같이 그 조직을 유지하며 그 무형 교회를 이끌어 나가고 있는 북한의 21세기의 카타콤부의 신앙인들을 존중하며 그들의 신앙이 끊임없이 분출하는 생명수가 되도록 다양한 방면으로 힘을 보태 주어야 할 것이다.

2. 북한 선교 전략

1) 지하 성도들의 신앙과 신학을 위한 자료 성경, 라디오 지원

지하 성도들이 첫 번째로 의존하는 수단이 역시 성경이다. 중국을 통해 은밀히 보내지는 성경이 저들에게는 생명수와 같은 것이다. 성경이 절대적으로 부족한 점이 저들의 신앙을 유지하는 데나 전도를 하는데 문제가 되고 있다. 필사본 성경이나 쪽지 성경으로는 한계가 있다. 전도를 받은 어느 지역의 몇몇 성도들은 한 권의 성경을 중국 국경지대 강 건너의 조선족 처소교회로부터 습득하여 그 성경을 여러 명이 명수에 따라 분리하여 각자가 소지하였는데, 어느 형제는 성경 민수기로부터 여호수아를 배당받아 열심히 보는 가운데 여호수아가 가나안 땅을 정복하면서 그곳의 여러 족속들을 섬멸하는 내용이 북한의 노동당과 김정일을 바로 그와 같이 그 땅에서 도말해야 하는 아말렉 족속들과도 같은 대상으로 여겼다는 것이다.

어느 형제는 레위기의 제사 제도를 읽고는 자신들도 그렇게 짐승 제사를 드려야 하는 줄 알고 짐승을 잡아서 각을 뜨고 번제를 드리는 제사도 드렸다고 하였다. 이와 같이 성경을 제대로 균형 있게 읽고 배우지 못함으로 오해와 무지가 오히려 비성경적인 잘못된 신앙인을 만들 수 있는 것이다. 이러한 문제를 해결하기 위해서는 저들에게 성경의 원활한 공급과 성경을 제대로 배울 수 있는 성경 학습교제와 신학관련 서적을 제공해 주어야 한다.

97년에 신의주에 도강하여 온 한 청년은 성경에 대한 많은 지식이 있었다. 그는 밀수꾼들을 통해 들어오는 성경과 학습교제를 많이 습득하여 스스로 독학을 통해 수준 있는 성경 지식을 가지고 있었다. 그들이 가장 흥미 있게 은혜를 받는 서적은 간증집으로써 안이숙의『죽으면 죽으리라』와 주기철 목사의 일대기와 손양원 목사의『사랑의 원자탄』이라고 하였다.

지하 성도들에게 가장 보편적으로 신앙에 많은 영향을 주는 것이 라디오이다. 라디오는 지하 성도들에게는 교회의 강단이고 성경 교사이고 전파교회이다. 심야에 남녘 땅에서 들려오는 복음의 메시지는 그들에게 새벽녘에 내리는 생명의 만나이며 생명수와도 같은 것이다. 특히 극동방송은 라디오 강단으로 전파를 고정시켜 놓고 한국과 미주 지역의 한인 교회 목사님들의 성경 강해와 주일 설교를 들음으로 성경에 대한 바른 이해와 말씀의 이해를 날마다 받으며 그 말씀을 노트에 기록하여 다른 성도들에게도 전하며 가르친다는 것이다. 어느 북한 지하 성도가 라디오가 더욱 필요하다며 다음과 같은 편지를 보내왔다.

우리는 라지오와 같은 복음을 듣는데 필요한 기구를 구입하기 위하여 목숨을 걸고 나섭니다. 우리 한 사람이 내건 노력이 몇 백 명의 목사님을 조선에 모셔 들이는 것이나 마찬가지인데 이는 매우 영광스런 일입니다.

정말 새벽 대기를 가르며 울려오는 복음의 메아리를 들을 때마다 정말 하나님의 말씀을 전달하시는 목사님들의 말씀을 듣는 것이 너무 기쁜데 또한 방송원들의 말씀을 들을 때는 얼마나 다정다감한 맛을 마음으로 느끼는지 남조선 인민은 말 자체가 벌써 악이 없다는 현실을 절실하게 느낍니다. 정말 목소리도 얼마나 부드럽고 듣기에 아름다운 말씀인지 남조선의 방송원들의 전하는 말을 들으면 참 그 감정을 어떻게 표현해야할지 어쩌면 고요한 겨울밤에 포근한 눈이 솔솔 내릴 때에 느끼는 그런 감정입니다.

하나님의 말씀을 전달하시는 목사님들이 너무도 고맙고 또 다정한 말씀이 우리의 마음에 평안과 위로를 심어 주는 방송원들 너무도 고맙습니다. 앞으로도 소중한 생명의 말씀을 끊임없이 전해 주시기를 간절히 부탁드립니다.

2) 양식, 약품지원 사업

네 원수가 주리거든 먹이고 목마르거든 마시게 하라 그리함으로 네가 숯불을 그 머리에 쌓아 놓으리라(롬 12:20).

우리는 이 시대에 지구상에서 가장 굶주리고 고통 받으며 치료받지 못하고 있는 민족이 바로 북한 동포인 것을 부인할 수 없으며, 그 현실이 교회적으로나 민족적인 측면으로 볼 때에 결코 외면할 수 없는 것이다. 김일성이 죽은 1994년 이후 1990년대에 몰아닥친 대기근 사건을 통해 약 300만 명이 굶어 죽었다. 2000년대 들어서면서 대량 아사자들은 없어졌지만 전체 국민 중 약 70%의 인민들이 영양실조이며 젊은 세대들은 남자의 평균 키가 160미터를 넘지 못하고 있어 한국의 청소년들과는 거의 10-15센티의 차이가

나고 있다. 뿐만 아니라 각종 질병을 가지고 있다. 특히 영아 사망률이 충격적일 정도로 높은 것으로 유엔기구의 발표에 나타나 있다. 한국 교회와 외국의 자선 지원단체와 유엔에서 후원이 되고 있으나 북한 주민들이 필요로 하는 수요에는 절대적으로 부족한 형편이다.

2009년 12월에 북한 지하 성도가 두만강을 도강하여 양식을 얻으러 왔다가 돌아가면서 한 장의 편지를 남기고 갔다.

하나님, 감사합니다.

날이 갈수록 인민들의 생활이 점점 더 나락에 빠지는 우리 북한은 언제 또 다시 사람이 무리로 죽어가겠는지 또 이글을 쓰는 나도 이제는 목숨이 경각에 이르렀습니다. 인생에서 실컷 먹고 잘 살아 보는 것이 우리 북한 인민들의 소원입니다. 선생님께서 주시는 이 쌀을 나는 우리 형제들하고 함께 나누어 먹겠습니다.

언제면 우리 북한이 잘 살아서 이렇게 목숨을 걸고 강을 도강하지 않을 날이 오겠는지요. 자유롭고 잘 먹고 잘 사는 그런 나라는 하늘 아래에 없는지요? 우리 북한 인민들은 개같은 인생을 살고 있습니다. 아무리 일을 해도 먹을 것을 주지 않고 그저 무상으로 우리 가두 아주 머니들도 계속 농촌 전투에 나오라고 하지, 먹어야 일을 하지 않습니까?

올해 가을에도 강냉이 걷이를 위해 나가서 일을 하였는데 일을 끝 낸 후에는 강냉이 알을 가졌는가 하여 검열을 받았습니다. 먹을 것이 없는 송죽이 엄마는 강냉이 알을 발라서 두 주머니에 넣은 것을 발견한 농장원들은 큰 도적이나 잡은 것처럼 야단을 쳤습니다. 우리는 그 농장에서 밥을 한 끼도 얻어먹지 못하면서 일을 하였는

데 그 강냉이가 얼마나 된다고 야단을 치는 가고 하였습니다. 끝
내 송죽이 엄마는 강냉이 알을 다 농장원에게 돌려 주고 말았습니
다. 알고 보니 송죽이 네는 먹을 것이 다 떨어져 강냉이를 몰래 가
졌다고 하였습니다. 이렇게 불쌍하게 우리는 왜 살아야 하는가를
우리는 모른지는 않습니다.
하나님 감사합니다. 이렇게 쌀을 주어서 매번 우리는 감사를 드
립니다.

　　양식 못지않게 북한 주민들이 고통 받고 있는 것이 전염병과 영
양실조로 인한 질병이다. 전 주민의 상당수가 결핵균을 보유하고
있다. 매년 여름철에는 수인성 전염병이 돌고 있고 오염된 식수원
과 도시에는 상수관의 노후로 인해 오염된 지하수가 유입되어 수
돗물도 반드시 끓여 먹어야 하는 실정이고 강가의 주님들은 강물
을 길어다 먹고 있다. 약품 부족으로 예방접종을 못하고 있는 현실
이다. 유엔의 세계보건기구와 의료지원 단체들이 지원하는 의약품
은 필요량에 태부족이다.
　　필자는 북한 접경 지역의 어느 진료소에 얼마의 약품과 의료기
구들과 출장 진료를 위해 자전거도 지원해 주어서 주민들의 건강
에 도움을 준 바가 있었다. 그 지역의 진료소 소장이 편지를 보내
왔다.

　　　　존경하는 선생님께 올립니다.
　　　　일전에 보내 주신 약품을 잘 사용하였습니다. 참 고맙습니다. 우리
　　　　"이동 진료구루빠" 성원들이 주로 농촌지역과 림산 마을을 다니면서
　　　　관절염, 기관지염, 각종 심장, 장염 질환으로 고생하는 사람들을

치료하면서 전도 활동을 벌리는 과정에서 총 86명의 환자들을 치료하여 그중 질병에서 완쾌되어 직장과 농장에 출근하는 사람이 총 18명입니다. 정말 고맙습니다. 앞으로도 계속하여 지원해 주시면 더 많은 환자들을 치료하면서 이 과정을 통하여 많은 사람들에게 전도할 계획입니다. 정말 지원을 아끼지 않는 모든 분들 너무도 감사합니다. 조선의 환자들을 위해 지원의 손길을 펴주신 모든 분들에게 하나님의 은혜와 크신 사랑이 넘치게 내려주시기를 소원합니다.

우리 한국 교회는 병들고 굶주린 북한 형제들에게 선한 사마리아인이 되어줄 때 통일과 북한 선교의 사명을 다하는 것이다.

> 내가 주릴 때에 너희가 먹을 것을 주었고 목마를 때에 마시게 하였고 나그네 되었을 때에 영접하였고 헐벗었을 때에 옷을 입혔고 병들었을 때에 돌보았고 옥에 갇혔을 때에 와서 보았으니라…너희가 여기 내 형제 중에 지극히 작은 자 하나에게 한 것이 곧 내게 한 것이니라(마 25:35-36, 40)

맺는말

북한은 세계에서 인권이 가장 열악한 가운데 과거 독일 나치스에 의한 유태인 수용소 못지않게 악명이 높은 정치범 수용소가 전국에 산재해 있다. 3대째 이은 독재정치로 인해 2천 3백만 명 중 대부분의 주민들이 노예처럼 살아가고 있다. 그러나 하나님께서는 70년 동안 그 가운데서도 택하신 보존된 거룩한 믿음의 성도들을 품고 계시며 하나님의 때를 진행하시며 남과북의 통일과 북한의 신앙의 자유를 위해 준비하고 계시다.

과연 북한 주민들과 그중에 기독교인들을 언제 자유케 하여 주실지 모르나 이스라엘 백성들이 바벨론 포로로 끌려갔을 때에 하나님께서 예레미야 선지자를 통해 언약하신대로 70년 만에 페르시아의 고레스 왕의 마음을 감동시키시어 저들이 고토로 돌아와 예루살렘성전을 재건하여 신앙의 회복과 부흥을 이루시게 한 것처럼 하나님의 때에 마침내 우리 민족과 교회에도 이런 회복의 역사를 주시어 감격적인 통일과 하나 된 민족, 하나 된 교회를 마침내 허락하실 것이다.

통일은 구호와 막연한 구상에 있지 않고 현실적으로 실행 가능한 일을 구체화할 때 통일의 나무를 심는 것이고 가꾸는 것이며 그 결실을 함께 거둘 수 있는 것이다.

이를 위해서 한국 교회는 선지자적 역사의식과 선민적 소명 의식을 가지고 끊임없는 기도와 북한 동포들을 품고 저들을 위해 현실적으로 가능한 모든 일에 일치된 마음과 정성을 구체화하여 실천할 때 하나님께서는 독일 민족에게 통일을 주시고 그 나라를 더욱 창대케 하심같이 우리 민족과 교회에도 하나님의 크신 축복이 택하신 민족으로, 제사장 민족으로 쓰임 받게 될 것이다.

여호와여 내가 주께 대한 소문을 듣고 놀랐나이다 여호와여 주는 주의 일을 이 수년 내에 부흥하게 하옵소서 이 수년 내에 나타내시옵소서 진노 중에라도 긍휼을 잊지 마옵소서(합 3:2).

다가온 통일 대한민국과 선교 대한민국을 꿈꾼다

작은 조각들이 모여서 통일 대한민국의 큰 그림이 완성됩니다.

> 하늘에 있는 것이나 땅에 있는 것이 다 그리스도 안에서 통일되게 하려 하
> 심이라(엡 1:10).

한반도의 통일은 우리 대한민국만의 문제가 아니라 전 세계의 문제입니다. 한반도는 세계의 마지막 남은 분단국가이며, 한반도의 통일은 세계의 냉전시대를 종식시키고 세계 평화로 가는 길이 될 것이기 때문입니다. 2016년 2월 설날을 보내면서 북한이 고향이라 가지 못하는 실향민들과 탈북자들의 아픔 그리고 북한의 지하 교회에서 부르짖는 성도들의 피맺힌 기도를 기억합니다. 3대 세습 체제로 헐벗고 피폐해진 우리 조국의 반쪽인 북한 동포들의 헐벗은 모습을 떠올리며, 기도하면서 이 에필로그를 쓰고 있습니다. 마침 스웨덴의 복음성가 가수인 아달Adahl이 부른 *I am gonna pray for Korea*의 찬양 가사가 마음에 다가옵니다.

한 나라를 보네.

둘로 나눠진

이 나라의 치유는 오래전에 일어났어야 했는데

내 영이 그것을 느끼네.

무릎을 꿇고 기도할 때

Oh, Korea!

하나님께서 반드시 길을 만들 것이네.

가사 한절 한절이 가슴에 다가옵니다. 그렇습니다. 대한민국의 통일과 하나 됨은 우리만이 아니라 스웨덴 복음성가 가수 아달의 간절한 찬양과 기도처럼, 세계 모든 사람들의 염원이고 기도입니다. 분단 70년을 넘어 71년을 향해 가는 2016년, 우리의 간절한 통일 염원을 모아 극동방송에서 방송했던 〈통일을 앞당겨 주소서〉를 책으로 출간하여 통일의 꿈을 위해 비전을 모으게 되어 감사한 마음뿐입니다. 요즘 우리 주변에서 통일에 대한 이야기를 많이 듣습니다. 2014년 박근혜 대통령이 "통일은 대박이다."라고 선언한 이후 통일에 대한 관심이 구체화되어 가고 있는 것도 감사한 일입니다. 구약성경에 보면 바벨론에 포로로 잡혀가 있던 이스라엘 백성들이 70년 만에 귀환하는 내용이 있습니다. 시편 137편에 보면 이스라엘 백성들이 이방 땅인 바벨론 강가에서 간절히 기도하는 내용이 있습니다.

우리가 바벨론의 여러 강변 거기에 앉아서 시온을 기억하며 울었도다 (시 137:1).

바벨론 포로기의 이스라엘 백성처럼, 지금도 대동강변에서 통일의 그날을 간절히 기다리며 기도하는 북녘 땅의 백성들이 있을 것입니다. 그래서 해방 70년이 되는 2015년을 기점으로 한반도에도 이제는 통일의 그날이 왔으면 좋겠다는 생각을 더 많이 하게 됩니다. 2016년, 한반도의 역사 시계는 통일을 향해 점점 더 달려가고 있습니다.

나는 통일에 관련한 이야기는 통일의 전문가들이나 이야기하는 걸로 생각하고 있었습니다. "나 살기도 힘든데 내가 무슨 통일의 이야기를 하는가?" 하는 생각을 하고 살았던 것이 맞는 말입니다. 그런데 최근 몇 년간 광야수업을 하면서 도서관에서 만여 권의 책을 보았습니다. 그중에 한국 역사와 세계 역사에 관련된 책들도 많이 보았습니다. 우리 역사와 관련된 시적을 몇 권 정독해 보면서 한반도의 통일은 이 시대가 요구하는 역사적 과제라는 깨달음과 각성을 새롭게 얻게 되었습니다. 내가 재수 시절에 읽은 함석헌의 『뜻으로 본 한국 역사』를 다시 보니 '한반도의 분단은 신이 낸 시험 문제'라고 하였습니다. 생각해 보니 맞는 말입니다. 한반도의 통일 문제는 '신이 낸 시험 문제'입니다. 분단 시대를 살아가는 모든 한국 사람들은 모두 힘을 합해서 그 문제를 풀어야 할 시대적 책임이 있습니다. 나는 어린 시절에 민통선 DMZ 마을에서 자랐습니다. 중학교 2학년 겨울까지 애기봉 밑 북한이 육안으로 보이는 마을에서 분단의 현실을 보면서 자랐습니다. 밤이면 북한에서 보내는 대남 방송을 들으며 살았고, 북한에서 보내는 삐라를 수도 없이 보았으며, 가끔 간첩이 나타나면 예비군과 해병대가 밤새도록 조명탄을 터뜨리며 수색작전 하는 것을 보면서 자랐습니다.

내 나이 22살에는 대학을 휴학하고 3년간이나 군대에 가서 세월을 보냈습니다. 대한민국의 젊은이로서 누구나 하는 군 생활이지만 너무나 고된 청춘의 시간들이었습니다. 분단된 국가의 백성으로 살아가는 한 누구나 분단과 통일 문제에서 자유로울 수 없습니다. 1990년에는 헝가리에 들어가서 공산권이 무너지는 현장을 내 눈으로 직접 목격하기도 하였습니다. 그래서 그런지 나는 최근 극동방송 〈통일을 앞당겨 주소서〉란 프로를 강석진 목사님과 함께 진행하면서 통일에 대한 남다른 감회를 갖게 되었습니다. 25회에 걸쳐 각계각층의 통일 전문가를 모시고 인터뷰하는 프로입니다. 우리 사회의 가장 중요한 문제 중의 하나인 통일 관련 주제를 가지고 전문가들을 인터뷰하면서 나는 내 나름대로 통일에 대해서 깊이 생각해 보게 되었습니다. 한반도가 통일되려면 어떻게 해야 할까? 통일 이후에는 어떻게 해야 할까? 이것은 분단 시대를 살아가는 한국인의 한사람으로서 하게 되는 간절한 생각입니다. 이 글을 읽는 독자 여러분도 나름대로 여러분의 통일에 대한 꿈과 생각을 적어 보기 바랍니다. 극동방송 〈통일을 앞당겨 주소서〉를 통해 각계각층의 최고 통일 전문가를 모시고 프로를 진행하면서 느낀 한반도 통일에 대한 나의 열 가지 생각과 원리를 정리해 봅니다.

하나, 준비의 원리입니다. 인간이 할 수 있는 최선을 다하여 구체적으로 통일을 준비해야 합니다. 통일은 말과 구호로만 되지 않습니다. 독일 통일의 준비 과정에서 배울 점이 많습니다. 통일과정과 통일 이후를 철저히 준비해야 합니다.

둘, 연합의 원리입니다. 작은 조각들이 모여서 통일의 큰 그림이 완성됩니다. 내가 초등학교 5학년 때 민통선 마을에 살면서 읽은 『이탈리아 통일 삼걸전』에 보면, 이탈리아 통일은 정치지도자인 카부르, 군사지도자인 가리발디, 사상가인 마치니의 연합으로 이루어졌습니다. 대한민국의 통일도 각계각층의 다양한 의견과 생각들이 모아져서 이루어집니다.

셋, 세밀함의 원리입니다. 통일을 이루어 가기 위해서는 작은 부분까지 세밀하게 점검하고 준비해 가야 합니다.

극동방송 통일 인터뷰를 진행하다 보니 다양한 분야들이 있습니다. 문화 부분, 통일 이후 북한 주민들의 마음을 치유할 상담 부분, 외적인 하드웨어를 만들어야 할 교통과 항공과 항만, 철도 건설 부분 등 세밀하게 통일과 통일 이후를 준비해야 합니다.

넷, 리더십의 원리입니다. 잘 준비된 사람이 답입니다. 독일 통일에는 준비된 지도자 헬무트 콜이 있었습니다. 미국의 통일을 위해서는 준비된 지도자 링컨이 있었습니다. 오랜 분열을 겪은 남아공의 흑백문제를 해결하는 데는 로벤섬에서 27년 6개월간 준비된 넬슨 만델라가 있었습니다. 한반도 최초 통일을 이룬 신라의 통일은 김춘추와 김유신이 있었기에 가능했습니다. 이스라엘의 통일을 위해서는 다윗이라는 지도자가 있었습니다. 한반도 통일을 위해서도 준비된 리더십의 사람이 필요합니다.

다섯, 희망과 꿈의 원리입니다. 우리는 한반도 통일에 대한 희망과 꿈을 가져야 합니다. 다행히 2015년 광복 70주년을 맞이하여 설문조사 한 내용을 보면 국민의 80% 이상이 통일을 희망한다고 하였습니다. 한강의 기적을 대동강의 기적으로 만들어 갈 통일 대한민국의 꿈을 우리 모두 가져야 합니다.

여섯, 용서와 사랑의 원리입니다. 남과 북은 지난 70년간 서로 적대시하면서 살아왔습니다. 북한은 공산주의 사상으로 지금도 적화통일을 꿈꾸고 있는 집단입니다. 이번에 2015년 8월, 남북대치 국면에서도 또 보았지만, 남과 북이 진정으로 통일되기 위해서는 먼저 마음의 통일부터 이루어져야 합니다. 우선 남한 사람들은 힘들지만 2만 8천여 명의 탈북자들을 사랑하고 품으며 살아가는 훈련을 해야 합니다.

일곱, 소명의 원리입니다. 통일은 분단 시대를 살아가고 있는 우리 모두가 풀어야 할 과제입니다. 결코 남의 이야기가 아닙니다. 주변 국가들이 있지만 우리가 주체적으로 풀어야 합니다.

여덟. 타산지석의 원리입니다. 여러 나라의 교훈에서 통일의 교훈을 배워야 합니다. 예멘, 베트남, 독일 등의 통일 사례 중에서 우리 한반도에 가장 좋은 방안들을 연구해서 적용해야 합니다. 우리가 지향하는 통일은 자유민주주의 통일입니다.

아홉, 기도의 원리입니다. 하나님이 일하시도록 기도해야 합니다. 최근 예영커뮤니케이션에서 발간한 『그리고 우리는 거기에 있었다』를 읽고 큰 교훈을 얻었습니다. 저자 퓌러 목사를 비롯해 많은 사람들이 여러 해 동안 지속적으로 통일을 위해 기도하는 동안 하나님께서 때가 되매 베를린 장벽을 무너뜨린 사실을 보고, 기도의 중요성을 다시 깨닫게 되었습니다.

열, 믿음의 원리입니다. 사람이 하는 것 같지만, 한반도의 통일도 하나님이 해 주셔야 합니다. 인간이 최선을 다할 때 하나님은 분명히 통일의 문을 열어 주시리라 믿습니다. 통일 대한민국의 그 날이 가까이 다가오고 있습니다.

이 글을 마무리하면서 감사한 일들이 너무 많습니다. 극동방송에서 〈통일을 앞당겨 주소서〉를 기획하여 통일 전문가를 모시고 방송을 할 수 있어서 감사합니다. 극동방송이야말로 분단 시대를 통일 시대로 만들어 가고 있는 이 시대에 하나님이 쓰시는 최고의 도구입니다. 함께 프로그램을 진행할 수 있도록 배려해 주고 늘 이끌어 주는 강석진 목사님께 감사를 드립니다. 20대 청년 시절에 만나서 지난 30년을 아름다운 동행으로 함께해 오면서 이렇게 통일을 위한 방송 프로를 함께 진행할 수 있어서 감사합니다. 〈통일을 앞당겨 주소서〉 프로그램에 바쁘신 가운데서도 시간을 내주신 모든 패널 한 분 한 분에게 진심으로 감사의 말씀을 드립니다. 이 책의 출간을 계기로 패널 한 분 한 분의 마음이 하나로 모아져 통일을 앞당기는 데 우리 모두가 귀하게 쓰임 받기를 소망합니다. 머지않아 통일된 통일 조국의 대동강변의 평양에 극동방송이 세워지면 이분들과 함께 다시 한 번 세계를 향하여 세계 속에 우뚝 서 가는 선교 대한민국의 희망을 함께 방송하고 싶습니다. 겨울이 가면 반드시 봄이 오듯이, 통일 대한민국의 봄은 반드시 올 것을 믿습니다. 숱한 고난으로 역사를 이어온 내 조국 대한민국이 이제는 하나로 통일되어, 세계 속에서 선교하며 우뚝 서 가는 자유 통일 대한민국이 될 것을 간절히 소망합니다. 끝으로 이 소중한 책이 출간되도록 아낌없는 수고를 해 주신 예영커뮤니케이션의 원성삼 대표님과 모든 직원 여러분께 진심으로 감사를 드립니다. 우리 모두의 수고가 모여서 통일의 그날이 반드시 올 것이라 믿습니다. 주님! 통일을 앞당겨 주소서!

〈통일을 앞당겨 주소서〉 진행자_박성배